U0626093

高等学校应用型本科管理学

"十二五"规划教材

资 产 评 估

主 编 张立军

副主编 刘 娟 金 鑫

中国金融出版社

责任编辑：张　铁
责任校对：张志文
责任印制：陈晓川

图书在版编目（CIP）数据

资产评估（Zichan Pinggu）/张立军主编．—北京：中国金融出版社，2013.1
高等学校应用型本科管理学"十二五"规划教材
ISBN 978 - 7 - 5049 - 6723 - 7

Ⅰ.①资…　Ⅱ.①涨…　Ⅲ.①资产评估—教材　Ⅳ.①F20

中国版本图书馆 CIP 数据核字（2012）第 316098 号

出版
发行　　中国金融出版社

社址　　北京市丰台区益泽路 2 号
市场开发部　（010）63266347，63805472，63439533（传真）
网 上 书 店　http://www. chinafph. com
　　　　　　　（010）63286832，63365686（传真）
读者服务部　（010）66070833，62568380
邮编　100071
经销　　新华书店
印刷　　利兴印刷有限公司
尺寸　　185 毫米×260 毫米
印张　　15
字数　　331 千
版次　　2013 年 1 月第 1 版
印次　　2013 年 1 月第 1 次印刷
定价　　30.00 元
ISBN 978 - 7 - 5049 - 6723 - 7/F. 6283
如出现印装错误本社负责调换　联系电话（010）63263947

前　　言

资产评估在欧美等西方发达国家得到了很大的发展，资产评估理论的研究已经比较成熟并被广泛运用于实践中。我们国家的资产评估事业起步较晚，始于20世纪90年代初。随着我们国家经济的快速发展，资产评估行业作为现代服务业介入社会经济活动愈加广泛和深入。当前，我国企业资产流动业务以及企业资产出售、转让、抵押等资本经营管理业务的发生日益频繁，社会对高端技能型资产评估人员和相应辅助人员的需求不断增加，大量从事资产评估业务的专门人才亟待培养。基于这一现实，《资产评估》教材在资产评估（专门化）专业人才教学过程中的地位与作用十分明确。

本教材遵循科学性、规范性、实用性、可操作性的标准，依据最新颁布和实施的资产评估准则和法律规范，立足于我国资产评估实践，力求从实用出发，重点讲述各类资产评估方法的思路和特点，实例丰富，注重有针对性地解决实际问题。本教材编写人员具有多年的教学和实践经验，主要内容可分为资产评估基本理论知识和资产评估实务两部分：资产评估基本理论知识部分主要阐述资产评估的概念、类型、基本要素以及资产评估基本方法，如市场法、收益法和成本法等；资产评估实务部分重点阐述机器设备评估、房地产评估、无形资产评估、流动资产评估、长期投资及其他资产评估、企业价值评估、资源性资产评估和资产评估报告。同时，本教材相应介绍了资产评估准则和资产评估中的经济分析等内容。

本教材适合普通高等院校经济类、管理类专业的本科生，尤其是资产评估、审计学、金融学、会计学、财务管理等专业的本科生学习使用，也可作为从事资产评估工作专业人员的自学和培训用书。

本教材由张立军担任主编，刘娟、金鑫担任副主编。教材内容共十一章，编写分工如下：张立军（哈尔滨金融学院）编写第一章、第二章、第三章和第六章；董亚红（哈尔滨金融学院）编写第四章；金鑫（哈尔滨金融学院）编写第五章、第八章；刘娟（哈尔滨金融学院）编写第七章、第九章和第十章；赵凯（哈尔滨金融学院）、彭云燕（黑龙江科技大学）编写第十一章；赵忠伟（哈尔滨工程大学）编写附录部分。

在本教材编写过程中，借鉴了大量的文献资料，得到了许多人士的关心和支持，在此一并予以致谢。由于时间及作者水平有限，书中错误与不足之处在所难免，诚望同仁和广大读者指正。

目　　录

第一章

资产评估概述

第一节　资产评估及其特点

一、资产评估的概念

资产评估是一项动态化、市场化的社会经济活动，它是市场经济条件下客观存在的经济范畴。在现实经济生活中，资产业务所涉及的产权转让、企业重组、破产清算、资产抵押、资产纳税等经济行为，都需要以资产的价值为依据。一般地说，资产评估是指通过对资产某一时点价值的估算，从而确定其价值的经济活动。具体地说，资产评估是指在市场经济条件下，由专业机构和人员，按照国家法律法规和资产评估准则，根据特定目的，遵循评估原则，依照相关程序，选择适当的价值类型，运用科学的方法，对资产价值进行分析、估算并发表专业意见的行为和过程。

通过对概念的解释可以看出，在资产评估过程中，一般要涉及以下基本的评估要素：一是评估主体，即从事资产评估的机构和人员，它是资产评估工作中的主导者；二是评估客体，即待评估的资产，它是资产评估的具体对象；三是评估依据，也就是资产评估工作所遵循的法律、法规、经济行为文件、重大合同协议以及取费标准和其他参考依据；四是评估目的，即资产业务发生的经济行为，它直接决定和制约资产评估价值类型和方法的选择；五是评估原则，即资产评估的行为规范，是调节评估当事人各方关系、处理评估业务的行为准则；六是评估程序，即资产评估工作从开始准备到最后结束的工作顺序；七是评估价值类型，即对评估价值的质的规定，它对资产评估方法的选择具有约束性；八是评估方法，即资产评估所运用的特定技术，它是确定资产评估价值的手段和途径。资产评估的要素构成了资产评估活动的有机整体。它们之间相互依托，相辅相成，是保证资产评估工作正常进行和评估价值科学性的重要因素。

二、资产评估的种类和特点

（一）资产的含义及分类

1. 资产的含义

资产是经济主体拥有或控制的、能以货币计量的、能够给经济主体带来经济效益的经济资源，资产具有以下特征：

（1）一般来说，一项财产要作为经济主体的资产予以确认，对于经济主体来说要拥有其所有权，必须归经济主体所有，也就是经济主体对该项财产具有产权。对于一些特殊方式形成的资产，经济主体虽然对其不拥有所有权，但能够实际控制，如融资租入固定资产，按照实质重于形式原则的要求，也应当将其作为经济主体资产予以确认。

（2）资产能够运用货币计量其价值，否则就不能将其作为资产确认。如某生产饮料的企业，垄断占有一个含有丰富微量元素的优质矿泉水水源，这对于该企业来说是一大经济资源，它有利于企业生产出优质矿泉水饮料，能够给企业带来未来经济效益，但是由于无法用货币对该矿泉水资源的价值进行计量，所以不能将其作为资产予以确认。

（3）资产必须是能够给经济主体带来经济利益的资源，即可望给经济主体现金流入的资源。也就是说，资产必须具有交换价值和使用价值，没有交换价值和使用价值的物品，不能给经济主体带来未来效益的物品，则不作为资产确认。

2. 资产的分类

（1）按资产存在形态分类分为有形资产和无形资产。有形资产是指那些具有实物形态的资产，包括机器设备、房屋建筑物、流动资产等。无形资产是指那些没有实物形态，但直接影响企业生产及经济效益的资产，主要包括专利权、商标权、非专利技术、土地使用权、商誉等。

（2）按资产是否具有综合获利能力分为单项资产和整体资产。单项资产是指单台、单件的资产，如一台车床。整体资产是指由一组单项资产组成的、具有独立获利能力的资产综合体，如一条生产线。

（3）按资产能否独立存在分为可确指的资产和不可确指的资产。可确指的资产是指能独立存在的资产，包括有形资产和除商誉外的无形资产。不可确指的资产是指不能脱离企业有形资产而单独存在的资产，如商誉。商誉是指由于企业历史悠久、地理位置优越、生产经营出色等原因而形成的良好的商业信誉。

（4）按资产与生产经营过程的关系分为经营性资产和非经营性资产。经营性资产是指处于生产经营过程中的资产，如企业中的机器设备、生产用厂房、交通工具等。另外，经营性资产又可按是否对盈利产生贡献分为有效资产和无效资产。非经营性资产是指处于生产经营过程以外的资产。

（5）按现行企业会计制度及其资产的流动性分类，可以分为流动资产、长期投资、固定资产和无形资产等。

（二）资产评估的种类

资产评估的对象是资产，由于资产种类的多样化和资产业务的多样性，资产评估也相应出现了多种类型，按资产评估分类方法的不同可得出不同的分类结果。

（1）按对象的构成和获利能力，资产评估可具体划分为单项资产评估和整体资产评估。对以单项可确指的资产为对象的评估称为单项资产评估，例如机器设备评估、土地使用权评估、建筑物评估、无形资产评估等。对若干单项资产组成的资产综合体所具有的整体生产能力或获利能力的评估称为整体资产评估。最为典型的整体资产评估就是企业价值评估。

（2）按引起资产评估的经济行为划分，资产评估还可具体划分为资产转让评估、企业兼并评估、企业出售评估、企业改制评估、股权重组评估、中外合资合作资产评估、企业清算评估等。

（3）按资产评估服务的对象、评估的内容和评估者承担的责任可以分为评估、评估复核和评估咨询。

（4）按资产评估面临的条件、资产评估执业过程遵循资产评估准则的程度及对评估披露的要求角度可以分为完全评估和限制评估。完全评估一般是指完全按照评估准则及其规定的程序和要求进行的资产评估。限制评估一般是指评估机构及其人员由于评估条件的限制而不能按照资产评估准则的要求执业，或在允许的前提下，未完全按照评估准则及其规定的程序和要求进行的资产评估，评估结果是在受限的条件下得出的。

（三）资产评估的特点

1. 现实性。现实性是指以评估基准期为时间参照，按这一时点的资产实际状况对资产进行的评定估算。资产评估基准期是资产评估价值的基准时间。资产评估是评估某一时点的资产价值，评估基准期一般以"日"为基准时点，选择与资产业务或评估作业时间较接近的时期。资产评估的现实性表现在以下三个方面：

（1）资产评估直接以现实存在的资产作为估价的依据，只要求说明当前资产状况，而不需要说明为什么形成这个状况，以及如何由过去的那种状况变成当前状况。

（2）以现实状况为基础反映未来。

（3）现实性强调客观存在。

2. 市场性。资产评估是为资产交易提供公平的价值尺度，在市场交易活动发生的条件下，资产评估通过模拟市场条件对资产价值作出评定估算和报告，并且，这一估算和报告结果必须接受市场检验。

3. 公正性。公正性是指资产评估行为服务于资产业务的需要，而不是服务于资产业务当事人的任何一方的需要。公正性的表现有两点：（1）资产评估按公允、法定的准则和规程进行，公允的行为规范和业务规范是公正性的技术基础。（2）评估人员是与资产业务没有利害关系的第三方，这是公正性的组织基础。

4. 专业性。资产评估是一种专业人员的活动，从事资产评估业务的机构应由一定数量和不同类型的专家及专业人士组成，评估结论是建立在专业知识和经验的基础上的。

5. 预测性。资产评估的预测性是指用资产的未来时空的潜能说明现实。现实的评估价值必须反映资产的未来潜能，未来没有潜能和效益的资产，现实评估价值是不存在的。

6. 咨询性。咨询性是指资产评估结论，是为资产业务提供专业化估价意见，该意见本身没有强制执行的效力，评估师只对结论本身合乎职业规范要求负责，而不对资产业务定价决策负责。资产评估为资产交易提供的估价往往由当事人作为要价和出价的参考，最终的成交价取决于当事人的决策动机、谈判地位和谈判技巧等综合因素。

第二节　资产评估的基本要素

一、资产评估主体

资产评估主体就是由谁来进行资产评估。资产评估主体是从事资产评估的机构和人员。

1. 从事资产评估的机构

从事资产评估的机构是指拥有省以上国有资产管理部门颁发的资产评估资格证书的有限责任或合伙制的资产评估公司、会计师事务所、审计事务所及财务公司。

2. 从事资产评估的人员

从事资产评估的人员是指注册资产评估师。注册资产评估师是指经过国家统一考试或认定、取得职业资格，并依法注册的资产评估专业人员。注册资产评估师应当经过专门的教育和培训、具备相应的专业知识和经验、能够胜任所执行的评估业务。注册资产评估师执行评估业务时，可以聘请有关专家和业务助理人员协助工作，但需要对他们的工作结果负责。

注册申请人应当具备如下条件，才可以取得注册证成为注册资产评估师：

（1）注册资产评估师全国统一考试全科成绩合格或者经依法认定；

（2）年龄在65周岁以下；

（3）专职在资产评估机构从事资产评估业务；

（4）初次申请注册之日前5年内在资产评估机构专职从事资产评估工作累计24个月以上，重新申请注册不受此限；

（5）已接受中国资产评估协会或地方协会组织的注册资产评估师岗前培训，并考核合格。

注册申请人若有如下几种情形不予注册：

（1）不具有完全民事行为能力的；

（2）因受刑事处罚，刑罚执行期满未逾5年的；

（3）被认定为终身禁入资产评估行业的；

（4）因在财务、会计、审计、资产评估、企业管理或者其他经济管理工作中受行政处罚，自被行政处罚之日起不满2年的；

（5）被吊销注册资产评估师证书的，自吊销注册资产评估师证书之日起不满3年的（不含受刑事处罚情形）；

（6）在申报注册过程中有弄虚作假行为未被批准注册或被撤销注册的，自不予批准注册或撤销注册之日起不满3年的；

（7）不履行《中国资产评估协会章程》规定的义务的；

（8）其他不予注册的情形。

3. 从事资产评估的机构和人员的关系

注册资产评估师应当在资产评估机构执业，不得以个人名义执业，也不得同时在两家或两家以上评估机构执业。注册资产评估师是进行实际评估的操作者，资产评估的机构对注册资产评估师进行管理并对委托方负责。一份资产评估报告需由两名以上注册资产评估师签字盖章、评估机构盖章及评估机构负责人签字盖章后，才能生效。

二、资产评估客体

资产评估客体就是被评估的资产。它是资产评估的具体对象，也称评估对象。国家、企业、事业或其他单位所拥有的或长期控制的各种财产、债权及其他权利统称为资产，都可以作为资产评估的客体。

三、资产评估依据

资产评估依据是指资产评估工作所遵循的法律、法规等。资产评估工作应按照国家法律法规和资产评估准则及相关的规定进行。

资产评估依据分为 4 大类。

1. 法规依据

（1）1991 年 1 月 16 日国务院发布的《国有资产评估管理办法》；

（2）1992 年 7 月 18 日国家国有资产管理局发布的《国有资产评估管理办法实施细则》（国资办发〔1992〕36 号）；

（3）1996 年 5 月 7 日国家国有资产管理局发布的《资产评估操作规范意见（试行）》（国资办发〔1996〕23 号）；

（4）1999 年 3 月 2 日财政部发布的《关于印发〈资产评估报告基本内容与格式的暂行规定〉的通知》（财评字〔1999〕91 号）；

（5）2001 年 12 月 31 日财政部令第 14 号《国有资产评估管理若干问题的规定》；

（6）2002 年 1 月 14 日《财政部关于贯彻执行〈国务院办公厅转发财政部关于改革国有资产评估行政管理方式加强资产评估监督管理工作意见的通知〉的通知》（财企〔2002〕8 号）；

（7）2007 年 11 月 28 日财政部颁布的《资产评估准则》。

2. 行为依据

行为依据指资产评估机构进行资产评估业务的根据。资产评估业务是依据委托方与受托方签订的约定书进行的。

3. 产权依据

产权依据是指销售专用发票、账单及所有权凭证等。

4. 取价依据

取价依据是指各地预算定额、费用定额、估算指标等。

四、资产评估目的

资产评估目的指资产业务引发的经济行为对资产评估结果的要求，或资产评估结果的具体用途，它直接决定和制约资产评估价值类型和方法的选择。资产评估的目的有资产评估一般目的和特定目的之分。资产评估一般目的包含着特定目的，而资产评估特定目的则是一般目的的具体化。

1. 资产评估的一般目的

资产评估的一般目的或资产评估的基本目标是由资产评估的性质及其基本功能决定的。资产评估作为一种专业人士对特定时点及特定条件约束下资产价值的估计和判断的社会中介活动,它一经产生就具有了为委托人以及资产交易当事人提供合理的资产价值咨询意见的功能。不论是资产评估的委托人,或是与资产交易有关的当事人,他们所需要的无非是评估师对资产在一定时间及一定条件约束下资产公允价值的判断。如果暂且不考虑资产交易或引起资产评估的特殊需求,资产评估所要实现的一般目的只能是资产在评估时点的公允价值。

公允价值是会计、资产评估等专业和行业广泛使用的专业术语。从资产评估的角度,公允价值是一种相对合理的评估价值,它是一种相对于当事人各方地位、资产状况及资产面临的市场条件的合理评估价值,是评估人员根据被评估资产自身的条件及其所面临的市场条件,对被评估资产客观交换价值的合理估计值。公允价值的一个显著特点是,它与相关当事人的地位、资产的状况及资产所面临的市场条件相吻合,且并没有损害各当事人的合法权益,亦没有损害他人的利益。

2. 资产评估的特定目的

资产评估作为资产估价活动,总是为满足特定资产业务的需要而进行的,这里的资产业务是指引起资产评估的经济行为。通常把资产业务对评估结果用途的具体要求及其价值形式的基本要求称为资产评估的特定目的。在我国资产评估实践中,引起资产评估的主要资产业务有:资产转让、企业兼并、企业出售、企业联营、股份经营、中外合资合作、企业清算、抵押、担保、企业租赁、债务重组等。

(1)资产转让。资产转让是指资产拥有单位有偿转让其拥有的资产,通常是指转让非整体性资产的经济行为。

(2)企业兼并。企业兼并是指一个企业以承担债务、购买、股份化或控股等形式有偿接收其他企业的产权,使被兼并方丧失法人资格或改变法人实体的经济行为。

(3)企业出售。企业出售是指独立核算的企业或企业内部的分厂、车间及其他整体资产产权出售行为。

(4)企业联营。企业联营是指国内企业、单位之间以固定资产、流动资产、无形资产及其他资产投入组成各种形式的联合经营实体的行为。

(5)股份经营。股份经营是指资产占有单位实行股份制经营方式的行为,包括法人持股、内部职工持股、向社会发行非上市股票和上市股票。

(6)中外合资合作。中外合资合作是指我国的企业和其他经济组织与外国企业和其他经济组织或个人在我国境内举办合资或合作经营企业的行为。

(7)企业清算。企业清算包括破产清算、终止清算和结业清算。

(8)抵押。抵押是指资产占有单位以本单位的资产作为物质保证进行抵押而获得贷款的经济行为。

(9)担保。这里的担保是指狭义上的担保行为,即指资产占有单位以本企业的资产为其他单位的经济行为担保,并承担连带责任的行为。

(10)企业租赁。企业租赁是指资产占有单位在一定期限内,以收取租金的形式，将企业全部或部分资产的经营使用权转让给其他经营使用者的行为。

（11）债务重组。债务重组是指债权人按照其与债务人达成的协议或法院的裁决，同意债务人修改债务条件的事项。

五、资产评估原则

资产评估原则是资产评估的行为规范，是调节评估当事人各方关系、处理评估业务的行为准则。其具体包括资产评估的工作原则和资产评估的经济原则两大类。

（一）资产评估的工作原则

资产评估工作的规范，要求资产评估机构和注册资产评估师在执业过程中应坚持独立、客观公正和科学等工作原则。

1. 独立性原则。资产评估中的独立性原则包含两层含义：（1）评估机构本身应该是一个独立的、不依附任何机构的社会中介机构，与资产评估业务当事人任何一方都没有利益及利害关系。（2）评估机构及评估人员在执业过程中应始终站在独立的第三方的立场上，评估工作不受评估业务当事人任何一方的影响，独立、公正地得出评估结论。资产评估工作为资产业务本身服务，而不是服务于当事人任何一方利益的需要。

2. 客观公正性原则。客观公正性原则要求资产评估工作实事求是、尊重客观事实。评估机构及评估人员在执业过程中应以资产的实际状况为依据，坚持公平、公正的立场，实事求是地得出评估结论。资产评估结论是评估人员经过认真调查研究，按法定程序操作得出的，因而具有公允性。

3. 科学性原则。科学性原则要求资产评估机构及评估人员必须遵循科学的评估标准，以科学的态度制定评估方案，并采用科学的评估方法进行资产评估。在整个评估工作中必须把主观评价与客观测算、静态分析与动态分析、定性分析与定量分析有机结合起来，使评估工作做到科学合理、真实可信。

（二）资产评估的经济原则

资产评估的经济原则是指在资产评估执业过程中的一些技术规范和业务准则，主要包括以下几点。

1. 预期收益原则。预期收益原则是以技术原则的形式概括出资产及其资产价值的最基本的决定因素。资产之所以有价值，是因为它能为其拥有者或控制者带来未来经济利益，资产价值的高低主要取决于它能为其所有者或控制者带来预期收益量的多少。预期收益原则是评估人员判断资产价值的一个最基本的依据。

2. 供求原则。供求原则是经济学中关于供求关系影响商品价格原则的概括。假定在其他条件不变的前提下，商品的价格随着需求的增长而上升，随着供给的增加而下降。尽管商品价格随供求变化并不成固定比例地变化，但变化的方向都带有规律性。供求规律对商品价格形成的作用力同样适用于资产价值的评估，评估人员在判断资产价值时也应充分考虑和依据供求原则。

3. 贡献原则。从一定意义上讲，贡献原则是预期收益原则的一种具体化原则。它也要求资产价值的高低要由该资产的贡献来决定。贡献原则主要适用于构成某整体资产的各组成要素资产的贡献，或者是当整体资产缺少某项要素时资产将蒙受的损失。

4. 替代原则。作为一种市场规律，在同一市场上，具有相同使用价值和质量的商品应有大致相同的交换价值。如果具有相同使用价值和质量的商品具有不同的交换价值或价格，买者就会选择价格较低者。作为卖者，如果可以将商品卖到更高的价格水平上，他会在较高的价位上出售商品。在资产评估中确实存在着评估数据、评估方法等的合理替代问题，正确运用替代原则是公正地进行资产评估的重要保证。

5. 评估时点原则。市场是不断变化的，资产的价值会随市场的变化而不断变化。在资产评估时，必须假定市场条件固定在某一时点，这一时点就是评估基准日，它为资产评估提供了一个时间基准。资产评估的评估时点原则要求资产评估必须有评估基准日，而且评估值就是评估基准日的资产价值。

六、资产评估程序

资产评估程序是评估工作从开始准备到最后结束的工作顺序。通常包括以下几个方面的内容。

1. 明确评估业务的基本事项

（1）委托方、产权持有者和委托方以外的其他评估报告使用者；

（2）评估目的；

（3）评估对象和评估范围；

（4）价值类型；

（5）评估基准日；

（6）评估报告使用限制；

（7）评估报告提交时间及方式；

（8）评估服务费总额、支付时间和方式；

（9）委托方与注册资产评估师工作配合和协助等其他需要明确的重要事项。

2. 签订业务约定书

业务约定书是指评估机构与委托方签订的明确评估业务基本事项，约定评估机构和委托方权利、义务、违约责任和争议解决等内容的书面合同。

业务约定书应当包括以下基本内容。

（1）评估机构和委托方的名称、住所；

（2）评估目的；

（3）评估对象和评估范围；

（4）评估基准日；

（5）评估报告使用者；

（6）评估报告提交期限和方式；

（7）评估服务费总额、支付时间和方式；

（8）评估机构和委托方的其他权利和义务；

（9）违约责任和争议解决；

（10）签约时间。

注册资产评估师应当根据评估业务的具体情况，对自身专业胜任能力、独立性和业务风险进行综合分析和评价，并由评估机构决定是否承接评估业务。评估机构在决定承接评估业务后，应当与委托方签订业务约定书。评估目的、评估对象、评估基准日发生变化，或者评估范围发生重大变化时，评估机构应当与委托方签订补充协议或者重新签订业务约定书。

3. 编制评估计划

评估计划的内容涵盖现场调查、收集评估资料、评定估算、编制和提交评估报告等评估业务实施全过程。评估计划通常包括评估的具体步骤、时间进度、人员安排和技术方案等内容。注册资产评估师可以根据评估业务的具体情况来确定评估计划的繁简程度。

4. 现场调查

注册资产评估师执行资产评估业务，应当根据评估业务的具体情况来对评估对象进行适当的现场调查。注册资产评估师在执行现场调查时无法或者不宜对评估范围内的所有资产、负债等有关内容进行逐项调查的，可以视其重要程度采用抽样等方式进行调查。

5. 收集评估资料

注册资产评估师应当通过询问、函证、核对、勘查、检查等方式进行调查，获取评估业务需要的基础资料，了解评估对象现状，关注评估对象法律权属。注册资产评估师应当要求委托方或者产权持有者对其提供的评估明细表及相关证明材料以签字、盖章或者其他方式进行确认。注册资产评估师应当根据评估业务的具体情况来收集评估资料，并根据评估业务需要和评估业务实施过程中的情况变化而及时补充收集评估资料。

注册资产评估师收集的评估资料包括直接从市场等渠道独立获取的资料，从委托方、产权持有者等相关当事方获取的资料，以及从政府部门、各类专业机构和其他相关部门获取的资料。

评估资料包括查询记录、询价结果、检查记录、行业资讯、分析资料、鉴定报告、专业报告及政府文件等形式。

6. 评定估算

注册资产评估师应当根据评估业务的具体情况，对收集的评估资料进行必要的分析、归纳和整理，形成评定估算的依据。注册资产评估师应当根据评估对象、价值类型、评估资料收集情况等相关条件，分析市场法、收益法和成本法等资产评估方法的适用性，恰当选择评估方法。

注册资产评估师应当根据所采用的评估方法，选取相应的公式和参数进行分析、计算和判断，形成初步的评估结论。注册资产评估师应当对形成的初步评估结论进行综合分析，形成最终评估结论。注册资产评估师对同一评估对象需要同时采用多种评估方法的，应当对采用各种方法评估形成的初步评估结论进行分析比较，确定最终评估结论。

7. 编制和提交评估报告

注册资产评估师应当在执行评定估算程序后，根据法律、法规和资产评估准则的要求来编制评估报告。注册资产评估师应当根据相关法律、法规、资产评估准则

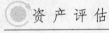

和评估机构内部质量控制制度，对评估报告及评估程序执行情况进行必要的内部审核。注册资产评估师提交正式评估报告前，可以在不影响对最终评估结论进行独立判断的前提下，与委托方或者委托方许可的相关当事方就评估报告有关内容进行必要沟通。注册资产评估师完成上述评估程序后，由其所在的评估机构出具评估报告，并按业务约定书的要求向委托方提交评估报告。

8. 工作底稿归档

注册资产评估师在提交评估报告后，应当按照法律、法规和资产评估准则的要求对工作底稿进行整理，与评估报告一起及时形成评估档案。

注册资产评估师不得随意删减基本评估程序。

七、资产评估价值类型

资产评估价值类型是指资产评估结果的价值属性及其表现形式，对评估价值的质的规定，它对资产评估参数的选择具有约束性。不同的价值类型从不同的角度反映资产评估价值的属性和特征。不同属性的价值类型所代表的资产评估价值不仅在性质上是不同的，而且在数量上往往也存在较大差异。

人们对资产评估的价值类型主要有以下几种分类。

（1）以资产评估的估价标准形式表述的价值类型，具体包括重置成本、收益现值、现行市价（或变现价值）和清算价格四种。

这种分类用得较多，从评估传入我们国家，即20世纪80年代后期至90年代初，我国对价值的分类较多使用了这种类型。

（2）从资产评估假设的角度表述资产评估的价值类型，具体包括继续使用价值、公开市场价值和清算价值三种。

① 继续使用价值：指被估对象还能够继续使用，按照现有形态或转换形态继续使用的价值。

② 公开市场价值：指被估资产在公开市场上公允的价值，例如在双方有足够的时间和信息的条件下，自愿买卖房产的基础下，房产在市场上的价值。

③ 清算价值：指资产处于清算、强制拍卖等被迫快速变现的非正常市场条件下所得到的价值。

（3）从资产业务的性质，即资产评估的特定目的来划分资产评估的价值类型。

按资产评估特定目的划分，评估的价值分为抵押价值、保险价值、课税价值、投资价值、清算价值、转让价值、保全价值等不同情况。

（4）以资产评估时所依据的市场条件，以及被评估资产的使用状态划分，资产评估结果的价值类型包括市场价值和市场价值以外的价值。

市场价值和市场价值以外的价值应该可以说是国际评估准则委员会在国际评估准则中所运用的价值类型。

上述四种分类各有其自身的特点。

第一种划分标准基本上承袭了现代会计理论中关于资产计价标准的划分方法和标准，将资产评估与会计的资产计价紧密地联系在一起。

第二种划分方法有利于人们了解资产评估结果的假设前提条件，同时也强化了评估人员对评估假设前提条件的运用。

第三种划分方法强调资产业务的重要性，认为有什么样的资产业务就应有什么样的资产价值类型。

第四种划分方法不仅注重了资产评估结果的适用范围与评估所依据的市场条件及资产使用状态的匹配，而且通过资产市场价值概念的提出，树立了一个资产公允价值的坐标。资产的市场价值是资产公允价值的基本表现形式，市场价值以外的价值则是资产公允价值的特殊表现形式。

八、资产评估方法

资产评估方法是指评估资产特定价格的技术规程和方式。资产评估是一项对资产的现时价格进行评定估算的工作，技术性较强，因此必须采用科学的方法进行合理、准确的评估。目前《国有资产评估管理办法》规定的评估基本方法有收益现值法、重置成本法、现行市价法和清算价格法。

第三节　资产评估的假设

一、交易假设

交易假设是资产评估得以进行的一个最基本的前提假设，它是假定所有待评资产已经处在交易过程中，评估师根据待评估资产的交易条件等模拟市场进行估价。为了发挥资产评估在资产实际交易之前为委托人提供资产交易底价的专家判断的作用，同时又能够使资产评估得以进行，利用交易假设将被评估资产置于"交易"当中，模拟市场进行评估就是十分必要的。交易假设一方面为资产评估得以进行"创造"了条件，另一方面它明确限定了资产评估的外部环境，即资产是被置于市场交易之中的。资产评估不能脱离市场条件而孤立地进行。

二、继续使用假设

持续使用假设也是对资产拟进入的市场条件，以及在这样的市场条件下资产状态的一种假定性描述或说明。持续使用假设又细分为三种具体情况：一是在用续用；二是转用续用；三是移地续用。在用续用指的是处于使用中的被评估资产在产权发生变动或资产业务发生后，将按其现行正在使用的用途及方式继续使用下去。转用续用则是指被评估资产将在产权变动或资产业务发生后，改变资产现时的使用用途，调换新的用途继续使用下去。移地续用则是说被评估资产将在产权变动或资产业务发生后，改变资产现在的空间位置，转移到其他空间位置上继续使用。

从资产评估角度看，继续使用假设是指资产将按现行用途继续使用，或转换用途继续使用。对这类资产的评估，就要从继续使用的假设出发，不能按资产拆零出售所得收入之和进行估价。比如一台机床用做制造产品时，其估价可能是 5 万元；而将其拆成发动机、床身等零部件分别出售时，也可能仅值 2 万元，同一资产按不同的假设、用做不同目的，其价格是不一样的。再如，就一个企业而言，它是由众多的机器设备、流动资产、房屋及其建筑物和无形资产组成的整体,在继续经营条件下评估,其价值(估价)是 800 万元,如果因破产而强制清算拍卖时,其价值就会远远低于 800 万元。

在确认继续使用的资产时,必须充分考虑以下条件:

1. 资产能以其提供的服务或用途,满足所有者经营上期望的收益;

2. 资产尚有显著的剩余使用寿命;

3. 资产所有权明确,并保持完好;

4. 资产从经济上、法律上允许转作他用;

5. 资产的使用功能完好或较为完好。

三、公开市场假设

公开市场假设的关键在于认识和把握公开市场的实质和内涵。就资产评估而言,公开市场是指充分发达与完善的市场条件,指一个有自愿的买者和卖者的竞争性市场。在这个市场上,买者和卖者的地位是平等的,彼此都有获取足够市场信息的机会和时间,买卖双方的交易行为都是在自愿的、理智的、而非强制的条件下进行的。

公开市场假设是假定在市场上交易的资产,或拟在市场上交易的资产,资产交易双方彼此地位平等,彼此都有获取足够市场信息的机会和时间,以便对资产的功能、用途及其交易价格等作出理智的判断。公开市场假设旨在说明一种充分竞争的市场条件,在这种条件下,资产的交换价值受市场机制的制约并由市场行情决定,而不是由个别交易决定。

公开市场假设是基于市场客观存在的现实,即资产在市场上可以公开买卖。不同类型的资产,其性能、用途不同,市场程度也不一样,用途广泛的资产一般比用途狭窄的资产市场活跃,而不论资产的买者或卖者都希望得到资产最大最佳效用。所谓最大最佳效用是指资产在可能的范围内,用于最有利又可行和法律上允许的用途。这种资产的最大最佳效用可以是现时的,也可以是潜在的。在评估资产时,按照公开市场假设处理或作适当地调整,才有可能使资产效用最大。资产的最大最佳效用,由资产所在地区、具体特定条件以及市场供求规律所决定。

公开市场假设是资产评估中的一个重要假设,其他假设都以公开市场假设为基本参照。公开市场假设也是资产评估中使用频率较高的一种假设,凡是能在公开市场上交易、用途较为广泛或通用性较强的资产,都可以考虑按公开市场假设的前提进行评估。

四、清算(清偿)假设

清算(清偿)假设是指资产所有者在某种压力下,或经协商,或以拍卖方式将其资产被强制在公开市场上出售。这种情况下的资产评估具有一定的特殊性,适应强制出售中市场均衡被打破的实际情况,资产评估价值大大低于继续使用或公开市场条件下的评估值。清算假设首先是基于被评估资产面临清算或具有潜在的被清算的事实或可能性,再根据相应数据资料推定被评估资产处于被迫出售或快速变现的状态。由于清算假设假定被评估资产处于被迫出售或快速变现条件之下,被评估资产的评估值通常要低于在公开市场假设或持续使用假设前提下同样资产的评估值。因此，在清算假设前提下的资产评估结果的适用范围是非常有限的。当然，清算假设本身的使用也是较为特殊的。

在资产评估中，由于资产未来效用有别而形成了"三种假设"。在不同假设条件下，评估结果各不相同。在继续使用假设前提下，要求评估资产的继续使用价值；在公开市场假设前提下，要求评估资产的公平市场价值；在清算（清偿）假设前提下，要求评估资产的清算价值。因此，资产评估人员在评估业务活动中要充分分析了解、判断认定被评估资产最可能的效用，以便得出有效结论。

第四节　资产评估与会计和审计的关系

资产评估与会计和审计应该说是既有联系又有区别的专业服务活动。会计和审计提供以事实判断为主要内容的服务，而资产评估则提供以价值判断为主要内容的服务，它们都是现代市场经济赖以正常运行的基础性服务行业。另外，要明确它们之间因工作性质、专业知识和执业标准的不同而产生的区别。

一、资产评估与会计和审计的联系

（一）资产评估与会计的联系

资产评估与会计的联系主要表现在，特定条件下资产会计计价和财务报告利用资产评估结论，以及资产评估需要参考会计数据资料两个方面。

按照《中华人民共和国公司法》及相关法律法规的要求，投资方以非货币资产投资应当进行资产评估，并以资产评估结果为依据，确定投资数额。在财务处理上，资产评估结果是公司会计入账的重要依据。另外，在企业联合、兼并、重组等产权变动过程中，资产评估结果都可能是产权变动后企业重新建账、调账的重要依据。从这些方面来看，在特定条件下会计计价有利用资产评估结论的要求。

在《国际会计准则》及许多国家的会计制度中，提倡或允许同时使用历史成本和现行公允价值对有关资产进行记账和披露。国际会计准则委员会理事会 1998 年于苏黎世会议上决定，投资可用公允价值记账，公允价值一般通过活跃市场及可信的资产评估得到。

2006 年 2 月 15 日我国颁布的新的《企业会计准则》第一次全面地引入了公允价值，在投资性房地产、长期股权投资、交易性金融资产、债务重组、非货币性资产交换、非同一控制下企业合并、资产减值等具体准则中允许采用公允价值计量。根据我国现阶段市场的发育程度，我国新的会计准则采取了有限度地运用公允价值作为会计计价属性的做法，并对采用公允价值计量规定了一些条件。

1. 资产存在活跃市场的，应当以市场中的交易价格作为公允价值。

2. 资产本身不存在活跃市场，但类似资产存在活跃市场的，应当以类似资产的交易价格为基础确定公允价值。

3. 对于不存在同类或类似资产可比市场交易的资产，应当采用估值技术确定其公允价值。新会计准则的这一巨大变化更加强化了会计资产计价与资产评估的联系，以财务报告为目的的资产评估已经或正在被提到议事日程。伴随着新会计准则的实施，会计与资产评估的联系更加紧密，出现了相互依存、相互合作、相互支持和共同发展的局面。在今后的相当长的一段时间里，会计需要研究资产评估，特别是评估技术，并且寻求资产评估的技术支持；另外，会计准则的变化也给资产评估提出了新的研究课题和发展空间，同时也是对资产评估行业的一种挑战，注册资产评估师必须学习并掌握会计准则，特别是会计准则对公允价值的要求，掌握以财务报告为目的的资产评估的具体规范和技术要领。可以说，资产评估与会计资产计价之间的联系是空前的。简单地说，二者的联系主要表现在：特定条件下资产会计计价和财务报告需要利用资产评估结论，资产评估也同样需要利用和参考会计数据资料，特别是在企业价值评估中，需要广泛地利用企业财务报表、有关财务指标以及财务预测数据等。而且，这些企业会计数据资料的准确程度在一定程度上也会影响资产评估结果的质量。

（二）资产评估与审计的联系

从我国的实际情况来看，资产评估与审计的联系主要表现在以下几个方面。

1. 资产评估中的资产清查阶段，就其工作方法而言，包括对委托方申报的评估对象进行核实和界定，有相当一部分工作采用了与审计类似的方法，具有"事实判断"的性质。

2. 根据我国现行资产评估法规的要求，流动资产及企业负债也被纳入企业价值评估范围之内，而流动资产和负债的评估有相当一部分可借鉴审计的方法进行。

3. 在企业价值评估中，经审计后的企业财务报表及相关数据可以作为企业价值评估的基础数据。

4. 由于会计资产计价是审计审核的一个重要方面，而会计资产计价与资产评估有着紧密的联系，审计审核会计资产计价也要大量运用资产评估技术和方法，审计运用评估技术进行工作，使得审计与资产评估的关系更加紧密。

资产评估与会计和审计的联系是客观存在的，但它们之间的区别也是十分明显的。

二、资产评估与会计和审计的区别

（一）资产评估与会计的区别

资产评估与会计计价，以及相互利用的情况只是在特定的条件下才能够发生或成立的。在大多数情况下，二者的区别是明显的。

1. 会计是以记账、算账和报账为基本手段，连续、系统地反映和监督企业生产经营、财务收支及其成果的一种社会活动。反映和监督是会计的基本职能。资产评估是一种价值判断活动，评估和咨询是资产评估的基本职能。

2. 会计记账和算账中的资产确认和计价有相当一部分仍然以可以可靠计量的历史成本为依据。资产评估中的资产确认和评价主要是以其具有的效用和市场价值为依据的。

3. 会计中的资产计价方法大量采用核算方法。资产评估中的资产价值评估除了可以利用核算方法外，还广泛应用预期收益折现、市场售价类比等多种技术方法。

4. 会计工作的总体目标是为企业管理服务的。资产评估的总体目标是为资产交易服务的。

（二）资产评估与审计的区别

资产评估与审计虽同为专业服务性质的活动，但双方既相互区别，又相互联系。它们的区别主要为以下几个方面。

1. 审计是在现代企业两权分离的背景下产生的，旨在对企业财务报表所反映的企业财务状况和经营成果的真实性和公允性作出事实判断，具有明显的公正性特征。资产评估是在市场经济充分发展的条件下产生的，以适应资产交易及产权变动的需要，旨在为委托人与有关当事人的被评估资产作出价值判断，具有明显的咨询性特征。

2. 审计人员在执业过程中，要自始至终地贯彻公正、防护和建设三大专业原则，而资产评估人员在执业过程中则必须遵循供求、替代、贡献、预期等基本经济原则。

3. 审计工作是以会计学、税法及其他经济法规等为专业知识基础，而资产评估的专业知识基础，除了由经济学、法律、会计学等知识组成外，工程技术方面的知识也是其重要的组成部分。

4. 审计主要是对会计报告的审计，审计对业务的处理标准与会计是同一的，而与资产评估却大相径庭，例如市场价值与历史成本等。

第二章

资产评估的基本方法

第一节　市场法

一、市场法的基本原理

(一) 市场法的含义

市场法也称为现行市价法、市场价格比较法，是指通过比较被评估资产与可参照交易资产的异同，并据此对可参照资产的市场价格进行调整，从而确定被评估资产价值的一种评估方法。

市场法是根据替代原则，以均衡价值论为理论基础，采用比较和类比的思路及其方法判断资产价值的评估技术规程。运用市场法要求充分利用类似资产成交价格信息，并以此为基础判断和估算被评估资产的价值。这种运用已经过市场检验的结论来评定资产价值，显然是很容易被资产业务当事人所接受的。因此，市场法是资产评估中最为直接、最具有说服力的评估方法之一。

(二) 市场法的基本前提

通过市场法进行资产评估需要满足以下两个前提条件。

1. 存在一个充分活跃的公开市场。公开市场是一个充分的市场，市场上有自愿的买者和卖者，他们之间进行平等交易。这就排除了个别交易的偶然性，市场成交价格基本上可以反映市场行情。按市场行情估测被评估资产价值，评估结果会更贴近市场，更容易被资产交易各方所接受。

2. 公开市场上存在可比的资产及交易活动，且可比资产的一些技术指标、经验数据易于观察和处理。资产及其交易的可比性，是指选择的可比资产及其交易活动在近期公开市场上已经发生过，且与被评估资产及资产业务相同或相似。这些已经完成交易的资产就可以作为被评估资产的参照物，其交易数据是进行比较分析的主要依据。资产及其交易的可比性具体体现在以下几个方面：参照物与评估对象在功能上具有可比性，包括用途、性能上的相同或相似；参照物与被评估对象面临的市场条件具有可比性，包括市场供求关系、竞争状况和交易条件等；参照物成交时间与评估基准日间隔时间不能过长，应在一个适度时间范围内，同时，时间对资产价值的影响是可以调整的。

参照物与评估对象的可比性是运用市场法评估资产价值的重要前提。把握参照物与评估对象功能上的一致性，可以避免张冠李戴；把握住参照物和评估对象所面临的市场条件，可以明确评估结果的价值类型；选择近期交易的参照物可以减少调整时间因素对资产价值影响的难度。

以上两个前提条件说明，在资产市场不活跃和评估对象为有限市场资产或专用资产的情况下，不适合采用市场法。

二、市场法的基本程序

通过市场法进行评估大体上要经历三个步骤。

（一）选择参照物

选择参照物是市场法的基础，是整个评估过程的关键。不同的资产业务对参照物的具体要求有所不同，但也存在着共性的要求。

1. 参照物的基本数量要求

市场法是通过同类资产的市场行情来确定被评估资产的价值，如果只能找到一两个交易案例，是不能反映市场行情的。我国目前一般要求至少有三个交易案例，国外在正常情况下要求至少搜集四至五个交易案例，才能有效运用市场法。

2. 参照物成交价必须真实

参照物的成交价必须是实际成交价。报价、拍卖底价等均不能视为成交价，它们不是实际成交的结果。

3. 参照物成交价应是正常交易的结果

不能反映市场行情的关联交易、特别交易不能被选作参照物。但如果能将非正常交易修正为正常交易，如能够获得关联交易的成交价高于或低于市价多少的信息，则可选用。此外，还要求参照物的成交时间应尽可能接近评估基准日，以提高参照物成交价的可参照程度。

4. 参照物与被评估资产之间大体可替代

即要求参照物与被评估资产要尽可能类似。例如，在房地产评估中要求参照物与被评估房地产应在同一供需圈内、处于同一区域或相邻地区等；在机器设备评估中要求参照物与被评估机器设备功能相似，最好是规格型号相同、出产日期相近等。在企业整体资产评估中，要求参照物与被评估企业在行业生产规模、收益水平、市场定位、增长速度、企业组织形式、资信程度等方面相类似。这也说明在产权交易不十分活跃的市场中，由于难以找寻到合适的参照物，往往无法运用市场法对企业整体价值进行评估。

（二）调整差异

参照物与被评估资产之间具体存在哪些差异，需视具体资产业务采用定性或定量的方法分析确定。一般来说，需要调整的差异主要包括以下五个方面。

1. 时间因素

时间因素，是指因参照物成交日期与被评估资产评估基准日不在同一时点，而在这段间隔期内参照物价格变动对被评估资产价值产生的影响。时间因素调整的方法可以采取定基物价指数法，也可以采取环比物价指数法。一般地，当资产价格处于上升时期，时间因素调整系数大于1，反之则小于1。

2. 区域因素

区域因素，是指参照物所处区域与被评估资产所处区域条件差异对被评估资产价值的影响。如果参照物所在区域条件比被评估资产所在区域好，则需将参照物的成交价下调，即区域因素调整系数小于1；反之，则应上调，区域因素调整系数大于 1。具体方法主要采取打分法。区域因素对不动产价格的影响尤为突出。

3. 功能因素

功能因素，是指参照物与被评估资产的功能差异对被评估资产价值的影响。评估人员可以通过功能系数法，计算功能差异对评估值的影响。具体可以采用绝对数计算，如设备产出能力相差一个单位，价格相差多少；也可以采用相对数计算，如设备产出能力每相差 1% 对价格的影响程度。

4. 成新率因素

成新率因素，是指参照物与被评估资产有形损耗差异对被评估资产价值的影响。除了土地资产外，一般有形资产都会存在有形损耗问题，有形损耗率越高，成新率越低，资产价值就越低。因此，如果参照物的成新率比被评估资产低，就需要将参照物的成交价向上调，即调整系数大于 1；反之，则需将参照物的成交价向下调，即调整系数小于 1。例如，参照物的成交价为 10 万元，成新率为 50%，被评估资产的成新率为 60%，则调整系数为 $60\% \div 50\% = 1.2$，调整额为 $10 \times 1.2 - 10 = 2$ 万元。

5. 交易情况调整

交易情况调整，是指由于参照物的成交价高于或低于市场正常交易价格所需进行的调整；因融资条件差异所进行的调整，即一次性付款和分期付款对成交价的影响；因销售情况不同所进行的调整，即单件购买与批量购买对交易价格的影响。

（三）确定评估值

在分别完成对各参照物成交价各差异因素的修正后，即可获得若干个调整值，将这些调整值进行算术平均或加权平均就可最终确定评估值。

三、市场法的具体评估方法

从理论上讲，运用市场法进行资产评估有两种具体操作方式。一种是能够在市场上找到与被评估资产完全相同资产的成交价，那么参照物成交价就是被评估资产的评估值。此种操作方式被称为直接法。但是在评估实践中，出现这种情况的概率非常小。另一种是评估人员只能获得与被评估资产相类似参照物的成交价，需要根据被评估资产与参照物差异对参照物成交价进行调整。此种操作方式被称为类比调整法。

（一）直接比较法

直接比较法，是指利用参照物交易价格及参照物某一基本特征，直接与评估对象同一基本特征进行比较，据此判断评估对象价值的一种方法。其计算公式为

$$资产评估值 = 参照物交易价 \times \frac{评估对象某基本特征}{参照物某基本特征}$$

或

$$评估对象价值 = 参照物合理成交价格$$

直接比较法直观简洁，便于操作，但通常对参照物与评估对象之间的可比性要求较高。参照物与评估对象要达到相同或基本相同的程度，或参照物与评估对象的差异主要体现在某一明显的因素上，如新旧程度或交易时间等。

1. 现行市价法

当评估对象本身具有现行市场价格或与评估对象基本相同的参照物具有现行市场价格时，可以直接利用评估对象或参照物在评估基准日现行市场价格作为评估对象评估值。例如，可上市流通的股票和债券，可按其在评估基准日的收盘价作为评估价值；批量生产的设备、汽车等可按同品种、同型号、同规格、同厂家、同批量的设备等现行市场价格作为评估值。

2. 市价折扣法

市价折扣法是以参照物成交价为基础，考虑评估对象在销售条件、销售时限等方面的不利因素，凭借评估人员经验或有关部门规定，设定一个折扣率来确定评估价值的方法。其计算公式为

$$资产评估值 = 参照物成交价格 \times (1 - 价格折扣率)$$

此方法只适用于评估对象与参照物之间仅存在交易条件差异的情况。

【例2-1】 甲企业与乙企业进行联营，甲企业投入专用设备一套，规定使用年限为15年，已使用8年。经调查，目前同样设备的全新现行市价为120 000元，预计残值为12 000元，则该专用设备的现行市价为

$$120\ 000 - (120\ 000 - 12\ 000) \times \frac{8}{15} = 62\ 400(元)$$

3. 功能价值类比法

功能价值类比法是以参照物的成交价为基础，考虑参照物和评估对象之间仅存在功能差异，通过调整二者功能差异估算资产价值的方法。根据资产的功能与其价值之间的线性关系和指数关系的区别，可以区别两种情况。

（1）生产能力比例法。此时假设资产价值与其功能呈线性关系。其计算公式为

$$资产评估值 = 参照物成交价格 \times \frac{评估对象生产能力}{参照物生产能力}$$

【例2-2】 被评估资产年生产能力为900吨，参照物资产的年生产能力为1 200吨，评估时点参照资产的市场价格为100万元，由此确定被评估资产价值为

$$100 \times \frac{900}{1\ 200} = 75 （万元）。$$

（2）规模经济效益指数法。此时假设资产价值与其功能呈指数关系。

$$资产评估值 = 参照物成交价格 \times \left(\frac{评估对象生产能力}{参照物生产能力}\right)^x$$

式中：x为规模经济效益指数。

【例2-3】 被评估资产年生产能力为90吨，参照物资产的年生产能力为120吨，评估时点参照资产的市场价格为10万元，该类资产的功能价值指数为0.6。由此确定被评估资产价值为

$$10 \times \left(\frac{90}{120}\right)^{0.6} = 8.41(万元)$$

4. 价格指数法

价格指数法是指以参照资产成交价为基础，考虑参照物成交日期与被评估资产评估基准日的时间间隔对资产价值的影响，利用物价变动指数调整参照物成交价，

从而得到评估对象评估值的方法。其计算公式为

$$资产评估值 = 参照物成交价格 \times (1 + 物价变动指数)$$

此方法只适用于评估对象与参照物之间仅存在交易时间差异且时间差异不能过长的情况。

【例2-4】 与评估对象完全相同的参照物资产6个月前的成交价格为10万元，半年间该类资产的价格上升了8%，则资产评估价值为

$$10 \times (1 + 8\%) = 10.8(万元)$$

5. 成新率价格调整法

成新率价格调整法是指以参照物成交价格为基础，考虑到参照物和成交对象仅存在新旧程度上的差异，通过成新率调整估算被评估对象价值的方法。其计算公式为

$$资产评估值 = 参照物成交价格 \times \frac{评估对象成新率}{参照物成新率}$$

公式中的成新率通常按使用年限确定。此方法只适用于评估对象和参照物之间仅存在成新程度差异的情况。

（二）类比调整法

类比调整法是市场法中最基本的评估方法。该方法不同于直接比较法，它不要求参照物与评估对象必须一样或基本一样。只要参照物与评估对象在大的方面基本相同或类似，通过对比分析参照物和成交价格之间的差异，就能够在参照物成交价格的基础上确定评估对象的评估值。在具体操作过程中，类比调整法中使用频率较高的有以下三种技术方法。

1. 市场售价类比法

市场售价类比法是指以参照物成交价格为基础，考虑评估对象和参照物在功能、市场条件和销售时间等方面的差异，通过对比分析和量化差异，调整估算出评估对象价值的方法。

$$资产评估值 = 参照物售价 \times 功能差异修正系数$$
$$\times 交易情况修正系数 \times \cdots \times 时间差异修正系数$$

或

$$资产评估值 = 参照物售价 + 功能差异值 + 时间差异值 + \cdots + 交易情况差异值$$

【例2-5】 某商业用房，面积为800m²，现因企业联营需要进行评估，评估基准日为2002年10月31日。评估人员在房地产交易市场上找到3个成交时间与评估基准日接近的商业用房交易案例，具体数据见表2-1。

表2-1   评估中选取的参照物

参照物	A	B	C
交易单价	5 000 元/m²	5 960 元/m²	5 918 元/m²
成交日期	2002 年 6 月	2002 年 9 月	2002 年 10 月
区域条件	比被评估资产好	比被评估资产好	比被评估资产好
交易情况	正常	高于市价4%	正常

被评估商业用房与参照物商业用房结构相似，新旧程度相近，故无须对功能因素和参照物因素进行调整。被评估商业用房所在区域的综合评分为100，3个参照物所在区域条件均比被评估商业用房所在区域条件好，综合评分分别为107、110和108。当时房产月上涨率为4%，故参照物A的时间因素调整系数为 $(1+4\%)^4 =$ 117%；参照物B的时间因素调整系数为 $1+4\% =104\%$；参照物C因在评估基准日当日交易，故无需调整。3个参照物成交价格调整过程见表2-2。

表2-2　　　　　　　　　对参照物成交价格进行差异因素的调整

参照物	A	B	C
交易单价	5 000 元/m²	5 960 元/m²	5 918 元/m²
时间因素修正	117/100	104/100	100/100
区域因素修正	100/107	100/110	100/108
交易情况修正	100/100	100/104	100/100
修正后的价格	5 467 元/m²	5 418 元/m²	5 480 元/m²

$$被评估资产单价 = \frac{5\,467 + 5\,418 + 5\,480}{3} = 5\,455(元/m^2)$$

$$被评估资产总价 = 5\,455 \times 800 = 4\,364\,000(元)$$

2. 成本市价法

成本市价法是指以评估对象的现行合理成本为基础，利用参照物成交市价比率来确定评估对象价值的方法。其计算公式为

$$资产评估值 = 评估对象现行合理成本 \times \frac{参照物成交价格}{参照物现行合理成本}$$

【例2-6】　评估时某县城商品住宅的成本市价率为120%，已知被估全新住宅的现行合理成本为20万元，其市价接近于30万元，则资产评估值 $=20 \times 120\% =$ 24（万元）。

3. 市盈率乘数法

市盈率乘数法是指以参照物的市盈率作为乘数，并以此乘数与评估对象的收益额相乘来估算评估对象价值的方法。这种方法主要适用于企业整体价值评估和长期投资（主要是股票投资）评估。其计算公式为

$$资产评估值 = 评估对象收益额 \times 参照物市盈率$$

【例2-7】　某被评估企业的年净利润为1 000万元，评估时点资产市场上同类企业平均市盈率为18倍，则该企业的评估值 $=1\,000 \times 18 =18\,000$（万元）。

四、市场法的评价

（一）市场法的优点

1. 市场法原理简单，易于理解和掌握，也是国际上公认的三大基本评估方法之一。

2. 市场法充分考虑了市场因素，评估所用数据资料均来源于市场，因此更能接近市场，反映市场价值变动趋势，评估结论易于为各方所接受。

（二）市场法的缺点

1. 市场法对市场环境要求较为严格，需要有公开活跃的市场作为基础。而事实上理想状态下的公开市场条件常常是很难满足的，因此这一方法的使用受到很大的限制。

2. 在进行影响因素比较、差异调整时，往往受评估人员主观因素的影响较大，这在一定程度上会影响其评估结果的准确性。

3. 市场法只适于以资产价值为基础的资产评估业务，不适于专业机器设备和大部分无形资产，以及受到地区、环境等严格限制的一些资产评估，如核能生产设备、房地产、海港码头等。

第二节　成本法

一、成本法的基本原理

（一）成本法的含义

成本法是指在被评估资产的现时重置成本的基础上，扣减其各项损耗价值，从而确定被评估资产价值的方法。

成本法的基本思路是：先计算被评估资产的现时重置成本，即按现时市场条件重新购建与被评估资产功能相同的、处于全新状态下的资产所需要的全部耗费，然后再减去各项损耗价值。由于资产价值是一个变量，影响资产价值量变化的因素除了市场价格以外还有许多其他因素，如因使用磨损和自然力作用而产生的实体性贬值、因技术进步而产生的功能性贬值、因外部环境因素变化而产生的经济性贬值等。这种评估思路可以用公式表示为

资产评估价值 = 重置成本 − 实体性贬值 − 功能性贬值 − 经济性贬值

由于被评估资产的再取得成本的有关数据和信息来源较为广泛，并且资产重置成本与其现行市价及收益现值也存在着内在联系和替代关系，因而成本法是一种广泛应用的评估资产价值的方法。

（二）成本法的基本前提

成本法是从重新取得被评估资产的角度反映资产价值，即通过资产的重置成本扣减其各项损耗价值来确定被评估资产价值的方法。因此，只有在被评估资产处于继续使用的状态下，重新取得被评估资产的全部费用才能构成其价值的组成内容。资产的继续使用不仅仅是一个物理上的概念，它包含着有效使用资产的经济意义。只有当资产能够继续使用并且在持续使用中为潜在所有者或控制者带来经济利益，资产的重置成本才能为那些潜在投资者和市场所接受。从这个意义上讲，成本法主要适用于继续使用前提下的资产评估。对于非继续使用前提下的资产，如果运用成本法进行评估，需要对成本法的基本要素进行必要的调整。

从相对合理准确、减少风险和提高评估效率的角度分析，把继续使用作为成本法的前提是有积极意义的。采用成本法评估资产应该具备下面四个前提条件。

1. 被评估资产的实体特征、内部结构及其功能必须与假设的重置全新资产具有

可比性。

2. 应当具备可利用的历史资料。成本法的运用是建立在历史资料的基础上的，如复原重置成本的计算、成新率的计算等，要求这些历史资料可以收集。

3. 形成资产价值的各种耗费是必需的。虽然成本法是从成本耗费的角度评估资产的价值，但是这些成本耗费应该是取得资产所必须付出的代价，或者说应该体现整个社会或行业的平均成本耗费水平，而不是某项资产的个别成本耗费水平。

4. 被评估资产必须是可以再生的，或者说是可以复制的。不能再生或复制的被评估资产，如土地、矿藏等，一般不适用成本法。

（三）成本法的基本要素

成本法在运用过程中主要涉及重置成本、实体性贬值、功能性贬值和经济性贬值四个基本要素。

1. 资产的重置成本

资产的重置成本就是指资产的现行再取得成本。按其确定的依据可分为复原重置成本和更新重置成本两类。复原重置成本是指采用与评估对象相同的材料、相同的建筑或制造标准、相同的设计、相同的规格及技术等，以现时价格水平重新购建与评估对象相同的全新资产所发生的费用。更新重置成本是指采用新型材料，并根据现代建筑或制造标准、新型设计、新型规格及技术等，以现时价格水平购建与评估对象具有同等功能的全新资产所发生的费用。

复原重置成本和更新重置成本的相同点在于均采用资产的现行价格，不同点在于采用的材料、标准、设计等方面存在差异。应该注意的是，即便是更新重置成本也没有完全改变被评估资产的原有功能。例如，评估一台586型电子计算机，就不能以486型电子计算机作为更新重置成本。

在计算重置成本时，如果同时拥有计算复原重置成本和更新重置成本的信息资料，应优先选择更新重置成本。其理由有两点：一是更新重置成本比复原重置成本便宜，因为新技术提高了劳动生产率，使采用新技术生产相同功能的资产所需的必要劳动时间减少，根据资产评估的替代原则应选择更新重置成本；二是采用新型设计、材料、工艺制造的资产无论从使用性能还是从成本耗费方面，都会优于旧资产。由此可见，更新重置成本与复原重置成本的差异主要体现在超额投资成本和超额运营成本两个方面。

值得注意的是，在资产评估中一般不刻意计算超额投资成本，往往只计算超额运营成本。因为在计算重置成本时，如果采用核算法或功能系数法，所选用的价格均为现行价格。该价格既反映了在现行物价水平下被评估资产的价格，也反映了在现有技术条件下生产该类资产的社会必要劳动时间，这说明在重置成本的计算中已将超额投资成本剔除。而采用物价指数法计算的重置成本则没有考虑因劳动生产率提高而产生的超额投资成本问题。

2. 资产的实体性贬值

资产的实体性贬值，也称有形损耗，是指资产由于使用磨损和自然力作用而导致的物理性能损耗或作用下降而引起的资产价值损失。例如，轮船在航行中不断受到海水的侵蚀，就会产生实体性的贬值。资产的实体性贬值通常采用相对数即实体

性贬值率计量，用公式表示为

$$实体性贬值率 = \frac{资产实体性贬值}{资产重置成本} \times 100\%$$

3. 资产的功能性贬值

资产的功能性贬值，是指由于新技术的推广和使用，使得原有资产在技术上明显落后，性能降低而造成的资产价值损失，包括超额投资成本引起的功能性贬值和超额运营成本引起的功能性贬值。引起功能性贬值的原因很多，如新技术的出现导致生产率的提高而使原有资产贬值，生产方法的改进导致劳动生产率提高而使原有资产贬值，由于分工日益细密导致劳动生产率提高而使原有资产贬值等。

4. 资产的经济性贬值

资产的经济性贬值，是指由于资产外部环境因素的变化，引起资产闲置、收益下降等造成的资产价值损失。引起经济性贬值的原因主要有以下几种。

(1) 竞争加剧，社会总需求减少，导致资产开工不足；

(2) 原材料供应不畅，导致生产中断；

(3) 原材料成本增加，导致企业费用直线上升；

(4) 在通货膨胀情况下，国家实行高利率政策，导致企业负担加重；

(5) 国家产业政策的变动；

(6) 环境保护；

(7) 其他原因。

二、成本法的具体评估方法

通过成本法评估资产的价值，不可避免要涉及被评估资产的重置成本、实体性贬值、功能性贬值和经济性贬值四大要素。成本法中的各种具体方法实际上都是在成本法基本评估思路的基础上，围绕上述基本要素采用不同的方式、方法测算形成的。

（一）重置成本的估算方法

估算重置成本的方法有多种，常用的有重置核算法、价格指数法、功能系数法等。评估时可根据具体评估对象和可以获得的资料进行选择。

1. 重置核算法

重置核算法也称加和分析法、细节分析法、细节核算法等，它是利用成本核算的原理，根据重新取得资产所需的费用支出项目，逐项计算并累加得到资产的重置成本。在实际测算过程中又具体划分为两种类型：购买型和自建型。其中，购买型是以购买资产的方式作为资产的重置过程，而自建型是把自建资产作为重置资产的方式。无论是购买型还是自建型，其重置成本的计算均可表示为

$$重置成本 = 直接成本 + 间接成本$$

上式中，直接成本是购建全新资产时所花费的直接计入购建成本中的那部分成本，如购置费用、运输费用、安装调试的材料和人工费用等，通常按现时价格标准计算，逐项加总后得出。间接成本是购建过程中不能直接计入的成本，但又是与资产形成有关的一些支出，如购置资产所发生的管理费、前期准备费、总体设计制图

费、维修费等。对间接成本往往采取一定的标准和方法进行分配，以便使资产的成本真实反映购建资产时的实际耗费情况。通常对间接成本的分配可以采用人工成本比例法、单位价格法（工作量比重法）、直接成本比例法等。但如果间接成本金额较小，则可以忽略不计。

【例2-8】 重置购建设备一台，现行市场价格每台6万元，运杂费1 000元，直接安装成本800元，其中原材料300元，人工成本500元。根据统计分析，计算求得安装成本中的间接成本为每人工成本0.8元，该机器设备重置成本为

直接成本：$60\ 000 + 1\ 000 + 800 = 61\ 800$（元）

间接成本（安装成本）：$500 \times 0.8 = 400$（元）

重置成本合计：$61\ 800 + 400 = 62\ 200$（元）

重置核算法既适合于计量复原重置成本，也适合于计量更新重置成本。但采用重置核算法的前提是能够获得处于全新状态的被评估资产的现行市价。

2. 价格指数法

如果既无法获得处于全新状态的被评估资产现行市价，也无法获得与被评估资产相类似的参照资产的现行市价，就只能根据资产的历史成本（或账面价值），通过价格变动指数调整确定被评估资产的重置成本，这种方法称为价格指数法。其计算公式为

$$资产重置成本 = 资产历史成本 \times 价格指数$$

或

$$资产重置成本 = 资产历史成本 \times (1 + 价格变动指数)$$

式中：价格指数可以是定基价格指数，也可以是环比价格指数。其中定基价格指数是评估时点的价格指数与资产购建时点的价格指数之比，即

$$定基价格指数 = \frac{评估时点价格指数}{资产购建时价格指数} \times 100\%$$

而环比价格指数通常可考虑按以下公式计算

$$X = (1 + a^1)(1 + a^2)(1 + a^3)\cdots(1 + a^n) \times 100\%$$

式中：X——环比价格指数；

a^n——第n年环比价格变动指数，$n = 1, 2, 3, \cdots$。

公式中，资产的历史成本要求真实、准确，并符合社会平均的合理成本，所采用的物价指数应是资产的类别或个别物价指数。

在运用价格指数法时，一定要选择同类资产的价格指数，一般不用通货膨胀指数，否则无法代表被评估资产的价格及其变动趋势，从而影响资产评估值的准确性。

【例2-9】 某项资产购建于2000年，账面原值为15万元，2004年进行评估，已知2000年和2004年该类资产的定基物价指数分别为110%和140%。则该项资产的重置成本为

$$被评估资产重置成本 = 15 \times \frac{140\%}{110\%} = 19.09（万元）$$

【例2-10】 某项资产购建于2000年，账面原值为15万元，2004年进行评估，已知2000年至2004年该类资产价格每年上涨12%。则该项资产的重置成本为

$$被评估资产重置成本 = 15 \times (1 + 12\%)^4 = 23.60(万元)$$

价格指数法和重置核算法是估算重置成本的两种较常用方法,二者具有以下明显区别:价格指数法估算的重置成本仅考虑了价格变动因素,因而确定的是复原重置成本;而重置核算法既考虑了价格变动因素,也考虑了生产技术进步和劳动生产率的变化因素,因而可以估算复原重置成本和更新重置成本。价格指数法建立在不同时期的某一种或某一类,甚至全部资产的物价变动水平上;而重置核算法建立在现行价格水平与购建成本费用核算的基础上。

明确价格指数法和重置核算法的区别,有助于重置成本估算中方法的判断与选择。一项科学技术进步较快的资产,采用价格指数法估算的重置成本通常偏高。当然,价格指数法和重置核算法也有其共同点,即都是建立在利用历史资料的基础上。因此,注意分析判断资产评估时重置成本口径与委托方提供历史资料口径的差异,是这两种方法应用时需要注意的共同问题。

3. 功能系数法

功能系数法,也称为功能价值类比法,是指利用某些资产功能(生产能力)的变化与其价格或重置成本的变化呈某种指数关系或线性关系,通过参照物的价格或重置成本,以及功能价值关系估测评估对象价格或重置成本的技术方法。

根据资产的功能与成本(价值)之间函数关系的不同,功能系数法有着不同的计量方法。

(1)生产能力比例法。

生产能力比例法,是通过寻找与被评估资产相同或相似的资产为参照物,计算其每一单位生产能力价格或参照物与被评估资产生产能力的比例,据以估算被评估资产的重置成本。计算公式为

$$被评估资产重置成本 = \frac{被估资产年产量}{参照物年产量} \times 参照物重置成本$$

【例2-11】 重置全新的一台机器设备价格为5万元,年产量为8 000件。已知被评估资产年产量为7 000件,由此可确定其重置成本为

$$被评估资产重置成本 = \frac{7\ 000}{8\ 000} \times 50\ 000 = 43\ 750(元)$$

这种方法运用的前提条件是假设资产的重置成本与其生产能力呈线性关系,生产能力越大,成本越高,而且是成比例变化,否则这种方法就不可以采用。

(2)规模经济效益指数法。

如果资产的功能与成本呈指数关系,即虽然功能与成本呈同方向变化,但不是同比例变化,即随着资产功能的增大,资产成本的上升幅度会趋缓,表现出规模经济效应,此时可采用规模经济效益指数法确定资产的重置成本。其计算公式为

$$被评估资产重置成本 = 参照物资产重置成本 \times \left(\frac{被估资产年产量}{参照物资产年产量}\right)^x$$

式中:x是个经验数据,称为规模经济效益指数。通常按行业设定,如加工业一般为0.7,房地产行业一般为0.9。x指数的设定需在同类资产中选择有代表性的样本进行分析。其计算公式为

$$x = \frac{\lg(P_i/P_j)}{\lg(F_i/F_j)}$$

式中：P 为资产的成本，F 为资产的功能，i 和 j 是功能相同、生产能力不同的资产的下标。

迄今为止，我国尚无统一的规模经济效益指数数据，因此评估过程中要谨慎使用这种方法。

【例 2–12】 某设备生产能力为 50 000 件/年，参照设备生产能力为 30 000 件/年，重置成本为 12 000 元。设规模经济效益指数为 0.7，则该设备的重置成本为

$$被评估资产重置成本 = 12\,000 \times \left(\frac{50\,000}{30\,000}\right)^{0.7} = 17\,158.8(元)$$

由于功能系数法所选择的参照物一般为新技术条件下生产的资产，因此通过调整被评估资产与参照物之间的功能差异获得的重置成本，一般已经是考虑了功能性损耗的更新重置成本，从而在计算评估值时无须再扣减功能性损耗。

4. 统计分析法

当被评估资产单位价值较低、数量较多时，为了降低评估成本、节约评估时间，可以采用统计分析法评估某类资产的重置成本。其计算步骤如下：

（1）在核实资产数量的基础上，将全部资产按照适当标准划分为若干类别，如房屋建筑物按结构划分为钢结构、钢筋混凝土结构等。

（2）在各类资产中抽样选择适量具有代表性的资产，应用重置核算法、价格指数法、功能系数法等估算其重置成本。需注意权衡样本量和评估成本。一般而言，样本量越大，评估值越准确，但工作量也会相应增大。

（3）依据分类抽样估算资产的重置成本额与账面历史成本，计算出分类资产的调整系数。其计算公式为

$$调整系数 K = \sum(某类资产重置成本 / 该类资产账面成本)$$

（4）依据模型，确定全部资产重置成本。

被评估资产重置成本 = 某类资产账面历史成本 × 调整系数 K

【例 2–13】 评估某企业某类通用设备，经抽样选择具有代表性的通用设备 4 台，估算其重置成本之和为 30 万元，而该 4 台具有代表性的通用设备历史成本之和为 20 万元，该类通用设备账面历史成本之和为 600 万元，则调整系数为

$$K = \frac{30}{20} = 1.5$$

$$该类通用设备重置成本 = 600 \times 1.5 = 900(万元)$$

（二）实体性贬值的测算方法

对资产实体性贬值的测算，通常有观察法、使用年限法和修复费用法等可供选择。

1. 观察法

观察法是指由具有专业知识和丰富经验的工程技术人员，通过对资产实体各主要部位的观察及仪器测量等方式进行的技术鉴定，从而判断被评估资产的成新率，也称成新率法。其计算公式为

$$资产实体性贬值 = 重置成本 \times (1 - 实体性成新率)$$

式中：

$$实体性成新率 = 1 - 实体性贬值率$$

这种方法主要有两种方式：一种是总体观察法，即对资产总体进行观察后，确定资产总体的实体性贬值，一般适用于简单的单项资产；另一种方式是加权平均法，即将资产总体分解为若干部分，分别进行观察，确定各自的实体性贬值，然后再以各部分成本占总成本的比重为权数，计算出总体资产的实体性贬值。

2. 使用年限法

使用年限法也称为比率法，是利用被评估资产的实际已使用年限与其总使用年限的比值来确定资产的实体性损耗程度。其计算公式为

$$资产的实体性贬值 = \frac{重置成本 - 预计残值}{总使用年限} \times 实际已使用年限$$

公式中，预计残值是指从资产评估角度所认识的被评估资产在清理报废时净收回的金额，而且通常只考虑数额较大的残值，即残值数额较小时可以忽略不计。总使用年限指的是实际已使用年限与尚可使用年限之和。计算公式为

$$总使用年限 = 实际已使用年限 + 尚可使用年限$$

$$实际已使用年限 = 名义已使用年限 \times 资产利用率$$

由于资产在使用中负荷程度的影响，必须将资产的名义已使用年限调整为实际已使用年限。名义已使用年限是指资产从购进使用到评估时的年限。名义已使用年限可通过会计记录、资产登记簿、登记卡片查询确定。实际已使用年限是指资产在使用中实际损耗的年限，与资产在使用中负荷程度及日常保养有关。实际已使用年限与名义已使用年限的差异可以通过资产利用率来调整。资产利用率的计算公式为

$$资产利用率 = \frac{截至评估日资产累计实际利用时间}{截至评估日资产累计法定利用时间} \times 100\%$$

当资产利用率 > 100% 时，表示资产超负荷运转，资产实际已使用年限比名义已使用年限要长；当资产利用率 = 100% 时，表示资产满负荷运转，资产实际已使用年限等于名义已使用年限；当资产利用率 < 100% 时，表示资产开工不足，资产实际已使用年限小于名义已使用年限。实际评估中，资产利用率指标往往较难确定，需要评估人员综合分析资产的使用情况，如资产的实际开工情况、修理间隔期、原材料供应状况等因素后加以确定。

【例 2 - 14】 某资产 1994 年 2 月购进，2004 年 2 月评估时名义已使用年限是 10 年。根据该资产技术指标，正常使用情况下每天应工作 8 小时，而实际每天只工作 7.2 小时。

$$资产利用率 = \frac{10 \times 360 \times 7.2}{10 \times 360 \times 8} \times 100\% = 90\%$$

$$实际已使用年限 = 10 \times 90\% = 9(年)$$

此外，评估中经常遇到被评估资产是经过更新改造的情况。对于更新改造过的资产而言，其实体性损耗的计量还应充分考虑更新改造投入的资金对资产寿命的影响，否则可能过高地估计实体性损耗。对更新改造问题，一般应采用加权平均法来

确定资产的实体性损耗。也就是说，先计算加权更新成本，再计算加权平均已使用年限。其计算公式为

$$加权更新成本 = 已使用年限 \times 更新成本(或购建成本)$$

$$加权平均已使用年限 = \frac{\sum 加权更新成本(或购建成本)}{\sum 更新成本(或购建成本)}$$

需要注意的是，这里所涉及的成本可以是原始成本，也可以是复原重置成本。尽管各时期的投资或更新金额并不具有可比性，但是从可获得数据而言，采用原始成本比重新确定成本更具可行性，同时这也反映了各特定时期的构建或更新所经历的时间顺序。

【例 2 - 15】　某资产购建于 1960 年，于 1980 年和 1995 年分别进行了更新改造，现于 2005 年进行评估，有关资料见表 2 - 3。

表 2 - 3　　　　　　　　　　　**某待评估资产加权更新成本**

购建或更新时间	成本/元	已使用年限/年	加权更新成本/元
1960	200 000	45	9 000 000
1980	50 000	25	1 250 000
1995	100 000	10	1 000 000
合计	350 000		11 250 000

则

$$加权平均已使用年限 = \frac{11\ 250\ 000}{350\ 000} = 32.14(年)$$

3. 修复费用法

修复费用法是指利用恢复资产功能所支出的费用金额来直接估算资产实体性贬值的一种方法，也称直接价值法。它一般适用于可以恢复功能的资产价值评估。

使用这种方法时，要尽可能把实体性贬值的可修复部分与不可修复部分区分开来。其中，可修复部分是可以修复而且经济上合算，而不可修复部分的实体性贬值则不能修复或者可以修复，但在经济上不合算。对于可修复部分的实体性贬值以直接支出的金额来估算，对于不可修复的实体性贬值，则可运用上述的观察法和使用年限法来确定。可修复部分与不可修复部分的实体性贬值之和，构成被评估资产的全部实体性贬值。

（三）资产功能性贬值的估算方法

资产功能性贬值是指由于技术相对落后造成的贬值。估算功能性贬值时，主要根据资产的效用、生产加工能力、工耗、物耗、能耗水平等功能方面的差异所造成的成本增加或效益降低，来相应确定功能性贬值额。同时，还要重视技术进步因素，注意替代设备、替代技术、替代产品的影响，以及行业技术装备水平现状和资产更新换代程度。

资产的超额运营成本主要体现在材料消耗、能源消耗、工时消耗的增加，废品率上升，产品质量下降等方面。其具体计算步骤如下。

（1）将被评估资产的年运营成本与功能相同但性能更好的新资产的年运营成本进行比较。

（2）计算二者差异，确定净超额运营成本。由于企业支付的运营成本是在税前扣除的，企业支付的超额运营成本会引起税前利润额下降，所得税额降低，使得企业负担的运营成本低于其实际支付额，因此净超额运营成本是超额运营成本扣除其抵减的所得税之后的余额。

（3）估计被评估资产的剩余寿命。

（4）以适当的折现率（一般选择行业平均收益率）将被评估资产在剩余寿命内每年的超额运营成本加以折现，这些折现值之和就是被评估资产的功能性损耗。计算公式为

被评估资产功能性贬值额 $= \sum$（被评估资产年净超额运营成本 × 折现系数）

【例2-16】 某设备与目前普遍使用的技术先进的设备相比，在完成同样生产任务的情况下，能源消耗超支 30 000 元，人工消耗超支 10 000 元。经评估人员鉴定，该设备尚可使用 5 年，同行业的资产平均收益率为 10%，所得税税率为 30%，则该设备的功能性贬值计算如下

功能性贬值 $= (30\ 000 + 10\ 000) \times (1 - 30\%) \times (P/A, 10\%, 5) = 106\ 142.4$（元）

资产功能性贬值的另一种表现形式为超额投资成本，是指由于劳动生产率提高，生产相同资产所需的社会必要劳动时间减少，从而使原有资产的生产成本相对较高，形成超额投资成本，其也可被看做资产的功能性贬值。计算公式为

资产的功能性贬值 = 复原重置成本 - 更新重置成本

在实际评估中也可能存在功能性溢价的情况，即当评估对象功能明显优于参照资产功能时，评估对象就可能存在功能性溢价。

（四）资产经济性贬值的估算方法

资产的经济性贬值，是指因资产的外部环境变化所导致的资产贬值。引起外部环境变化的原因主要有：宏观经济衰退导致社会总需求不足进而影响对资产或资产所生产产品的需求，国家调整产业政策对资产所在行业的冲击，国家环保政策对资产或资产所生产产品的限制，经济地理位置变化或污染问题对不动产价值的影响等。资产经济性贬值一般表现为两种形式：一种是资产利用率的下降，如设备利用率下降、房屋出租率下降等；另一种是资产年收益额的减少。

1. 由于资产利用率下降所造成的经济性贬值的计量

首先计算经济性贬值率，然后再计算经济性贬值额。具体计算公式为

$$经济性贬值率 = \left[1 - \left(\frac{资产预计可被利用的生产能力}{资产原设计生产能力}\right)^x\right] \times 100\%$$

式中：x 为功能价值指数，实践中多采用经验数据，数值一般在 0.6 ~ 0.7 之间。

2. 因收益额减少所导致的经济性贬值的计量

经济性贬值额 = 资产年收益损失额 × (1 - 所得税税率) × $(P/A, r, n)$

式中：$(P/A, r, n)$ 为年金现值系数。

需要注意的是，并非每个被评估资产都需要计算经济性贬值。一般来说，只有能够单独计算收益的资产，如一个企业、一个车间、一条生产线等需要考虑在评估

基准日以后、资产的寿命期内是否存在利用率降低或收益额减少的问题。这主要是基于两点考虑：一是资产评估的时点——预期性；二是评估基准日之前资产利用率问题是通过计算实际已使用年限来体现的。

【例2－17】　某被评估生产线，设计生产能力为年产2 000台产品，因市场需求结构变化，在未来可使用年限内每年产量估计要减少600台左右。根据上述条件，该生产线的经济性贬值率为

$$经济性贬值率 = \left[1 - \left(\frac{1\ 400}{2\ 000}\right)^{0.6}\right] \times 100\% = 19\%$$

又如，数据依上例，假定每年减少600台产品，每台产品100元，该生产线尚可继续使用3年，企业所在行业的投资回报率为10%，所得税税率为30%。该资产的经济性贬值额约为

$$经济性贬值额 = (600 \times 100) \times (1 - 30\%) \times (P/A, 10\%, 3) = 104\ 449.8(元)$$

在实际评估工作中也有经济性溢价的情况，即当评估对象及其产品有良好的市场及市场前景或有重大政策利好，评估对象就可能存在着经济性溢价。

（五）综合成新率的确定

综合成新率，是指在综合考虑资产的各种损耗后确定的成新率。它反映了资产的现行价值与其全新状态重置价值的比率。通常，确定综合成新率可采用观察法、使用年限法、修复费用法等，但要注意，必须由具有专业知识和丰富经验的专家和工程技术人员，对资产实体的各主要部位和功能进行技术性和经济性鉴定，在综合考虑资产的实体性贬值、功能性贬值和经济性贬值的基础上，判断、确定被评估资产的综合成新率。

三、成本法的评价

（一）成本法的优点

1. 成本法比较充分地考虑了资产的各种损耗，包括实体性贬值、功能性贬值和经济性贬值，评估结果更趋于公平合理。

2. 成本法的使用范围广泛。它除了适合于单项资产和具有特定用途的专项资产评估外，对于那些不易计算资产未来收益、无法重置的特殊资产及难以取得市场参照物的资产评估也可以使用此法。

（二）成本法的缺点

1. 计算复杂，工作量大。采用成本法进行评估时，涉及大量经济参数的计算，如资产价格变动指数、资产成新率、规模经济效益指数等，这些指标的计算难度大，操作困难。

2. 各种贬值，尤其是经济性贬值不易计算，难以把握，往往影响评估结论的准确性。

需要注意的是，并非所有评估对象都适合采用重置成本法。因为成本法注重从成本耗费的角度评估资产价值，而某些资产的价值主要是由效用决定的，而非成本耗费，如企业整体资产、无形资产及资源性资产等。

第三节　收益法

一、收益法的基本原理

（一）收益法的含义

收益法是指通过估算被评估资产未来预期收益并折算成现值，借以确定被评估资产价值的一种评估方法。它服从资产评估中将利求本的思路，即采用资本化和折现的途径及其方法来判断和估算资产价值。该思路认为，任何一个理智的投资者在购置或投资于某一资产时，所愿意支付或投资的数额不会高于所购置或投资的资产在未来能给其带来的回报，即收益额。这种方法主要利用投资回报和收益折现等技术手段，把评估对象的预期产出能力和获利能力作为评估标的来估算评估对象的价值。根据评估对象的预期收益来评估其价值，是很容易被资产业务各方所接受的。从理论上讲，收益法是资产评估中较为科学合理的评估方法之一。

（二）运用收益法的前提条件

并非所有的资产评估都可以采用收益法，运用收益法评估资产价值需要满足以下前提条件。

1. 被评估资产未来预期收益可以预测并可以用货币计量。收益法是从产生收益能力的角度来评估一项资产，这就要求被评估资产与其经营收益之间存在着较为稳定的比例关系。同时，影响资产预期收益的主要因素，包括主观因素和客观因素，也应是比较明确的，评估人员可以据此分析和测算出被评估资产的预期收益。

2. 资产拥有者获得预期收益所承担的风险也可以预测并可以用货币计量。被评估对象所具有的行业风险、地区风险、企业风险等是可以预测并可以计量的，这是测算折现率或资本化率的基本参数之一。评估对象所处的行业不同、地区不同和企业差别都会不同程度地体现出拥有特定资产的获利风险。对于投资者来说，风险大的投资，要求的回报率就高；投资风险小，其回报率也可以相应降低。

3. 被评估资产预期获利年限可以预测。评估对象获利期限的长短，即评估对象的寿命，也是影响其评估值的重要因素之一。

二、收益法的基本运用形式

收益法实际上是指在预期收益还原思路下若干具体方法的集合。总的来说，收益法在具体运用时，首先针对评估对象未来预期收益有无限期的情况，分为有限期和无限期的评估方法；其次，针对评估对象预期收益额的情况，又可分为等额收益评估方法、非等额收益评估方法等。为了便于收益法基本计算公式的运用，先对符号做如下的统一约定。

P——评估值；

i——第 i 年；

P_i——未来第 i 年的评估值；

R_i——未来第 i 年的预期收益；

r ——折现率或资本化率；

r_i——第 i 年的折现率或资本化率；

n ——收益年期；

A ——年金。

（一）纯收益不变

1. 在收益永续，各因素不变的条件下，计算公式如下：

$$P = \frac{A}{r}$$

其成立的基本条件是：纯收益每年不变；资本化率固定且大于零；收益年期无限。

2. 在收益期有限，资本化率大于零的条件下，计算公式如下：

$$P = \frac{A}{r}\left[1 - \frac{1}{(1+r)^n}\right]$$

其成立的基本条件是：纯收益每年不变；资本化率固定且大于零；收益年期有限为 n。

3. 在收益年期有限，资本化率等于零的条件下，计算公式如下：

$$P = A \times n$$

其成立的基本条件是：纯收益每年不变；资本化率等于零；收益年期有限为 n。

（二）纯收益若干年后保持不变

1. 无限年期收益，计算公式如下：

$$P = \sum_{i=1}^{n} \frac{R_i}{(1+r)^i} + \frac{A}{r(1+r)^n}$$

其成立的基本条件是：纯收益在 n 年（含第 n 年）以前有变化，在 n 年以后保持不变；资本化率大于零；收益年期无限。

2. 有限年期收益，计算公式如下：

$$P = \sum_{i=1}^{n} \frac{R_i}{(1+r)^i} + \frac{A}{r(1+r)^t} \times \left[\frac{1}{1 - (1+r)^{n-t}}\right]$$

其成立的基本条件是：纯收益在 t 年（含第 t 年）以前有变化，在 t 年以后保持不变；资本化率大于零；收益年期有限为 n。

（三）纯收益表现为等差级数

1. 在纯收益按等差级数递增，收益年期无限的条件下，计算公式如下：

$$P = \frac{A}{r} + \frac{B}{r^2}$$

其成立条件是：纯收益按等差级数递增，且逐年递增额为 B；资本化率大于零；收益年期无限。

2. 在纯收益按等差级数递增，收益年期有限的条件下，计算公式如下：

$$P = \left(\frac{A}{r} + \frac{B}{r^2}\right)\left[1 - \frac{1}{(1+r)^n}\right] - \frac{B}{r} \times \frac{n}{(1+r)^n}$$

其成立条件是：纯收益按等差级数递增，且逐年递增额为 B；资本化率大于零；收益年期有限为 n。

3. 在纯收益按等差级数递减，收益年期无限的条件下，计算公式如下：

$$P = \frac{A}{r} - \frac{B}{r^2}$$

其成立条件是：纯收益按等差级数递减，逐年递减额为 B 且递减到零为止；资本化率大于零；收益年期无限。

4. 在纯收益按等差级数递减，收益年期有限的条件下，计算公式如下：

$$P = (\frac{A}{r} - \frac{B}{r^2})\left[1 - \frac{1}{(1+r)^n}\right] + \frac{B}{r} \times \frac{n}{(1+r)^n}$$

其成立条件是：纯收益按等差级数递减，且逐年递减额为 B；资本化率大于零；收益年期有限为 n。

（四）纯收益表现为等比级数

1. 在纯收益按等比级数递增，收益年期无限的条件下，计算公式如下：

$$P = \frac{A}{r - s}$$

其成立条件是：纯收益按等比级数递增，且逐年递增比例为 s；资本化率大于零；收益年期无限；$r > s > 0$。

2. 在纯收益按等比级数递增，收益年期有限的条件下，计算公式如下：

$$P = \frac{A}{r - s} \times \left[1 - \left(\frac{1+s}{1+r}\right)^n\right]$$

其成立条件是：纯收益按等比级数递增，且逐年递增比例为 s；资本化率大于零；收益年期有限为 n；$r > s > 0$。

3. 在纯收益按等比级数递减，收益年期无限的条件下，计算公式如下：

$$P = \frac{A}{r + s}$$

其成立条件是：纯收益按等比级数递减，且逐年递减比例为 s；资本化率大于零；收益年期无限；$r > s > 0$。

4. 在纯收益按等比级数递减，收益年期有限的条件下，计算公式如下：

$$P = \frac{A}{r + s} \times \left[1 - \left(\frac{1-s}{1+r}\right)^n\right]$$

其成立条件是：纯收益按等比级数递减，且逐年递减比例为 s；资本化率大于零；收益年期有限为 n；$0 < s \leq 1$。

5. 已知未来若干年后资产价格的情况下，计算公式如下：

$$P = \frac{A}{r}\left[1 - \frac{1}{(1+r)^n}\right] + \frac{P_n}{(1+r)^n}$$

其成立条件是：纯收益在第 n 年（含 n 年）前保持不变；预知第 n 年的价格为 P；r 大于零。

【例 2-18】 经评估人员调查分析，预测评估对象是一项在未来 4 年内可以获得收益的资产，在未来 4 年内的预期收益分别为 2 000 元、2 200 元、2 400 元和 2 800 元，假定折现率为 8%，则该项资产的评估值计算如下：

$$资产评估值 = \frac{2\,000}{(1 + 8\%)} + \frac{2\,200}{(1 + 8\%)^2} + \frac{2\,400}{(1 + 8\%)^3} + \frac{2\,800}{(1 + 8\%)^4} = 7\,700.98(元)$$

【例 2 – 19】　某评估对象为一项在未来 5 年后可获得 10 000 元预期收益的资产，假定折现率为 8%，则资产的评估值计算如下：

$$资产评估值 = \frac{10\,000}{(1 + 8\%)^5} = 6\,805.83(元)$$

【例 2 – 20】　某收益型资产预计未来 5 年收益额分别是 12 万元、15 万元、13 万元、11 万元和 14 万元。假定从第六年开始，以后各年收益均为 14 万元，确定的折现率和资本化率为 10%。确定该收益型资产在持续经营下和 50 年收益的评估值。

（1）永续经营条件下的评估过程如下：

首先，确定未来 5 年收益额的现值为

$$现值总额 = \frac{12}{(1 + 10\%)} + \frac{15}{(1 + 10\%)^2} + \frac{13}{(1 + 10\%)^3} + \frac{11}{(1 + 10\%)^4} + \frac{14}{(1 + 10\%)^5}$$
$$= 49.2777(万元)$$

其次，将第六年以后的收益进行本金化处理，即

$$\frac{14}{10\%} = 140(万元)$$

最后，确定企业的评估值

$$评估值 = 49.2777 + 140 \times 0.6209 = 136.2037(万元)$$

（2）50 年的收益评估过程如下：

$$评估价值 = \frac{12}{(1 + 10\%)} + \frac{15}{(1 + 10\%)^2} + \frac{13}{(1 + 10\%)^3} + \frac{11}{(1 + 10\%)^4} + \frac{14}{(1 + 10\%)^5} +$$
$$\frac{14}{10\% \times (1 + 10\%)^5} \times \left(1 - \frac{1}{(1 + 10\%)^{45}}\right)$$
$$= 135.01(万元)$$

三、收益法中各项指标的确定

尽管收益法的计算公式十分完美，但是要使评估结果准确且易于为交易双方所接受，关键是公式中各项指标是否具有客观性。收益法评估中主要有三个指标：预期收益额、收益期限和折现率（资本化率）。

（一）预期收益额

1. 预期收益的类型

一般来说，资产预期收益有三种可选择的类型：净利润、净现金流量和利润总额。净利润和净现金流量都属于税后净收益，都是资产持有者的收益，在收益法中被普遍采用。两者的区别在于确定的原则不同，净利润是按权责发生制确定的，净现金流量是按收付实现制确定的。从资产评估的角度看，净现金流量更适宜作为预期收益指标，其与净利润相比有以下两点优势。

（1）净现金流量能够更准确地反映资产的预期收益。将折旧视为预期收益的一部分，有其合理性。折旧是为取得收益而发生的贬值，是资产价值的时间表现形式。由于资产特别是固定资产在一个限定时间内并不能完全消耗，它对企业生产经营的

贡献将长期存在。这种贡献从价值角度上讲就是折旧，所以折旧的存在实际上是资产价值的另外一种表现形式。从另一个角度讲，折旧在资产的整个使用期内并未真正发生支出；也没有一个企业因为折旧的存在而准备大量资金用于支付，但是折旧所形成的价值却被企业以收益形式获得。这一点在会计上已被人们认可。

（2）净现金流量体现了资金的时间价值。净现金流量是动态指标，它不仅是对数量的描述，而且与发生的时间形成密不可分的整体。而净利润没有考虑现金流入流出的时间差异，它并不一定表明在未来某个时点资产持有者可支配的现金流量。由于收益法是通过将资产未来某个时点的收益折算为现值来估算资产的价值，因此用净现金流量来表示收益更加准确，更能体现资金的时间价值。

利润总额由于包含了不属于资产持有者的税收，因而一般不适宜作为预期收益指标。但是当税收优惠政策过多，资产的净收益难以公平、准确地反映资产的预期收益水平时，为了使各项投资收益之间具有可比性，也可采用利润总额作为预期收益指标。

2. 预期收益的测算

现实经济生活中，无论是投资者还是理性分析人员都无法准确预知资产的未来收益，除非是无风险资产。预测资产未来收益的方法很多，但归纳起来主要有两种：时间序列法和因素分析法。

（1）时间序列法。

时间序列法，是指一种通过建立资产以往收益的时间序列方程，并假定该时间序列在可预见的将来会持续下去，从而测算预期收益的方法。时间序列法是根据历史数据，用回归分析的统计方法获得的。如果在评估基准日之前，资产的收益随着时间的推移呈现出平稳增长趋势，同时预计在评估基准日之后这一增长趋势仍将保持，则适合采用时间序列分析方法来预测资产的未来收益。

【例2-21】 某企业评估基准日为 2004 年 12 月 31 日，评估基准日前每年收益见表 2-4。

表 2-4　　　　　　　　　某被评估企业过去 5 年的历史收益

年份（X）	2000	2001	2002	2003	2004
净收益（Y：万元）	1 000	1 150	1 210	1 300	1 340

若以 2004 年为 0，则评估基准日前一年为 -1，前两年为 -2。评估基准日后第一年为 1，第二年为 2，以此类推，按时间序列计算的回归方程为

$$Y = 1\ 336 + 83X$$

按时间序列法预测企业 2005—2009 年的收益见表 2-5。

表 2-5　　　　　　　　　某被评估企业未来 5 年的收益预测

年份（X）	2005	2006	2007	2008	2009
净收益（Y：万元）	1 419	1 502	1 585	1 668	1 751

（2）因素分析法。

因素分析法是一种间接预测收益的方法。它首先确定影响一项资产收入和支出

的具体因素，然后建立收益和这些因素之间的数量关系，如销售收入增长 1% 对收益水平的影响等，同时对这些因素未来可能的变动趋势进行预测，最后估算出基于这些因素的未来收益水平。这种间接预测收益的方法难以操作，原因是这种方法要求对收入和支出背后的原因做深入分析，但它的适用面较广，预测结果也具有一定的客观性，因而在收益预测中被广泛采用。

（二）收益期限

收益期限是指资产具有获利能力持续的时间，通常以年为单位。它由评估人员根据资产未来的获利能力、资产损耗情况、法律规定等因素确定。

若无特殊情况，资产使用比较正常且没有对资产的使用年限进行限定，或者这种限定是可以解除的，并可以通过延续方式永续使用，则可以假定收益期为无限期。如果资产的收益期限受到法律、合同等规定的限制，则应以法律、合同规定的年限作为收益期。例如，中外合资经营企业在确定其收益期限时，应以中外合资双方共同签订的合同中所规定的期限作为企业整体资产收益期。当资产没有规定收益期限的，也可按其正常的经济寿命确定收益期，即资产能够给其拥有者带来最大收益的年限。当继续持有资产对拥有者不再有利时，从经济上讲，该项资产的寿命也就结束了。

（三）折现率（资本化率）

如前所述，折现率和资本化率在本质上并无多大差别，都是将未来的预期收益折算成现值的比率，只是适用场合不同。折现率是将未来有限期的预期收益（收入流）折算成现值的比率，资本化率则是将未来永续期的预期收益（年金）折算成现值的比率。

在内涵上折现率和资本化率也略有区别。折现率可被视为投资中对收益流要求的回报率，需考虑投资的机会成本和收益的不确定性。因此，折现率一般由无风险报酬率和风险报酬率组成，前者通常由政府债券的利率决定，后者取决于特定资产的风险状况。资本化率除了反映无风险报酬率和风险报酬率外，还反映资产收益的长期增长前景。折现率和资本化率的联系与区别可用公式表示如下：

折现率 = 无风险报酬率 + 风险报酬率

资本化率 = 折现率 − 未来年收益的增长率

当其他条件相同时，收益增长越快的资产，其价值就越高，因此需要将未来收益增长率从折现率中扣除。只有当资产的年收益增长率为零时，折现率才与资本化率相等。那么是否有可能增长率超过折现率呢？在实务中，一般不会出现这种现象。一方面是由于任何企业都不可能永远保持高速增长；另一方面是由于高增长意味着高风险，即需要提高风险报酬率。

在运用收益法时，关键是折现率的确定，资本化率是以折现率为基础的。确定折现率的方法有加和法、资本成本加权法和市场法等。

1. 加和法

加和法认为，折现率包含无风险报酬率和风险报酬率两个部分，每一部分可分别求取，然后相加即可得到折现率。无风险报酬率的确定比较容易，政府债券投资收益率通常被看做无风险报酬率的替代值。通常认为短期政府债券（如 3 个月期限的国库券）是最没有风险的投资对象，但是对资产评估而言，最好用较长期的政府债券利率作为基本收益率。尽管长期债券变现存在一定的风险，但由于评估通常涉及基于长期收益趋势的资产，因此选择长期债券利率作为无风险报酬率，更具有可比性和相关替代性。

折现率中的风险报酬率部分必须反映两种风险：一是市场风险，二是与特定的被评估资产或企业相联系的风险。表 2－6 以企业为例，列出了风险报酬率确定过程中需要考虑的主要因素。

表 2－6　　　　　　　　　　　　影响风险报酬率的主要因素

与市场相关的风险	与被评估资产相联系的风险
行业的总体状况	产品或服务的类型
宏观经济状况	企业规模
地区经济状况	财务状况
市场竞争状况	管理水平
法律或法规约束	收益数量及质量
国家产业政策	区位

由此可见，风险报酬率的确定相当复杂，而且对于每一个潜在的投资者而言都会有所不同。在评估实践中，确定风险报酬率的方法有多种，需要根据被评估资产的具体风险状况进行选择。下面介绍两种常见的风险报酬率的确定方法：风险累加法和 β 系数法。

（1）风险累加法。

风险累加法的基本思路是：将企业在生产经营过程中可能面临的行业风险、经营风险和财务风险对投资报酬率的要求加以量化并予以累加，即可得到企业的风险报酬率。其计算公式为

被评估项目风险报酬率 ＝ 行业风险报酬率 ＋ 经营风险报酬率 ＋ 财务风险报酬率

（2）β 系数法。

β 系数法可用于估算企业所在行业的风险报酬率，也可用于估算企业自身的风险报酬率。其基本思路是，行业风险报酬率（或企业自身的风险报酬率）是市场平均风险报酬率与被评估企业所在行业平均风险（或被评估企业自身风险）和市场平均风险的比例系数 β 的乘积。其计算公式为

$$R_i = (R_m - R_f) \times \beta$$

式中：R_i——被评估企业所在行业（或被评估企业自身）的风险报酬率；

　　　R_m——市场平均收益率；

　　　R_f——无风险报酬率；

　　　β——被评估企业证券的风险报酬率与证券市场上平均风险报酬率的比值。

上述公式中，市场平均收益率（R_m）和无风险报酬率（R_f）比较容易获得。β系数的计算较为复杂，但在国外有专门的机构根据上市公司的经营状况和市场表现编制行业和公司的 β 系数，并及时予以更新。例如，美国 BARRA（前罗森伯格事务

所）为在美国证券市场上市的约 7 000 家公司提供 β 系数，且每季度予以更新。

通过 β 系数法来量化折现率中的风险报酬率部分的技术，又被称为资本资产定价模型（Capital Asset Pricing Model，CAPM），其计算公式为

$$r = R_f + (R_m - R_f) \times \beta$$

式中：$(R_m - R_f)$ 表示市场平均风险报酬率；β 反映了与其他企业相比被评估企业特定的风险程度；r 为投资者要求的投资收益率，它与 β 系数正相关，即由 β 系数所测算的被投资项目的风险越大，投资者所要求的收益率越高。

2. 资本成本加权法

资本成本加权法的基本思路是：将资产视做投入资金总额，则企业资产可以理解为长期负债与所有者权益之和。从这一角度分析，长期负债和所有者权益所表现出的利息率和投资报酬率必然影响折现率的计算。对此可通过加权平均法计算如下：

折现率 = 长期负债占资产总额的比重 × 长期负债利息率

× (1 - 所得税税率) + 所有者权益占资产总额的比重 × 投资报酬率

式中：

投资报酬率 = 无风险报酬率 + 风险报酬率

【例 2 - 22】 某企业资本构成如下：长期借款占 30%，利息率 10%；应付债券占 20%，利息率 12%；股东权益占 50%，投资报酬率 14%；适用的所得税税率为 40%，则该企业的折现率为

$r = 30\% \times 10\% \times (1 - 40\%) + 20\% \times 12\% \times (1 - 40\%) + 50\% \times 14\% = 10.24\%$

3. 市场法

市场法是通过寻找与被评估资产相类似资产的市场价格及该资产的收益来倒求折现率。用公式表示为

$$被评估资产的折现率 = \frac{1}{n} \sum_{i=1}^{n} 样本资产的收益 / 样本资产价格$$

所谓样本资产，是指与被评估资产在行业、销售类型、收益水平、风险程度、流动性等方面相类似的资产。同时市场法要求尽可能多的样本，否则不能准确反映市场对某项投资回报的普遍要求。市场法的具体运用需视具体评估对象而定，如对房地产评估可采用租价比法，对企业价值评估通常采用市盈率法。

四、收益法的评价

（一）收益法的优点

1. 使用收益法进行资产评估，充分考虑了资产未来收益和货币时间价值，能真实准确地反映企业本金化的价值。

2. 资产未来预期收益的折现过程与投资过程相吻合，因此此法得出的评估结论易为买卖双方所接受。

（二）收益法的缺点

1. 使用收益法往往受到很多条件的限制，所以它的使用范围比较小，通常适用于企业整体资产和可预测未来收益的单项生产经营性资产的评估。

2. 资产未来收益额及风险报酬率等的预测难度较大，且易受主观判断和未来不可预见因素的影响。

第四节 资产评估方法的比较与选择

一、各种评估方法之间的比较

前文分别介绍了成本法、市场法及收益法，它们各自从不同途径评估资产的价值，是实际评估工作中应用最为广泛的基本方法。这些方法都有各自的应用前提、特点、优缺点及特定的操作步骤，因此比较分析各种方法之间的联系与区别，对于实际工作中正确选择评估方法具有重要的实践意义。

（一）评估原理不同

成本法是按重置功能相同全新资产的成本（重置成本）扣减资产的各种贬值（实体性贬值、功能性贬值和经济性贬值）后的余额作为资产的评估价值。

市场法是按所选参照物的现行市场价格，通过比较被评估资产与参照物资产之间的差异并加以量化，以调整后的价格作为资产评估价值。

收益法是通过预测被评估资产的未来收益并将其折现，以各年收益折现值之和作为资产的评估价值。

（二）资产计价尺度不同

成本法是以重置成本作为资产评估的价值尺度，即以评估基准日重新购建功能相同全新被评估资产所需的全部成本作为评估计价基础。

市场法是以市场价格作为资产评估的计价尺度，即在评估基准日以市场上与被评估资产相同或相类似资产的市场交易价格作为计价依据。

收益法是以资产未来收益的折现值作为计价尺度，即将资产未来收益折算成评估基准日的现值作为评估价值。

（三）前提条件不同

成本法的前提条件主要包括：被评估资产的实体特征、内部结构及其功能必须与假设的重置全新资产具有可比性；应当具备可利用的历史资料；形成资产价值的各种耗费是必需的；被评估资产必须是可以再生的或者说是可以复制的。

市场法的前提条件主要包括：现实存在一个充分活跃的公开市场；公开市场上存在可比的资产及交易活动，且可比资产的一些技术指标、经验数据易于观察和处理。

收益法的前提条件主要包括：被评估资产未来预期收益可以预测并可以用货币计量；资产拥有者获得预期收益所承担的风险也可以预测并可以用货币计量；被评估资产预期获利年限可以预测。

（四）适用范围不同

成本法适用范围最为广泛，原则上说，对于一切以资产重置、补偿为目的的资产业务都适用。具体而言，除单项资产和特殊用途资产外，对那些不易计算未来收益的特殊资产及难以取得市场参照物的资产评估业务都可用此法进行评估。

市场法只适用于以市场价值为基础的资产评估业务。只要满足市场法的三个前提条件就可以运用市场法。但下列情况不宜采用市场法：因资产具有特定用途或性质特殊很少在公开市场出售，以致没有公开市场价格的资产，如专用机器设备或无法重置的特殊设备都不宜采用市场法；对于大多数的无形资产而言，因其具有保密性、不确定性及不可重复性等特点，所以其交易价格资料往往不对外公开，评估人员无法收集其价格资料，因此不宜采用市场法。

收益法一般适用于企业整体价值的评估，或者能预测未来收益的单项资产或无法重置的特殊资产的评估活动，如企业整体参与的股份经营、中外合资、中外合作、兼并、重组、分立、合并均可采用收益法。此外，可以单独计算收益的房地产、无形资产也可应用此法。

二、资产评估方法的选择

尽管从理论上讲，不同的评估方法不应对评估值产生太大的影响，并且在必要时需同时采用几种方法评估一项资产。但是，由于在现实经济中，市场总是存在一定的缺陷，同时不同的评估对象具有不同的特点，这就为实际工作中评估人员根据不同情况选择评估方法提供了可能。为了高效、简洁、相对合理地估测资产的价值，在评估方法的选择过程中应注意以下问题。

（一）资产评估方法的选择必须与资产评估价值类型相适应

资产评估价值类型决定了应该评估的价格类型，资产评估方法作为获得特定价值尺度的技术规程，必须与评估价值类型相适应。资产评估价值类型与资产评估方法是两个不同层次的概念。资产评估价值类型说明"评什么"，是资产评估价值质的规定性，具有排他性，对评估方法具有约束性；资产评估方法说明"如何评"，是资产评估价值量的规定性，具有多样性和可替代性，并服务于评估价值类型。资产评估价值类型确定的准确性与相匹配的科学评估方法，是资产评估价值具有科学性和有效性的重要保证。

（二）资产评估方法的选择必须与评估对象相适应

由于评估对象的存在形态和价值特征不同，往往要求不同的评估方法与之相适应。例如，在评估时首先应区别被评估资产是单项资产还是整体资产；是有形资产还是无形资产；是通用性资产还是专用性资产；是可以复制的劳动创造的资产，还是不可复制的资源性资产。

例如，机器设备单项评估和流动资产的市场价值评估不宜采用收益法，而土地使用权等无形资产的评估不宜采用清算价格法。即便都是机器设备，市场成交活跃的旧普通机器设备可以采用市场法来评估；而很少有交易的旧专用设备通常只能采用成本法进行评估。所以，评估方法的选择必须与评估对象的特定情况相适应。

（三）评估方法的选择还要受可收集数据和信息资料的制约

各种方法的运用都要根据一系列的数据、资料进行分析、处理和转换。资产评估的过程，实际上就是对资料的收集、整理、分析和处理的过程。在评估方法运用方面，西方评估机构采用更多的是市场法。但在我国，由于受到市场发育不完善的限制，市场法的运用无论是广度还是使用效率方面，都远远落后于其他成熟的市场

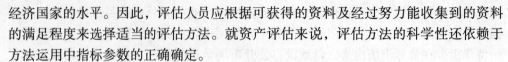
经济国家的水平。因此，评估人员应根据可获得的资料及经过努力能收集到的资料的满足程度来选择适当的评估方法。就资产评估来说，评估方法的科学性还依赖于方法运用中指标参数的正确确定。

（四）资产评估方法的选择要统筹考虑

各种资产评估方法各有其特点和付诸实现的条件。这种条件界定了它们各自的适用范围，而各自的特点又能起到互相验证或分析、修正某些误差因素的作用。这样，不但可以拓展评估的可行性，还可以提高评估的准确性。但是，不能将不同方法得出的评估结果进行简单平均而得出评估结论，而应该根据评估目的及不同评估对象的具体情况，恰当地将不同评估方法配合使用，以便得出公允的评估结果。

总之，在评估方法的选择过程中，应注意因地制宜和因事制宜，不可机械地按某种模式或某种顺序进行选择。但是，不论选择哪种方法进行评估，都应保证评估目的；保证评估时所依据的各种假设和条件与评估所使用的各种参数数据及其评估结果在性质和逻辑上的一致。尤其是在运用多种方法评估同一评估对象时，更要保证每种评估方法运用中所依据的各种假设、前提条件、数据参数的可比性，以便能够确保运用不同评估方法所得到的评估结果的可比性和相互可验证性。

第三章

机器设备评估

第一节 机器设备评估概述

一、机器设备的概念和范围

机器设备是人类利用机械原理以及其他科学原理制造的、特定主体拥有或者控制的有形资产，包括机器、仪器、器械、装置、附属的特殊建筑物等。机器设备是企业固定资产的重要组成部分，是企业生产能力的基本标志，也是决定企业资产质量和经济效益的基本因素。

二、机器设备的分类

在评估中对机器设备进行分类，其目的一是考虑到机器设备的技术特点，为评估中的专业技术检测创造条件；二是利于收集市场和其他方面的相关资料，有效地选择参照物；三是适应评估委托方的要求，与财务会计处理的惯例相适应；四是便于评估人员合理分工，专业化协作，提高评估工作的质量和效益。在资产评估中，可根据需要而选择不同标准对机器设备进行分类。

1. 按国家固定资产分类标准分类。机器设备可分为通用设备、专用设备、交通运输设备、电气设备、电子及通信设备、仪器仪表、计量标准器具及工具、衡器等。

2. 按现行会计制度规定分类。机器设备可分为生产经营用机器设备、非生产经营用机器设备、租出机器设备、未使用机器设备、不需用机器设备、融资租入机器设备。

3. 按组合程度分类。机器设备可分为单台（件）设备、机组、成套设备。

4. 按来源分类。机器设备可分为自制设备和外购设备。

上述分类并不是独立的，分类之间可以有不同程度的关联。如外购设备中，可能是通用设备，也可能是专用设备，还可能是进口通用设备或进口专用设备；成套设备中可能部分是外购的，部分是自制的。在资产评估中，评估人员应根据评估目的、评估要求和评估对象的特点，选择不同的分类方法，灵活地进行分类处理。如按会计制度规定分类，有利于根据机器设备的实际用途来确定需要考虑的因素评估价值；按机器设备在生产中的作用或工程技术特点分类，有利于组织有关专业人员进行分工，选择相应的评估方法，采用适当的技术检测手段，择取适当的评估比较参照物；按机器设备价值的高低分类，有利于提高评估效率和保证评估的质量。不论在资产评估中采用什么标准进行分类，最后都要按评估结果汇总的要求进行统计。在评估时既可先按生产车间进行清查评估，也可按通用设备、专用设备等分类清查评估，还可按自制设备、外购设备、国内设备和进口设备分类清查评估等。

三、机器设备评估的特点

根据机器设备自身的特点和资产评估的基本原则，确定机器设备评估具有以下几个主要特点。

1. 以技术检测和鉴定为基础

由于机器设备的使用时间较长，加之因使用状况、维修保养及经济环境因素引起的差异，其损耗的程度和实际价值都可能产生较大的变化，因而必须通过技术监测和鉴定等手段来保证评估的科学性。

2. 一般采用单项资产评估方法

由于机器设备种类多，其功能作用各不相同，所以不能简单地汇总相加；而且即使是同一规格型号的设备，其构建情况和价值、损耗程度也不同，不能笼统地加以评估。因此，必须在合理分类的基础上逐项进行评估，即以单台、单件为评估对象。

3. 一般要考虑无形损耗

无形损耗主要包括功能性贬值和经济性贬值。前者主要是指由于社会科学技术水平的提高而导致的机器设备在功能上的落后，使其价值的降低。后者主要是指由于经济环境的变化而导致机器设备生产的产品市场销售不畅，从而引起机器设备开工不足甚至停产，使机器设备的价值降低。

四、机器设备评估的基本程序

机器设备评估是指注册资产评估师依据相关法律、法规和资产评估准则，对单独的机器设备或者作为企业资产组成部分的机器设备的价值进行分析、估算并发表专业意见的行为和过程。

由于机器设备涉及的专业比较广、工程技术性强，为确保评估质量，提高评估工作效率，机器设备评估在委托方对待评估机器设备清查核实及明确评估目的和评估基准日后，一般按下列步骤进行。

（一）评估准备

评估机构接受资产评估委托后，首先应做好评估的准备工作，评估准备工作主要有以下几个。

1. 要求委托方提供资产评估的基础资料

（1）产权证明。产权证明主要用来确定被评估机器设备是否属于委托方，如购买合同、发票等。

（2）有关记录。有关记录主要关注有关入账依据、价款的支付凭证等，确定价款是否完全付清。

（3）使用情况。使用情况包括被评估机器设备采用的折旧方法、已使用年限以及使用强度等。

（4）抵押、担保和保险情况。如果被评估机器设备被用做其他交易的抵押或担保，评估时要考虑被抵押或担保企业的履约能力，并在评估报告中注明。一般来说，如果被评估机器设备已被保险，那么它的评估价值就要高于未保险的机器设备。

2. 制定具体的评估工作计划

（1）分组确定评估人员。

（2）设计评估表格。一般包括评估作业分析表、评估明细表和评估汇总表。

（3）收集和整理资料。

（二）现场勘察

现场勘察是机器设备评估的重点工作。现场勘察工作的主要任务是清查核实评估对象数量、权属，对企业工艺过程进行了解，对待评估机器设备进行技术鉴定，以测定机器设备的各种技术参数。

1. 逐件清查核实评估对象数量和权属。

2. 对机器设备进行勘察和技术鉴定。

（三）确定单台设备的估价数据与参数

确定设备的估价数据与参数是评估结果是否科学、合理的关键。一方面，评估人员应对收集到的数据进行筛选、分析和整理，确定本次评估的估价数据，如同类设备现行市场购买价格、价格指数、现行的有关费用标准、关税税率、利率、汇率等；另一方面，根据现场勘察和技术检测所掌握的资料，测定各种技术参数，如设备磨损系数、完好率、尚可使用年限、有形损耗率、成新率等。如果经分析判定机器设备存在功能性贬值或经济性贬值，还应测定超额运营成本、设备收益损失额、规模经济效益指数、折现率或本金化率等有关的数据和参数。如果评估机器设备的变现价格，还应分析确定设备的变现时间、变现风险和变现费用等。

（四）计算评估值与撰写评估报告

在完成上述工作后，评估人员就可本着客观、公正的原则对机器设备进行评定估算，估测每台设备的重置价值，并对单台设备评估值汇总，得出总的评估结果，具体的估算过程可通过填写机器设备评估作业分析表、机器设备评估明细表、机器设备评估汇总表来完成。评估机构在机器设备评定估算工作基本完成后，还要进行自查工作，对设备的估价依据和参数再进行一次全面的核对。在重新核对无误的基础上，编写评估说明或机器设备评估部分报告。

第二节 成本法在机器设备评估中的应用

一、成本法在机器设备评估中的技术思路

成本法是通过估算被评估机器设备的重置成本和各种贬值，用重置成本扣减各种贬值作为资产评估价值的一种方法，它是机器设备评估中最常使用的方法。成本法的计算公式为

机器设备评估值 = 重置成本 − 实体性贬值 − 功能性贬值 − 经济性贬值

还可以用综合反映各种贬值的综合成新率进行计算，其计算公式为

机器设备评估值 = 重置成本 × 综合成新率

二、重置成本概念及计算

（一）机器设备重置成本的概念

机器设备的重置成本通常是指按现行价格购建与被评估机器设备相同或相似的全新设备所需的成本。机器设备的重置成本可分为复原重置成本和更新重置成本两种。复原重置成本是指按现行的价格购建与被评估设备完全相同的设备所需的成本。更新重置成本是指在现行技术条件下，按现行的价格购建一台在功能和效用上与被评估机器设备最接近的新设备所需的成本。

复原重置成本和更新重置成本虽然都属于重置成本范畴，但二者在成本构成因素上却是有差别的。复原重置成本基本上是在不考虑技术条件、材料替代、制造标准等因素变化的前提下，仅考虑物价因素对成本的影响，即将资产的历史成本按照价格变动指数或趋势转换成重置成本或现行成本。更新重置成本是在充分考虑了技术条件、建筑标准、材料替代，以及物价变动等因素变化的前提下确定重置成本或现行成本。两种重置成本在成本构成要素上的差别，要求评估人员在运用成本法对机器设备估价时，准确把握所使用的重置成本的确切含义。在两种重置成本都可以得到的情况下，注册资产评估师应当优先选用更新重置成本。

机器设备的重置成本包括设备的直接成本和间接成本。设备的直接成本一般包括：设备净价即购买或建造费用、运杂费、安装费、大型设备一定期限内的资金成本；设备的间接成本一般包括管理费用、设计费、工程监理费、保险费等。但由于机器设备的取得方式不同，其成本构成项目也不一致。

（二）机器设备的重置成本的计算

设备重置成本的计算方法包括直接法、物价指数法、重置核算法、综合估价法、重量估价法、类比估价法等。

1. 直接法

直接法是根据市场交易数据直接确定设备净价的方法，是一种最简单、有效并且可信的方法。使用这种方法的关键是获得市场价格资料，对于大部分的通用设备，市场价格资料的取得是比较容易的；而非标准、专用设备的价格资料往往很难从市场直接取得。获得市场价格的渠道包括市场询价、使用价格资料等。

2. 物价指数法

物价指数法是以设备的原始购买价格为基础，根据同类设备的价格上涨指数来确定机器设备净价。对于二手设备，历史成本是最初使用者的账面原值，而非当前设备使用者的购置成本。物价指数可分为定基物价指数和环比物价指数。

采用定基指数计算设备当前重置成本的公式为

$$重置成本 = 历史成本 \times \frac{评估基准日定基物价指数}{设备购建时定基物价指数}$$

【例3-1】　华源评估有限责任公司于2000年1月对一台车床进行评估，该车床为1990年1月购建，账面原值为100万元。已知1990年1月定基物价指数为120%，评估基准日定基物价指数为160%，问其重置成本为多少？

$$重置成本 = 100 \times \frac{160\%}{120\%} = 133.33（万元）$$

采用环比物价指数计算设备重置成本的公式为

$$设备重置成本 = 历史成本 \times (P_{01} \times P_{12} \times \cdots \times P_{n-1\,n})$$

式中：$P_{n-1\,n}$ 代表 n 年对 $n-1$ 年的环比物价指数。

【例 3 - 2】　某设备 2000 年历史成本为 60 000 元，环比物价指数见表 3 - 1，计算 2005 年该设备的重置成本。

表 3 - 1 　　　　　　　　　　　　某设备环比物价指数表

年份	物价指数（％）	年份	物价指数（％）
2000	—	2003	102
2001	103	2004	102
2002	103	2005	101

重置成本 $=60\,000 \times (103\% \times 103\% \times 102\% \times 102\% \times 101\%) = 66\,887.88(元)$

3. 重置核算法

重置核算法是通过分别测算机器设备的各项成本费用来确定设备重置成本的方法。该方法常用于确定非标准设备、自制设备重置成本的计算。

【例 3 - 3】　评估机构欲评估某企业一台铣床，此设备市场上现价为 63 000 元/台，运杂费为 700 元，安装调试费中的材料费为 520 元、人工费为 400 元。据调查，同类设备间接成本为安装调试费中人工费的 75％。试估算该设备的重置成本。

直接成本 $=$ 购置价 + 运杂费 + 安装调试费 $= 63\,000 + 700 + (520 + 400) = 64\,620(元)$

间接成本 $= 400 \times 75\% = 300(元)$

重置成本 $=$ 直接成本 + 间接成本 $= 64\,620 + 300 = 64\,920(元)$

另一种情况，可根据机器设备的重置成本构成：生产成本、销售费用、利润、税金确定设备重置成本。

【例 3 - 4】　华源评估有限责任公司于 2002 年 1 月对一台刨床进行评估。企业提供的购建成本资料如下：该设备 2000 年采购价为 8 万元，运输费 0.2 万元，安装费 0.5 万元，调试费 0.15 万元，已服役 2 年。经市场调查得知，该机床在市场上仍很流行，且价格上升了 25％；铁路运价近两年提高了 1 倍，安装的材料和工费上涨幅度加权计算为 45％，调试费用上涨了 20％。试评估该机床的重置成本。

该机床的重置成本 $= 8 \times (1 + 25\%) + 0.2 \times (1 + 100\%) + 0.5 \times (1 + 45\%)$

$+ 0.15 \times (1 + 20\%)$

$= 10 + 0.4 + 0.725 + 0.18$

$= 11.31(万元)$

4. 综合估价法

综合估价法是根据设备的主材费和主要外购件费与设备成本费用有一定的比例关系，通过确定设备的主材费用和主要外购件费用，计算出设备的完全制造成本，并考虑企业利润、税金和设计费用，确定设备的重置成本。计算公式为

$$设备重置成本 = \frac{成本 \times (1 + 成本利润率)}{1 - 税率}$$

5. 重量估价法

该方法用设备的重量乘以综合费率，同时考虑利润和税金，确定设备的重置成本，并根据设备的复杂系数进行适当的调整。综合费率根据相似设备的统计资料确定。计算公式为

设备重置成本 = 设备的净重 × 综合费率 × 调整系数 + 合理利润 + 税金

6. 类比估价法

对于某些特定的设备，如化工设备、石油设备等，同一系列不同生产能力设备的重置成本变化与生产能力变化呈某种指数关系。计算公式为

$$被评估设备的重置成本 = 参照物设备的价格 \times \left(\frac{被评估设备的生产能力}{参照物设备的生产能力}\right)^x$$

公式中的 x 被称为规模经济效益指数。当 $x=1$ 时，被评估机器设备的价格与生产能力呈线性关系；当 $x>1$ 时，机器设备价格的上涨速度大于设备生产能力的上涨速度；当 $x<1$ 时，机器设备价格的上涨速度小于设备生产能力的上涨速度。

【例 3-5】 某被估金属冶炼设备，年产量为 200 吨。评估时，市场上无该型号设备出售，但有新型号同类设备出售，售价为 40 万元，其生产能力为 300 吨。经测算，该类设备的规模经济效益指数为 0.65。问该被评估设备的重置成本为多少？

$$被评估设备的重置成本 = 40 \times \left(\frac{200}{300}\right)^{0.65} = 30.73（万元）$$

7. 统计分析法

在企业整体资产评估中，当同类机器设备数量较多时，选择若干有代表性的样本，采用具体方法估算出代表性的样本的重置成本，与其历史成本比较，计算调整系数，然后据此调整系数来确定被评估机器设备的重置成本的方法。

$$调整系数 = \frac{\sum 代表性的样本的重置成本}{\sum 代表性的样本的历史成本}$$

某类机器设备的重置成本 = 某类机器设备的历史成本 × 调整系数

【例 3-6】 某企业准备出售一批闲置的机器设备，历史成本为 600 万元，委托评估机构评估其价值。评估机构在评估中，选择了代表性的样本 5 台，其历史成本为 100 万元，经评估确定代表性的样本的重置成本为 120 万元，求该批机器设备的重置成本。

$$调整系数 = \frac{120}{100} = 1.2$$

$$该批机器设备的重置成本 = 600 \times 1.2 = 720（万元）$$

三、机器设备的实体性贬值的概念及计算

（一）设备的实体性贬值的概念

设备的实体性贬值又称有形磨损，可分为两种：设备在使用过程中产生的有形磨损称为第Ⅰ种有形磨损；设备在闲置存放过程中产生的损耗称为第Ⅱ种有形磨损。由此引起的贬值称为实体性贬值，或物理性贬值。设备实体性贬值的程度可以用设备的实体性贬值额来反映，也可以用实体性贬值率来反映，由于计算的方便，通常

用实体性贬值率来反映。

影响设备的实体性贬值的因素有以下几种。

（1）使用时间。设备的已使用时间越长，有形损耗越大，实体性贬值就越多。

（2）机器设备的利用率。利用率越高，负荷程度越强，一般情况下的实体性贬值就越大。

（3）机器设备的质量。机器设备的质量越好，耐磨性越好，有形损耗越小，实体性贬值就越慢。

（4）机器设备的维修保养情况。机器设备的日常维修保养越好，有形损耗越小，实体性贬值就越少。

（二）设备的实体性贬值的计算

测定实体性贬值率的基本准则是以被评估对象的有关事实和环境条件为依据的，通常采用观察法、使用年限法和修复费用法进行。

1. 观察法

观察法又称成新率法，是评估师通过观察，凭借视觉、听觉、触觉，或借助于少量的检测工具，对设备进行检查，根据经验对鉴定对象的状态、实体性损耗程度作出判断。在不具备测试条件的情况下，这是最常使用的方法。

$$实体性贬值 = 重置成本 \times 实体性贬值率$$

或

$$实体性贬值 = 重置成本 \times （1 - 成新率）$$

式中：成新率是指机器设备从实体上反映新旧程度的指标。

对于大型设备，为了避免个人主观判断的误差，可以采用德尔菲法。

德尔菲法最早出现于 20 世纪 50 年代末，是当时美国为了预测在其"遭受原子弹轰炸后，可能出现的结果"而发明的一种方法。20 世纪 80 年代以来，我国不少单位也采用德尔菲法进行了预测、决策分析和编制规划工作。德尔菲法本质上是一种反馈匿名函询法。其做法是，在对所要预测的问题征得专家的意见之后，进行整理、归纳、统计，再匿名反馈给各专家，再次征求意见，再集中，再反馈，直至得到稳定的意见。其过程可简单表示如下。

匿名征求专家意见——归纳、统计——匿名反馈——归纳、统计……若干轮后，停止。

总之，它是一种利用函询形式的集体匿名思想交流过程。它的特点是匿名性、多次反馈、小组的统计回答。

2. 使用年限法

年限法是从使用寿命的角度来估算贬值的。它假设机器设备有一定的使用寿命，设备的价值与使用寿命成正比。设备在使用过程中，由于物理磨损使得设备的使用寿命逐步消耗，直至寿命耗尽，退出使用。因此，设备的贬值可以用使用寿命的消耗量表示，实体性贬值率也可以用已使用寿命与总使用寿命之比来表示。计算公式为

$$实体性贬值率 = \frac{已使用年限}{总使用年限} \times 100\%$$

$$成新率 = \frac{尚可使用年限}{总使用年限} \times 100\%$$

$$总使用年限 = 已使用年限 + 尚可使用年限$$

由于机器设备的具体情况不尽相同，如有的机器设备的投资是一次完成的，有的投资可能分次完成，有的可能进行过更新改造和追加投资，因此，应采取不同的方法测算其已使用年限和尚可使用年限。

（1）简单年限法。简单年限法是假定机器设备的投资是一次完成的，没有更新改造和追加投资等情况的发生，这对于许多机器设备的特定时期来说是符合实际的。

① 机器设备已使用年限的确定。机器设备已使用年限是指机器设备从开始使用到评估基准日所经历的时间。由于资产在使用中负荷程度及日常维护保养差别的影响，已使用年限可分为名义已使用年限和实际已使用年限。名义已使用年限指会计记录记载的资产的已提折旧的年限。实际已使用年限指资产在使用中实际磨损的年限。

② 机器设备尚可使用年限的测定。机器设备尚可使用年限是指从评估基准日开始到机器设备停止使用所经历的时间，即机器设备的剩余寿命。机器设备的已使用年限加上尚可使用年限就是机器设备的总寿命年限。如果机器设备总寿命年限已确定，尚可使用年限就是总寿命年限扣除已使用年限的余额。机器设备的尚可使用年限受到已使用年限、使用状况、维修保养状况以及设备运行环境的影响，评估人员应对上述因素进行全面分析和审慎考虑，以便合理地确定机器设备的尚可使用年限。确定尚可使用年限的方法主要有以下几种。

（a）法定年限法。该方法是参照国家规定的机器设备的折旧年限，扣除已使用年限即为机器设备的尚可使用年限。折旧年限是国家财务会计制度以法的形式规定的机器设备计提折旧的时间跨度。它是综合考虑了机器设备物理使用寿命、技术进步因素、企业承受能力以及国家税收状况等因素来确定的。从理论上讲，折旧年限并不等同于机器设备的总寿命年限，机器设备已折旧年限并不一定能全面反映出机器设备的磨损程度，因此，采用此法求取机器设备的尚可使用年限及成新率时，一定要注意法定年限与机器设备的经济寿命、已折旧年限与设备的实际损耗程度是否相吻合，并注明使用前提和使用的条件。法定年限法一般适用于较新的机器设备尚可使用年限及成新率的确定。对于国家明文规定限期淘汰禁止超期使用的设备，其尚可使用年限不能超过国家规定禁止使用的日期，而不论设备的现时技术状态如何。

（b）预期年限法。该方法也称技术鉴定法，是应用工程技术手段现场勘察和技术鉴定，检测机器设备的各项性能指标，确定资产的磨损程度，并同现场操作人员和设备管理人员交谈，了解设备的使用状况、维修保养状况及运行环境状况，凭专业知识和经验判定机器设备的尚可使用年限。对于已使用时间较长、比较陈旧的机器设备以及超龄服役的机器设备，尚可使用年限的确定一般采用此方法。预期年限法主观性较强、难度也较大，需要评估人员具有较强的专业水准和丰富的评估经验，这也是评估人员必备的本领。

（2）综合年限法。综合年限法根据机器设备投资是分次完成、机器设备进行过更新改造和追加投资，以及机器设备的不同构成部分的剩余寿命不相同等一些情况，经综合分析判断，并采用加权平均计算法，确定被评估机器设备的成新率。

综合已使用年限的确定。一台机器设备由于分次投资、更新改造追加投资等情况，使不同部件的已使用年限不同，要确定整个设备的已使用年限，应按各部件重置成本的构成做权重，对各部件参差不齐的已使用年限进行加权平均，确定使用年限。

【例3-7】 被评估甲设备购建于1996年12月，账面价值100万元，2001年12月对设备进行技术改造，追加投资20万元，2006年12月对该设备进行评估。经评估人员调查分析得到如下数据。

①从1996年到2001年，每年该类设备价格上升率为10%，而从2001年至2006年设备价格维持不变；

②该设备的月人工成本比其替代设备净超支2 000元；

③被评估设备所在企业的正常投资报酬率为10%；

④该设备在评估前使用期间的实际利用率仅为正常利用率的80%，经技术检测该设备尚可使用5年，在未来5年中设备利用率能达到设计要求。

要求：计算被评估设备的重置成本及各项损耗；计算该设备的评估值（以万元为单位，计算结果保留两位小数）。

$$重置成本 = 100 \times (1 + 10\%)^5 + 20 = 181.05(万元)$$
$$加权投资成本 = 100 \times (1 + 10\%)^5 \times 10 + 20 \times 5 = 1\,710.5(万元)$$

$$加权投资年限 = \frac{1\,710.5}{181.05} = 9.45(年)$$

$$实体性贬值率 = \frac{9.45 \times 80\%}{9.45 \times 80\% + 5} \times 100\% = 60.19\%$$

$$实体性贬值 = 181.05 \times 60.19\% = 108.97(万元)$$
$$功能性贬值 = 0.2 \times 12 \times (P/A, 10\%, 5) = 9.0979(万元)$$
$$评估值 = 181.05 \times (1 - 60.19\%) - 9.0979 = 62.98(万元)$$

3. 修复费用法

修复费用法又称修复金额法，是按修复磨损部件所需要的开支来确定机器设备实体性损耗及成新率的办法。它适用于某些特定结构部件已经被磨损但能够以经济上可行的办法修复的情形，对机器设备来说，包括主要零部件的更换或者修复、改造费用等。

【例3-8】 有一台被评估化工设备（冷凝器），已使用了6年，预计还能使用14年。该冷凝器评估时正在维修，维修原因是受到腐蚀，底部已出现裂纹，发生渗漏，必须更换才能继续使用。整个维修计划费用为500 000元，该冷凝器的复原重置成本为2 800 000元，试用修复费用法估算冷凝器的实体性贬值率。

可修复性损耗引起的实体性贬值为500 000元

不可修复性损耗引起的实体性贬值率为$\frac{6}{6 + 14} \times 100\% = 30\%$

不可修复性损耗引起的实体性贬值为（2 800 000 - 500 000）×30% = 690 000（元）

实体性贬值为 500 000 + 690 000 = 1 190 000 （元）

冷凝器实体性贬值率为 $\frac{1\ 190\ 000}{2\ 800\ 000} \times 100\% = 42.5\%$

在使用这种方法时，应注意以下两点：

（1）把实体性损耗中的可修复磨损和不可修复磨损区别开来。二者之间根本的不同点就是可修复的实体性损耗不仅在技术上具有修复的可能性，而且在经济上是划算的，不可修复的实体性损耗则无法以经济上划算的办法修复。于是，对于不可修复的磨损，按观察法或使用年限法进行评估；可修复的磨损，则按修复法来评估。

（2）修复费用是否包括了对设备技术更新和改造的支出。由于机器设备的修复往往同功能改进一并进行，这时的修复费用很可能不全用在实体性损耗上，而有一部分用在功能性贬值因素上。因此，在评估时应注意不要重复计算机器设备的功能性贬值。

四、功能性贬值及其估算

机器设备的功能性贬值是由于新技术发展的结果导致资产价值的贬损。它包括两个方面：一是超额投资成本造成的功能性贬值，主要是由于新技术引起的布局、设计、材料、产品工艺、制造方法、设备规格和配置等方面的变化和改进，使购建新设备比老设备的投资成本降低；二是超额运营成本造成的功能性贬值，主要是由于技术进步，使原有设备与新式设备相比功能落后，运营成本增加。

估测机器设备的功能性贬值，首先应该对已经确定的重置成本和成新率（实体性贬值）进行分析，看其是否已经扣除了功能性贬值的因素，如采用价格指数法确定的设备重置成本中包含有功能性贬值因素，采用功能价值法确定的设备重置成本已经扣除了功能性贬值。再如使用年限法确定成新率，没有扣除功能性贬值因素，而采用修复费用法可能扣除了全部或部分功能性贬值。因此，机器设备的重置成本和成新率确定后，并不是匆忙地进行功能性贬值的评估，而是要对重置成本和成新率进行分析。如果已经扣除了功能性贬值，就不要重复计算；如果未扣除功能性贬值，并且功能性贬值存在，则应采取相应的方法估测，不可漏评。

（一）超额投资成本造成的功能性贬值的估算

由于超额投资成本造成的功能性贬值表现为新设备的构建成本比老设备便宜，因此功能性贬值就等于设备的复原重置成本与更新重置成本之间的差额，即

功能性贬值 = 设备复原重置成本 – 设备更新重置成本

在评估操作中应注意的是，如果估测的重置成本是更新重置成本，实际就已经将被评估设备价值中所包含的超额投资成本部分剔除掉了，而不必再去刻意寻找设备的复原重置成本，然后再减掉设备的更新重置成本，得到设备的超额投资成本。因此，选择重置成本时，在同时可得复原重置成本和更新重置成本的情况下，应选用更新重置成本。当然也存在更新重置成本超过复原重置成本的可能性，这种情况往往是新设备功能更先进，运营成本降低而使老设备额外贬值。

（二）超额运营成本造成的功能性贬值的测算

超额运营成本造成的功能性贬值与实体资产的任何有形损耗均无关联，它是由

于技术的发展所引起的发生在设备现场的一种贬值。超额运营成本造成的功能性贬值可采用未来超额运营成本净额折现法估测，具体步骤如下。

1. 对被评估设备的运营报告和生产统计进行分析。

重点分析以下几个方面：

（1）操作人员数量；

（2）维修保养人员数量和材料；

（3）能源和水电消耗；

（4）产量。

2. 选择参照物，核定参照物与被评估对象在产量、成本方面的差异，并将参照物的年运营成本与被评估对象的年运营成本比较，计算被评估对象的年超额运营成本。

3. 将年超额运营成本扣减采用新设备生产的新增利润应缴的所得税，得到被评估设备的年净超额运营成本。

4. 估测被评估设备的剩余寿命。

5. 选择合适的折现率，把整个剩余寿命期间的各年度净超额运营成本折成现值，其现值和就是功能性贬值额。

【例3-9】　现有一台与评估资产A设备生产能力相同的新设备B，采用B比A每年可节约材料、能源消耗和劳动力等费用5万元。A设备尚可使用3年，假定年折现率为10%，该企业的所得税税率为30%，求：A设备的超额运营成本引起的功能性贬值。

$$A 设备年净超支额 = 50\ 000 \times (1 - 30\%) = 35\ 000(元)$$
$$A 设备的功能性贬值 = 35\ 000 \times (P/A,10\%,3)$$
$$= 35\ 000 \times 2.4869 = 87\ 041.5(元)$$

五、经济性贬值及其估算

由于经济性贬值是外界因素对整个企业而不是对单台设备或孤立的一组设备发生作用的结果，因此，采用成本法对机器设备估价时，很难确定和估算设备的经济性贬值，这也是市场法的主要缺陷。如果经分析，经济性贬值确实存在并造成影响，应采取适宜的方法进行估测。

经济性贬值是因外界因素影响而引起的资产贬值。导致经济性贬值的因素大致有：对产品需求的减少，市场竞争的加剧，原材料供应情况的变化，通货膨胀，高利率，政府法律、政策的影响，以及环境保护因素等。其最终表现为设备的利用率下降、闲置、收益的减少。

（一）根据企业年收益减少额测算经济性贬值额

经济性贬值 = 年收益减少额 × (1 - 所得税税率) × 现值系数

【例3-10】　某化肥厂的生产线年产量2 000吨，由于违反环保政策违规排放，被处以停产整顿3个月。整改后由于处理废水能力受限，产量减少，使年收益减少300万元。该企业生产线还可使用5年，所得税税率33%，折现率为10%，试求该生产线的经济性贬值。

$$经济性贬值额 = 300 \times (1 - 33\%) \times (P/A, 10\%, 5)$$
$$= 300 \times 0.67 \times 3.7908$$
$$= 761.95(万元)$$

对于设备利用率下降造成的经济性贬值，可通过比较设备目前实际生产能力和设计生产能力，以百分比的形式来计算设备的经济性贬值率，然后再用设备的重置成本扣减实体性贬值和功能性贬值后的数额乘以设备的经济性贬值率得出设备的经济性贬值额。

（二）根据估计生产能力变化测算经济性贬值

$$经济性贬值率 = [1 - (资产预计可被利用的生产能力 / 资产原设计生产能力)^x] \times 100\%$$

式中：x 为规模经济效益指数。

【例 3 - 11】 某牙膏厂每年可生产 100 万箱牙膏。由于市场竞争激烈，该企业牙膏的销售量减少，产量降为原来的 80%。该设备尚可使用 10 年，其行业基准折现率 10%，企业规模经济效益指数为 0.6。经评估该设备重置成本 150 万元，实体性贬值 30 万元，功能性贬值 10 万元，所得税税率 33%。求该设备的经济性贬值。

$$经济性贬值率 = [1 - 80\%^{0.6}] \times 100\% = 12.53\%$$
$$经济性贬值额 = (150 - 30 - 10) \times 12.53\% = 13.78(万元)$$

若不存在实体性贬值和功能性贬值，则

$$经济性贬值额 = 150 \times 12.53\% = 18.8(万元)$$

六、综合成新率及其确定

综合成新率是指反映资产新旧程度的比率。综合成新率考虑了实体性贬值、功能性贬值和经济性贬值三者后，综合判定设备的新旧程度的指标。综合成新率最常用的确定方法为使用年限法。

$$综合成新率 = \frac{尚可使用年限}{总使用年限} \times 100\%$$

$$总使用年限 = 已使用年限 + 尚可使用年限$$

对于尚可使用年限的确定，要考虑实体性贬值、功能性贬值和经济性贬值三者后再确定。

【例 3 - 12】 某设备重置成本 100 万元。从实体性贬值的角度考虑，尚可使用年限还有 10 年；从技术进步的角度考虑，尚可使用年限还有 8 年；从经济性贬值的角度考虑，尚可使用年限还有 6 年。设备已使用年限 4 年，则该设备的评估值应为多少？

$$综合成新率 = \frac{6}{4 + 6} \times 100\% = 60\%$$

$$评估值 = 100 \times 60\% = 60(万元)$$

七、进口设备的评估

评估人员对进口设备进行评估时，需特别注意其特殊性，重置成本构成中，除买价、国内运杂费、安装调试费之外，还包括海外运费、海外保险费、进口关税、增值税、公司代理手续费、银行代理手续费等。关于各项贬值及评估值的计算与国产设备相同。

1. 离岸价（FOB 价）

离岸价指装运港船上交货的价格，卖方负责货物的出口税款，买方负责货物越过船舷之后的一切费用及风险。

2. 到岸价（CIF 价）

到岸价指离岸价加海运费用和海运保险费的价格，卖方负责运输和保险，装船后的一切风险仍由买方负担。

3. 进口设备的国内运杂费、安装调试费及基础费

（1）国内运杂费。计算公式为

进口设备国内运杂费 = 进口设备到岸价 × 进口设备国内运杂费率

（2）国内安装费。计算公式为

进口设备安装费 = 进口设备到岸价 × 进口设备安装费率

或　　　进口设备安装费 = 相似国产设备原价 × 国产设备安装费率

（3）基础费。计算公式为

进口设备基础费 = 进口设备到岸价 × 进口设备基础费率

或　　　进口设备基础费 = 相似国产设备原价 × 国产设备基础费率

4. 进口设备的从属费用

进口设备的从属费用包括国外运费、国外运输保险费、关税、消费税、增值税、银行手续费、公司代理手续费、海关监管手续费，对车辆还包括车辆购置附加费等。其中各费用计算如下：

（1）国外运费可按设备的重量、体积及海运公司的收费标准计算，也可按一定比例计取，取费基数为设备的离岸价，计算公式为

海运费 = 设备离岸价（FOB 价）× 海运费率

（2）国外运输保险费的取费基数为：设备离岸价 + 海运费，计算公式为

$$国外运输保险费 = \frac{（设备离岸价 + 海运费）× 保险费率}{1 - 保险费率}$$

费率可根据保险公司费率表确定，一般在 0.4% 左右。

（3）关税的取费基数为设备到岸价，计算公式为

关税 = 到岸价 × 关税税率

关税的税率按国家发布的进口关税税率表计算。

（4）消费税的计税基数为关税完税价 + 关税，计算公式为

消费税 =（关税完税价 + 关税）× 消费税税率/（1 - 消费税税率）

消费税的税率按国家发布的消费税税率表计算。

（5）增值税的取费基数为：关税完税价 + 关税 + 消费税，计算公式为

增值税 =（关税完税价 + 关税 + 消费税）× 增值税税率

注：减免关税，同时减免增值税。

（6）银行财务费的取费基数为设备离岸价人民币数，计算公式为

银行财务费用 = 设备离岸价 × 费率

我国现行银行财务费率一般为 4‰ ~ 5‰。

（7）外贸手续费也称为公司手续费，取费基数为到岸价人民币数，计算公式为

$$外贸手续费 = 到岸价 \times 外贸手续费率$$

目前，我国进出口公司的进口费率一般在 1% ~ 1.5% 之间。

（8）海关监管手续费仅对减税、免税、保税货物征收，取费基数为到岸价人民币数。

对于免税设备，计算公式为

$$海关监管手续费 = 到岸价人民币数 \times 费率$$

对减税设备，计算公式为

$$海关监管手续费 = 到岸价人民币数 \times 费率 \times 减税百分率$$

（9）车辆购置附加费的取费基数为到岸价人民币数 + 关税 + 消费税，计算公式为

$$车辆购置附加费 = （到岸价人民币数 + 关税 + 消费税） \times 费率$$

【例 3 – 13】 被评估设备为 1989 年从德国引进的设备，进口合同中的 FOB 价是 20 万马克。1994 年评估时，德国生产厂家已不再生产这种设备了，其替代产品的 FOB 报价为 35 万马克，而国内其他企业 1994 年从德国进口设备的 CIF 价格为 30 万马克。按照通常情况，设备的实际成交价应为报价的 70% ~ 90%，境外运杂费约占 FOB 价格的 5%，保险费约占 FOB 价格的 0.5%，被评估设备所在企业，以及与之发生交易的企业均属于进口关税、增值税免税单位，银行手续费按 CIF 价格的 0.8% 计，国内运杂费按 CIF 价格加银行手续费之和的 3% 计算，安装调试费含在设备价格中不再另行计算，被评估设备尚可使用 5 年，评估时马克与美元的汇率为 1.5:1，人民币与美元的汇率为 8:1。

要求：

（1）计算被评估进口设备的重置成本；

（2）计算被评估进口设备的成新率；

（3）根据上述数据估测该进口设备的续用价值。

被评估设备的 CIF 价格取其他企业从德国进口更新换代型设备的 CIF 价格最为合理，即被评估设备的 CIF 价格为 30 万马克，换算为 $30 \div 1.5 = 20$ 万美元。

（1）被评估设备的重置成本

银行手续费 $= 20 \times 8 \times 0.8\% = 1.28$（万元人民币）

国内运杂费 $= （160 + 1.28） \times 3\% = 4.84$（万元人民币）

进口设备重置成本 $= 160 + 1.28 + 4.84 = 166.12$（万元人民币）

（2）设备的成新率 $= 5 \div （5 + 5） \times 100\% = 50\%$

（3）进口设备的评估值为：$166.12 \times 50\% = 83.06$（万元人民币）

第三节 市场法在机器设备评估中的应用

一、市场法应用的范围及前提条件

市场法也叫市场比较法，是通过分析近期市场上与被评估设备相类似设备的成

交价格，并把被评估对象和参照物之间存在的差异进行调整，由此确定被评估设备价值的方法。市场法比较适用于有成熟的市场、交易比较活跃的机器设备的评估，如汽车、机床、计算机等。

市场法主要是用于机器设备变现价格的评估，而不适用于机器设备的原地续用价格的评估。变现价格与原地续用价格的不同，不仅在于价格构成项目的不同，更主要的是受市场因素的影响程度不同。应用市场法评估机器设备必须具备以下前提条件。

（一）需要一个充分发育活跃的机器设备交易市场

这是运用市场法估价的基本前提。充分发育活跃的设备交易市场应包括三种市场：一是全新机器设备市场，它是常规性的生产资料市场；二是二手设备市场，即设备的旧货市场；三是设备的拍卖市场。三种市场中影响设备交易价格的因素各不相同，而二手设备市场是否活跃发达是运用市场法的首要前提。

（二）与被评估设备相同或相类似的参照物设备在市场中能够找到

在设备市场中与被评估对象完全相同的资产是很难找到的，一般是选择与被评估设备相类似的机器设备作为参照物，参照物与被评估机器设备之间不仅在用途、性能、规格、型号、新旧程度方面应具有可比性，而且在交易背景、交易时间、交易目的、交易数量、付款方式等方面也具有可比性，这是决定市场法运用与否的关键。

二、运用市场法评估机器设备的基本步骤

（一）收集有关机器设备交易资料

市场法的首要工作就是在掌握被评估设备基本情况的基础上，进行市场调查，收集与被评估对象相同或类似的机器设备交易实例资料。所收集的资料一般包括设备的交易价格、交易日期、交易目的、交易方式，机器设备的类型、功能、规格型号、已使用年限，设备的实际状态等。对所收集的资料还应进行查实，确保资料的真实性和可靠性。

（二）选择可供比较的交易实例作为参照物

对所收集的资料进行分析整理后，按可比性原则，选择所需的参照物。参照物选择的可比性应注意两个方面：一是交易情况的可比性；二是设备本身各项技术参数的可比性。

（三）量化和调整各种因素的差异

机器设备的交易价格主要会受到交易情况、交易时间、交易地点以及机器设备自身的一系列个体特征的影响。因此，应对上述因素进行分析，对由于上述因素引起的价格偏高或偏低情况进行量化和修正，剔除其对交易价格的影响。

（四）确定被评估机器设备的评估值

对上述各差异因素量化调整后，得出初步评估结果。对初步评估结果进行分析，采用加权平均或算术平均法确定最终评估结果。

三、市场法中的比较因素

运用市场法评估的过程中，很重要的一项工作是将参照物与评估对象进行比较。

在比较前，评估师首先要确定哪些因素会影响机器设备的价值。一般而言，设备的比较因素可分为四大类，即个别因素、交易因素、地域因素和时间因素。

（一）个别因素

个别因素是指反映设备在结构、形状、尺寸、性能、生产能力、安装方式、质量、经济性等方面差异的因素。不同的设备，差异因素也不同。在评估中，常用于描述机器设备的指标一般包括名称、型号规格、生产能力、制造厂家、技术指标、附件、设备的出厂日期、役龄、安装方式、实体状态。

（二）交易因素

交易因素一般是指交易动机、交易背景以及市场供求状况对价格的影响。不同的交易动机、交易背景和市场供求状况对设备的价格都会产生影响。比如，以清偿、快速变现或破产清算为目的的出售，其售价往往低于正常的交易价格。另外，交易数量也会影响设备的售价，大宗的设备交易价格往往会低于单台设备的价格。

（三）地域因素

由于不同地区市场供求条件等因素的差异，设备的交易价格也会受到影响。因此，评估参照物应尽可能地与评估对象在同一地区。如果评估对象与参照物属于不同地区，则需要调整地域因素。

（四）时间因素

不同交易时间的市场供求关系、物价水平等都会不同，评估人员应选择与评估基准日最接近的交易案例，并对参照物的时间影响因素作出调整。

四、市场法的具体应用

（一）直接匹配方法

这种方法是根据与评估对象基本相同的市场参照物，通过直接比较来确定评估对象的价值。例如，评估一辆汽车时，如果在二手汽车交易市场上能够发现与评估对象基本相同的汽车，它们的制造商、型号、年代、附件都相同，只有行驶里程和实体状态方面有些差异。这时，评估人员一般直接将评估对象与市场上正在销售的同样汽车做比较，确定评估对象的价格。此方法相对比较简单，但对市场的反映最为客观，能最精确地反映设备的市场价值。这种方法可用公式表示为

评估值 = 参照物的市场价值 ± 差异调整值

【例 3 – 14】 某政府部门预处置一辆红旗轿车需要进行资产评估，评估师从市场上获得的参照物在型号、购置时间、行驶里程、发动机、底盘及各主要系统的状况与被评估车辆基本相同，区别在于：① 参照物的右前大灯破损需要更换，更换费用约 200 元，被评估车辆大灯完好；② 被评估车辆后加装 CD 音响一套，价值为 1 200 元，而参照物车辆没有该设备；③ 参照物刚对车内进行了装饰，造价为 1 000 元，被评估车辆没有。若参照物的市场售价为 72 000 元，求该辆红旗轿车的评估值。

$$评估值 = 参照物的市场价值 ± 差异调整值$$
$$= 72\ 000 + 200 + 1\ 200 - 1000$$
$$= 72\ 400（元）$$

使用直接比较法的前提是评估对象与市场参照物基本相同，需要调整的项目较少，差异不大，并且差异对价值的影响可以直接确定，否则无法使用直接比较法。【例 3 – 14】中，如果参照物的购置年代不同、型号有差异、行驶里程差别也很大的话，就不能使用直接比较法进行评估。

（二）可比因素比较方法

这种方法是将相似参照物的分析作为估值基础，比较的基础是它的效用，如尺寸、能力等。例如，当评估一台由甲厂制造的车床时，评估师发现在市场上没有与甲厂生产的相似车床，但是有乙厂和丙厂生产的相似车床。这时需要评估师首先判断出市场参与者是否认为甲、乙和丙厂生产的车床在价值上是近似相同的，然后对选择的可比因素进行比较、量化和调整，从而确定评估对象的价值。与直接比较法相比，此法更主观，需要做更多的调整。

为了减少比较调整的工作量，减少调整时因主观因素产生的误差，所选择参照物应尽可能与评估对象相似。参照物的选择及调整原则概括为以下几个方面。

1. 尽可能是相同制造商生产的产品；
2. 尽可能是相同规格型号的产品；
3. 出厂日期和服役年龄比较接近；
4. 销售时间相近；
5. 地理位置尽可能相邻近；
6. 安装情况尽可能相同；
7. 附件及备件情况尽可能一致；
8. 实体状态尽可能相似；
9. 交易背景尽可能一致；
10. 交易方式应保持一致；
11. 尽量选择同一个市场。

【例 3 – 15】　被评估机器设备为 W 反应炉，一次添加矿物量为 8 吨/天，反应温度为 1 000℃。市场参照物为 Q 反应炉，一次添加矿物量为 10 吨/天，反应温度为 940℃，售价为 750 万元。使用年限及实体状况与被评估对象相同，试计算被评估对象的评估值。

评估值 = 参照物交易价格 ×（被评估设备的功能 ÷ 参照物的功能）

= 750 × (8 ÷ 10)

= 600(万元)

（三）成本百分率比较方法

该方法是通过对大量市场交易数据的统计分析，掌握相似的市场参照物的交易价格与全新设备售价的比率关系，用此比率作为确定被评估机器设备价值的依据。比如评估师评估甲公司生产的 8 米直径的双柱立式车床，但是市场上没有相同的或相类似的参照物，只有其他厂家生产的 10 米和 12 米直径的立式车床。统计数据表明，与评估对象使用年限相同的设备的售价都是重置成本的 50% ~ 55%，那么可以认为，评估对象的售价也应该是其重置成本的 50% ~ 55%。

需要注意的是，不同类别的设备，其使用年限和售价及重置成本之间比值的关系是不同的。因此，评估人员在使用这些数据时，要确保它们与评估对象的关联性。

第四节　收益法在机器设备评估中的应用

收益途径及其方法是通过测算由于获取资产所有权而带来的未来收益的现值评估资产价值的技术思路，及其实现该技术思路的各种评估方法的总称。收益途径及其方法要求被评估对象应具有独立的、连续可计量的、可预期收益的能力。该途径及其方法对于单台机器设备评估通常是不适用的，因为要想分别确定各台设备的未来收益相当困难，但如果把若干台机器设备组成生产线，作为一个整体生产出产品，它们就能为企业创造收益。在这种情况下，可以用收益途径及其方法对这一组能产生收益的资产进行评估。实际上，对由若干台机器设备组成的具有获利能力的整体，即生产线的评估，就评估技术而言，与企业整体评估相同。

这里需要说明并应引起评估人员注意的是，在继续使用的前提下，采用成本途径及其方法和市场途径及其方法对机器设备评估时，往往不能测定经济性贬值的全部影响，因为采用成本途径及其方法和市场途径及其方法评估时，都是把机器设备作为企业整体的一个部分来看待，以单台单件的机器设备作为评估的具体对象；而收益途径及其方法估价却是把机器设备作为一个具有获利能力的整体来看待，是以盈利能力为基础的，反映的是经济有效地运用所有资产的结果。如果整体资产能充分发挥作用和产生效益，那么这些机器设备就具有较高的价值；反之，如果资产未被有效充分地利用，它们的价值就降低了。资产价值的波动和差异正是反映了诸如利率升降、通货膨胀、竞争、需求变化、市场热点转移、经营成本增加、利润率降低等因素，这些都是无法用成本途径及其方法和市场途径及其方法全面充分估测出来的，而要充分考虑到所有这些因素的最佳途径就是利用收益途径及其方法进行评估。

【例 3 - 16】　某企业评估一条生产方便面的生产线，该生产线的尚可使用年限为 6 年，每年可获净利 10 万元，行业投资报酬率为 15%，问该生产线的评估值。

$$评估值 = 10 \times (P/A, 15\%, 6)$$
$$= 10 \times 3.7845$$
$$= 37.85(万元)$$

对于租赁设备，采用收益法进行评估比较合理，投资者容易接受此评估结论。

【例 3 - 17】　某石油公司欲租赁一条从甲地到乙地的输油管线，该管线预计可使用 15 年，试采用收益法估算该输油管线的市场价值。

评估人员从租赁市场了解到该类管线年租金为 140 万元左右，折现率确定为 20%，则评估值为

$$评估值 = 140 \times (P/A, 20\%, 15)$$
$$= 140 \times 4.6755$$
$$= 654.57(万元)$$

利用收益法评估机器设备的优点，是在确定机器设备未来收益的基础上来衡量

机器设备的价值，并能充分考虑风险因素。

利用收益法评估机器设备也具有一定的局限性，它一般不适用于单台（件）设备的评估。因为企业的收益是企业所有资产共同发挥作用创造的，很多时候很难量化到单台（件）设备上。

第四章

房地产评估

第一节　房地产评估概述

一、土地与土地使用权

（一）土地及其特性

土地资源是自然本身的产物，具有不可再生性。一般来说，土地是指地球表层的陆地部分，包括内陆水域和滩涂。广义地说，土地是指陆地及其空间的全部环境因素，是由土壤、气候、地质、地貌、生物和水文、水文地质等因素构成的自然历史综合体，包括过去和现在人类活动的结果。土地具有两重性，不仅是资源，也是资产。尤其是城市土地，是人类改造自然、经过加工的改良物，凝聚了人类大量的物化劳动，投入了各种基础设施，它是由人类开发和再开发形成的。土地的供给可以分为土地的自然供给和经济供给两个方面。

地球提供给人类可利用的土地数量，称为土地的自然供给，它反映了土地供人类使用的天然特性，其数量包括已利用的土地和未来可供利用的土地，即后备土地资源。土地的自然供给是相对稳定的，几乎不受任何人为的因素或社会经济因素的影响，因此，它基本上是无弹性的。

所谓土地的经济供给，是指在土地自然供给的范围内，对土地进行了开发、规划和整治，可满足人类不同需求的土地供给。因此，土地的经济供给是通过人类开发利用而形成的土地供给。土地经济供给数量会受人类社会活动的影响。比如，开发新土地、调整用地结构、提高土地集约率等活动都影响土地的经济供给数量。由此可见，土地的经济供给是有弹性的。土地经济供给的变化可以是直接变化，也可以是间接变化。直接变化是指某种用途土地数量绝对面积的变化；间接变化是指单位土地面积上集约率的变化。

土地及其附着物通称为不动产。附着物是指附着于土地，在与土地不可分离的状态下才能使用的物体，如建筑物、构筑物等。附着物与土地分离要花费相当大的劳动和费用，因而会使地价发生变化。地产和房产均属不动产。

土地的特性可以分为土地的自然特性和经济特性两个方面。

1. 土地的自然特性

（1）土地位置的固定性。土地具有位置的固定性，不能随土地产权的流动而改变其空间的位置。地产交易，不是土地实体本身的空间移动，而是土地产权的转移。土地位置的固定性决定了土地价格具有明显的地域性特征。

（2）土地质量的差异性。土地的位置不同，造成了土地之间存在自然差异，这个差异导致土地级差地租的产生。

（3）土地资源的不可再生性。土地是自然的产物，是不可再生资源，土地资源的利用只有科学合理，才能供人类永续利用。

（4）土地效用的永续性。只要土地使用得当，土地的效用即利用价值会一直延续下去。

2. 土地的经济特性

（1）土地经济供给的稀缺性。所谓土地经济供给的稀缺性，主要是指某一地区的某种用途的土地供不应求，形成稀缺的经济资源，形成供求矛盾。土地经济供给的稀缺性，与土地总量的有限性、土地位置的固定性、土地质量的差异性等有关。土地经济供给的稀缺性客观上要求人们集约用地。

（2）土地产权的可垄断性。土地的所有权和使用权都可以垄断。由于土地具有可垄断性，因此，在土地所有权或使用权让渡时，就必然要求实现其垄断利益，在经济上获得收益。

（3）土地利用的多方向性。一块土地的用途是多种的，可以作为农田，也可以建住宅或建写字楼，或者造商场。土地利用的多方向性客观上要求在房地产评估中需要确定土地的最佳用途。

（4）土地效益的级差性。由于土地质量的差异性而使不同区位土地的生产力不同，从而在经济效益上具有级差性。

（二）土地使用权

在我国，城市土地的所有权属于国家，农村和城市郊区的土地，除由法律规定属于国家所有的以外，属于农民集体所有，宅基地和自留地、自留山属于农民集体所有。在符合规划的前提下，村庄、集镇、建制镇中的农民集体所有建设用地使用权可以依法流转。国有土地所有权不能进入房地产市场流转。

国有土地使用权出让是指国家以土地所有者的身份将国有土地使用权在一定年限内让与土地使用者，并由土地使用者向国家支付土地使用权出让金的行为。国有土地使用权出让可以采取协议、招标、拍卖和挂牌方式。国有土地使用权出让最高年限按下列用途确定：（1）居住用地 70 年；（2）工业用地 50 年；（3）教育、科技、文化、卫生、体育用地 50 年；（4）商业、旅游、娱乐用地 40 年；（5）综合或者其他用地 50 年。

土地使用权转让是指土地使用者将土地使用权再转移的行为，包括出售、交换和赠与。凡未按土地使用权出让合同规定的期限和条件投资开发、利用土地的，土地使用权不得转让。土地使用权转让时，土地使用权出让合同和登记文件中所载明的权利、义务随之转移；其地上建筑物、其他附着物所有权随之转让。土地使用者通过转让方式取得的土地使用权，其使用年限为土地使用权出让合同规定的使用年限减去原土地使用者已使用年限后的剩余年限。

土地使用权出租，是指土地使用者作为出租人将土地使用权随同地上建筑物、其他附着物租赁给承租人使用，由承租人向出租人支付租金的行为。未按土地使用权出让合同规定的期限和条件投资开发、利用土地的，土地使用权不得出租。

土地使用权抵押时，其地上建筑物、其他附着物随之抵押。地上建筑物、其他附着物抵押时，其使用范围内的土地使用权随之抵押。土地使用权抵押，抵押人与抵押权人应当签订抵押合同。抵押合同不得违背国家法律、法规和土地使用权出让合同的规定。土地使用权和地上建筑物、其他附着物抵押，应当依照规定办理抵押登记。抵押人到期未能履行债务或者在抵押合同期间宣告解散、破产的，抵押权人有权依照国家法律、法规和抵押合同的规定处分抵押财产。因处分抵押财产而取得土地使用权和地上建筑物、其他附着物所有权的，应当依照规定办理过户登记。

土地使用权出让合同约定的使用年限届满，土地使用者需要继续使用土地的，应当最迟于届满前 1 年申请续期，除根据社会公共利益需要收回该幅土地的，应当予以批准。经批准准予续期的，应当重新签订土地使用权出让合同，依照规定支付土地使用权出让金。土地使用权出让合同约定的使用年限届满，土地使用者未申请续期或者虽申请续期但依照法律规定未获批准的，土地使用权由国家无偿收回。

二、房地产的特性

房地产是土地和房屋及其权属的总称。土地是房屋不可缺少的物质载体，任何房屋都不能离开土地而独立存在，我国《中华人民共和国城市房地产管理法》第三十一条规定"房地产转让、抵押时，房屋的所有权和该房屋占用范围内的土地使用权同时转让、抵押。"同时，土地的区位决定了房屋的位置，直接影响到房地产的价格，因此，在房地产评估中，通常评估房地产的整体价值。当然，在某种情况下也可以分别评估房产的价值和地产的价值。

房地产一般具有如下特性。

（1）位置固定性。由于房屋固着在土地上，因此房地产的相对位置是固定不变的。可以说，地球上没有完全相同的房地产，即使有两宗房地产的地上建筑物设计、结构和功能等完全相同，因土地位置的差异，也会造成价格的差异。

（2）供求区域性。由于土地位置的固定性，房地产还具有区域性的特点。一个城市房地产的供给过剩并不能解决另一个城市供给不足的问题。例如，海南省大量空置的房地产并不能解决上海市房地产需求不足的问题。房地产供求关系的地区差异又造成区域之间房地产价格的差异性。

（3）使用长期性。由于土地可以永续利用，建筑物也是耐用品，使用年限可达数十年甚至长达上百年，使用期间即使房屋变旧或受损，也可以通过不断翻修延长其使用期。

（4）投资大量性。房地产生产和经营管理要经过一系列过程：取得土地使用权、土地开发和再开发、建筑设计和施工、房地产销售等，在这些过程中要投入大量的资金。如大城市地价和房屋的建筑成本都相当高，无论开发者和消费者，一般都难以依靠自身的资金进行房地产投资，因此，金融业的支持和介入是发展房地产业必不可少的条件。

（5）保值与增值性。一般物品在使用过程中由于老化、变旧、损耗、毁坏等原因，其价值会逐渐减少。与此相反，在正常的市场条件下，从长期来看，土地的价值呈上升走势。由于土地资源的有限性和固定性，制约了对房地产不断膨胀的需求，特别是对良好地段物业的需求，导致价格上涨。同时，对土地的改良和城市基础设施的不断完善，使土地原有的区位条件改善，导致土地增值。

（6）投资风险性。房地产使用的长期性和保值增值性使之成为投资回报率较高的行业，同时房地产投资风险也比较大。房地产投资的风险主要来自三个方面：① 房地产无法移动，建成后又不易改变用途，如果市场销售不对路，容易造成长期的空置、积压。② 房地产的生产周期较长，从取得土地到房屋建成销售，通常要3~5年的时间，在此期间影响房地产发展的各种因素发生变化，都会对房地产的投资效果产生影响。③ 自然灾害、战争、社会动荡等，都会对房地产投资产生无法预见的影响。

（7）难以变现性。由于房地产具有位置固定性、用途不易改变等特性，使其不像股票和外汇那样，可以迅速变现，其变现性较差。

（8）政策限制性。房地产市场受国家和地区政策影响较大。城市规划、土地利用规划、土地用途管制、住房政策、房地产信贷政策、房地产税收政策等都会对房地产的价格产生直接或间接的影响。

三、房地产评估的原则

所谓房地产评估，是专业评估人员为特定目的对房地产的特定权益在某一特定时点上的价值进行估算。在进行房地产评估时，除了需要遵循供求原则，贡献原则等，还特别需要注意遵循最有效使用原则、合法原则和替代原则。

1. 最有效使用原则

土地及其建筑物可以有商业、居住、工业等多种用途。但同一房地产在不同用途状况下，其收益并不相同。房地产权利人为了获得最大收益总是希望房地产达到最佳使用状况。但是房地产的最佳使用必须在法律、法规允许的范围内，必须受城市规划的制约。在市场经济条件下，房地产用途可以通过竞争决定，使房地产达到最有效使用。因此，评估房地产价值时，不能仅仅考虑房地产现时的用途和利用方式，而是结合预期原则考虑何种情况下房地产才能达到最佳使用及实现的可能，以最佳使用所能带来的收益评估房地产的价值。

2. 合法原则

合法原则是指房地产评估应以评估对象的合法产权、合法使用和合法处分等为前提进行。在分析房地产的最有效使用时，必须根据城市规划及有关法律的规定，依据规定用途、容积率、建筑高度与建筑风格等确定该房地产的最有效使用。又如测算房地产的净收益时，其经营用途应为合法用途，比如不能用做赌场。城市规划为居住用地的，评估该地块价值时，必须以居住用地作为其用途，不能用做工业用地或商业用地。测算房地产的净收益时，不能以临时建筑或违章建筑的净收益作为测算依据。

3. 替代原则

根据经济学的替代原理，在同一市场上效用相同或相似的房地产，由于市场竞争的影响，必然使其价格趋于一致。

四、房地产评估程序

(一) 明确评估基本事项

在房地产评估时，必须了解评估对象的基本情况，这是拟订房地产评估方案、选择评估方法的前提。评估基本事项包括以下内容。

1. 明确评估目的。不同的评估目的，其所评估的价值的内涵也不完全相同。如土地使用权出让评估、房地产转让价值评估、房地产租赁价值评估、房地产抵押评估、房地产保险评估、房地产课税评估、征地和房屋拆迁补偿评估等。因此，在受理评估业务时，通常由委估方提出评估目的，并将评估目的明确地写在评估报告上。

2. 了解评估对象。即对被估房地产的实体和权益状态进行了解。对房地产的实体了解包括：土地面积、土地形状、临路状态、土地开发程度、地质、地形及水文状况；建筑物的类型、结构、面积、层数、朝向、平面布置、工程质量、新旧程度、装修和室内外的设施等。

对房地产的权益状态了解包括土地权利性质、权属、土地使用权的年限、建筑物的权属、评估对象设定的其他权利状况等。

3. 确定评估基准日。所谓确定评估基准日，就是确定待估对象的评估时点，通常以年、月、日表示。由于房地产价格经常处于变化之中，而且房地产价格随其价格影响因素的变化而变动，因此，必须事先确定所评估的是某一具体时点的价值。

(二) 签订评估合同

在明确评估基本事项的基础上，双方便可签订评估合同，用法律的形式保护各自的权益。评估合同是委托方和受理方就评估过程中双方的权利和义务达成的协议，包括对评估对象、评估目的、评估时点、评估收费、双方责任、评估报告等事宜的约定。评估日期一般也要写入评估项目委托合同中，一旦确定，评估人员必须按期保质完成。评估合同的内容要明确规定双方的权益和应尽的义务，以及对违反合同的处理办法。一旦合同签订后，任何一方未经对方同意不得随意更改合同内容，如有未尽事宜，需通过双方协商解决。

(三) 制订工作计划

制订工作计划，就是对评估工作日程、人员组织等作出安排。在对被评估对象有一基本了解之后，就可以对资料的收集、分析和价值的测算等工作程序和组织作出科学的安排。工作计划的合理制定，有助于提高工作效率和评估质量。

(四) 实地勘查与收集资料

虽然受理评估业务时评估师已通过对方提供的资料大体了解到评估对象的基本状况，但此时评估师仍需亲临现场勘查。因为评估需要的资料和数据十分广泛，委估方提供的资料有限，并不能完全满足评估工作的需要。实地勘查是房地产评估工作的一项重要步骤。房地产市场是地域性很强的市场，房地产交易都是个别交易，非经实地勘查难以对房地产进行评估。实地勘查就是评估人员亲临房地产所在地，对被估房地产实地调查，以充分了解房地产的特性和所处区域环境。实地勘查要做记录，形成工作底稿。

评估资料的收集在评估过程中是一项耗时较长，而且艰苦细致的工作。其内容涉及选用评估方法和撰写评估报告所需的资料数据，包括：（1）评估对象的基本情况；（2）有关评估对象所在地段的环境和区域因素资料；（3）与评估对象有关的房地产市场资料，如市场供需状况、建造成本、租售价格等；（4）国家和地方涉及房地产评估的政策、法规和定额指标。获得上述资料的途径除了委托方提供外，主要通过现场的勘测和必要的调查访问。

（五）测算被估房地产价值

在调查研究和资料分析的基础上，便可根据选定的评估方法进行价值测算。评估的基本方法有成本法、市场法和收益法。由这三种基本评估方法所派生的其他评估方法，如假设开发法、路线价法、长期趋势法等，也是目前常用的评估方法。由于被估房地产的性质差异和资料取得的难易，并非每一种评估方法都适用于各类具体条件下的房地产。为求得一个公平合理的价值，一般以一种评估方法为主，同时以另一种或几种评估方法为辅，以求互相对照和检验修正。

无论采用何种方法，评估师应对收集到的数据、参数进行认真分析检验，特别是对一些有变化幅度的参数，如市场法中的修正系数，收益法中的资本化率，成本法中的土地开发成本、房屋新旧程度等，虽然都有一些经验参数可供参考，但最终确定还要依靠评估师正确判断和选择。此时评估师的经验对计算结果具有重要的影响。

（六）综合分析确定评估结果

同一宗房地产运用不同评估方法评估出来的价值往往不一致，需要进行综合分析。综合分析是对所选用的评估方法、资料及评估程序的各阶段做客观的分析和检查。此时应特别注意以下几点：所选用的资料是否适当；评估原则的运用是否适当；对资料分析是否准确，特别是对影响因素权重的赋值是否恰当。

（七）撰写评估报告

评估报告是评估过程和评估成果的综合反映，通过评估报告，不仅可以得到房地产评估的最后结果，还能了解整个评估过程的技术思路、评估方法和评估依据。

第二节　房地产价格及其影响因素

一、房地产价格的种类

（一）根据权益的不同，可分为所有权价格、使用权价格、其他权利价格

房地产发生交易行为时，所针对的权益有所有权、使用权、抵押权、租赁权、典权等。所针对的房地产权益不同，其价格就不同，如房地产使用权价格、房地产抵押权价格、房地产租赁权价格等。房地产的使用权价格，是指房地产使用权的交易价格。一般情况下，房地产所有权价格高于房地产使用权价格。抵押权价格是为房地产抵押而评估的房地产价格。租赁价格是承租方为取得房地产租赁权而向出租方支付的价格。

（二）按价格形成方式可分为市场交易价格和评估价格

市场交易价格是房地产在市场交易中实际成交的价格。在正常的市场条件下，

买卖双方均能迅速获得交易信息，买方能自由地在市场上选择其需要，卖方亦能自由地出售房地产，买卖双方均以自身利益为前提，在彼此自愿的条件下，以某一价格完成房地产交易。由于交易的具体环境不同，市场交易价格经常波动。市场交易价格一般具有如下作用：交易双方收支价款的依据、缴纳契税和管理费的依据等。

评估价格是对市场交易价格的模拟。由于评估人员的经验、对房地产价格影响因素理解不同，同一宗房地产可能得出不同的评估价格，评估结果也可能不同，但在正常的情况下，不论运用何种方法，评估结果不应有太大的差距。房地产评估价格根据使用目的及其作用可分为基准地价、标定地价、房屋重置价格、交易底价、课税价格等几种。其中基准地价、标定地价、房屋重置价格由政府制定，且由政府定期公布。交易底价则不一定由政府制定，可由交易有关方面制定。房屋重置价格，是指在重置时的建筑技术、工艺水平、建筑材料价格、工资水平及运输费用等条件下，重新建造与原有房屋相仿的结构、式样、设备和装修新房时所需的费用。课税价格，是政府为课征有关房地产税而由评估人员评估的作为课税基础的价格。

（三）按房地产的实物形态可划分为土地价格、建筑物价格和房地产价格

土地价格包括基准地价、标定地价和土地交易价格等。基准地价是按照城市土地级别或均质地域分别评估的商业、住宅、工业等各类用地和综合土地级别的土地使用权的平均价格。基准地价评估以城市为单位进行。标定地价是市、县政府根据需要评估的正常地产市场中，具体宗地在一定使用年期内的价格。标定地价可以以基准地价为依据，根据土地使用年限、地块大小、土地形状、容积率、微观区位等条件，通过系数修正进行评估得到，也可以通过市场交易资料，直接进行评估得到。

单纯的土地及附有建筑物的土地的价格都是土地的价格。但是同一块土地，其开发条件不同，会有不同的价格，如拟作为国家建设用地而未进行征地补偿的农地，购地者需办理土地征收手续，支付征地补偿费；即使已征为国家所有，尚需看其开发情况，是否达到"三通一平"、"七通一平"等；在其他条件相同的情况下，在城区内附有待拆迁建筑物的土地，与城区内的空地其价格亦相差很大。

建筑物价格是指纯建筑物部分的价格，不包含其占用的土地的价格。

房地产价格，是指建筑物连同其占用的土地的价格。

（四）按房地产价格表示单位可划分为总价格、单位价格、楼面地价

房地产总价格，是指一宗房地产的整体价格。房地产单位价格有三种情况：对土地而言，是指单位土地面积的土地价格；对建筑物而言，是指单位建筑面积的建筑物价格；对房地产单位价格而言，是指单位建筑面积的房地产价格。房地产的单位价格能反映房地产价格水平的高低，而房地产总价格一般不能说明房地产价格水平的高低。

楼面地价，又称单位建筑面积地价，是指平均到每单位建筑面积上的土地价格。

$$楼面地价 = 土地总价格/建筑总面积$$

因为，容积率 = 建筑总面积/土地总面积

所以，楼面地价 = 土地单价/容积率

（五）其他价格类型

公告地价，是政府定期公布的土地价格，在有些国家和地区，一般作为征收土

地增值税和征收土地进行补偿的依据。

申报价格，是房地产权利人向政府申报的房地产交易成交价格，《中华人民共和国城市房地产管理法》第三十四条规定："国家实行房地产成交价格申报制度。房地产权利人转让房地产，应当向县级以上地方人民政府规定的部门如实申报成交价，不得瞒报或者作不实的申报。"

二、房地产价格的特征

1. 房地产价格是权益价格。由于房地产位置不可移动，因此房地产的买卖、抵押等并不能移转房地产的物质实体本身，而是转移与房地产有关的各种权益。房地产的权益有多种表现形式，如所有权、使用权、抵押权、租赁权等，因此，发生经济行为的房地产转移方式不同，形成的房地产权益不同，其权益价格也不相同，评估时必须对此仔细考虑。

2. 房地产价格与用途相关。一般商品的价格由其生产成本、供给和需求等因素决定，其价格一般并不因使用状况不同而产生差别。但是，同样一宗房地产，在不同的用途下，产生的收益是不一样的。特别是土地，在不同的规划用途下，其使用价值是不一样的，土地价格与其用途相关性极大。例如，在市场经济条件下，一宗土地如果合法地用于经营商业比用于住宅更有利，其价格必然由商业用途决定。

3. 房地产价格具有个别性。由于房地产的个别性，没有两宗房地产条件完全一致。同时房地产价格形成中，交易主体之间的个别因素也很容易起作用。因此，房地产价格形成具有个别性。由于房地产位置的固定性，其交易往往是单个进行，因此形成的房地产市场是一个不完全竞争市场。房地产不像一般商品，可以开展样品交易、批量交易。每一宗房地产交易都具有个别性。

4. 房地产价格具有可比性。房地产价格尽管具有与一般商品不同的许多特性，但并不意味着其价格之间互不联系。事实上，人们可以根据房地产价格的形成规律，对影响房地产价格的因素进行比较，从而能够比较房地产的价格。

三、房地产价格的影响因素

影响房地产价格的因素众多而复杂。由于这些因素本身具有动态性，因此它们对房地产价格的影响也是动态的。随着时间不同、地区不同、房地产用途不同，这些因素的影响作用也不相同。比如，本来是影响较小的因素，可能会成为主导因素。相反，主导因素也会成为次要因素。它们对房地产价格的影响程度有的可以量化，有的则难以量化，只能凭借评估师的经验加以判断。影响房地产价格的因素通常可划分为一般因素、区域因素和个别因素。下面分别予以阐述。

（一）一般因素

一般因素是指影响一定区域范围内所有房地产价格的一般的、普遍的、共同的因素。这些因素通常会对较广泛地区范围内的各宗房地产的价格产生全局性的影响。这类因素主要包括经济因素、社会因素、行政因素和心理因素等。

1. 经济因素

（1）经济发展因素。国民经济增长速度、国民生产总值、居民收入水平、物价指数等经济因素都会对房地产价格的形成产生影响。比如，在国民经济增长快、国民生产总值大、居民收入水平高、资金充裕地区，国民生产总值用于投资、消费部分加大，用于生产性、投资性或消费性等方面的房地产的支出增加，从而促进房地产业的繁荣，带动房地产价格上涨。有关研究表明，房地产业发展周期与国民经济发展周期总体趋势基本一致。因此房地产价格总水平与地区经济发展状况呈正相关关系。

（2）财政金融因素。存款利率、贷款利率、物价上升指数、税率、贷款比例和土地资本化率等财政金融因素对房地产价格的形成有着密切的关系。比如利率和税率的变化，将会影响房地产的供给和需求，因而对房地产价格产生影响。土地资本化率与地价的关系非常明显，在地租一定的情况下，土地资本化率越高，地价越低；反之，土地资本化率越低，地价越高。

（3）产业结构因素。产业结构在这里主要是指第一产业、第二产业及第三产业在国民经济及国民生产总值中的比例关系以及房地产业在其中所占的比重。一般来说，第三产业的比重越大，房地产价格会相应越高。

2. 社会因素

（1）人口因素。房地产需求的主体是人，因此，人口数量、人口密度和人口素质直接决定对房地产的需求程度，因而对房地产价格有着很大影响。

（2）家庭规模因素。家庭规模是指社会或某一地区家庭平均人口数。即使一个地区人口总数不变，家庭人口数的变化也将影响居住面积的变化。比如，随着家庭人口平均数的下降，即家庭小型化，对总的住宅套数的需求将增加，因此，对房地产的需求会增加。

（3）房地产投机因素。房地产投机是市场经济下的一种明显的社会现象，是投资者期望并利用房地产价格的变动获得超常利润的行为。这种现象主要体现在三个方面。

① 当房地产价格不断上涨时，预测房地产价格还将进一步上涨的房地产投机商会纷纷抢购，哄抬价格，造成一种虚假需求，这将促使房地产价格进一步上涨。

② 当房地产价格不断下跌时，预测房地产价格将进一步下跌的房地产投机商纷纷抛售时，在市场上造成一种虚假的供过于求的现象，引起房地产价格进一步下跌。

③ 当房地产价格跌落时，预测将来房地产价格会上涨的房地产投机商收购房地产，造成房地产需求增加，从而抑制房地产价格的进一步下跌；或当房地产价格上涨时，囤积房地产的投机商抛出房地产，增加房地产供给，从而也能平抑房地产价格。

（4）教育科研水平和治安因素。如果一个地区的教育水准高、科研水平高，则意味着受教育的方便程度提高，科学技术转化为生产力的可能性增大，因而房地产价格水平也会上升。一个地区若经常发生偷盗、抢劫等犯罪案件，则意味着该地区居民的生命财产缺乏保障，因此会造成房地产价格低落。

（5）社会福利因素。社会福利的状态会影响社会文化生活水平，从而间接地影响房地产价格水平。

3. 行政因素

行政因素通过对社会、经济等行为加以规范来影响房地产价格。主要指影响房地产价格的制度、政策、法规、行政措施等因素。

（1）土地使用制度与住房制度、地价政策。土地使用制度科学合理，可以调动土地利用者或投资者的积极性，促进土地资源合理配置、带动土地增值，导致地价上涨。根据对国民经济或地区经济宏观调控的需要，政府可能推行高地价政策，引导地价上涨，也可能实行低地价政策，抑制地价上涨。

（2）城市规划、土地利用规划、城市发展战略。这些因素决定了一个城市的性质、发展方向和发展规模，还决定城市用地结构、城市景观轮廓线、地块用途、利用程度等。土地被规划为住宅区、商业区、工业区、农业区等不同区域，对房地产价格影响极大。

（3）税收制度、投资倾斜、优惠政策。房地产税收可以调节房地产投资者的积极性，抑制不正当的房地产投机，理顺房地产收益分配关系，稳定房地产市场。进行房地产评估时，需考虑不同税种对房地产市场中供需双方的不同影响。国家宏观经济政策向某地区倾斜，会诱发该地区房地产价格上涨。对某一地区在税收、管理等方面的优惠政策，会吸引投资、增加收益，促进房地产价格上涨。

（4）行政隶属关系变更。一个地区的行政隶属关系发生变更，也会影响其房地产价格水平。行政隶属关系变更包括级别升格和管辖权变更。例如将非建制镇升格为建制镇，将建制镇升格为市，或将经济落后地区的土地划归经济发达地区管理，都会促进房地产价格水平上涨。

（5）交通管制。交通管制包括禁止通行，实行单行道及限制通行时间等规定。一般而言，由于交通管制，使该地区道路的通达性及便捷度受到影响，从而降低房地产价格，但在住宅区内禁止货车通行，则可以减少噪声，保持清净和行人安全，会提高房地产价格。

4. 心理因素。心理因素对房地产价格的影响是很微妙的，也是一个不可忽视的因素。主要表现为：购买或出售心态、对居住环境的认同度、欣赏趣味、时尚风气、接近名家住宅心理、讲究门牌号码、讲究风水、价值观的变化等。

（二）区域因素

区域因素是指某一特定区域内的自然条件与社会、经济、行政、技术等因素相结合所产生的区域特性，对该区域内的各块土地的价格水平产生影响的因素。这类因素可细分为商服繁华因素、道路通达因素、交通便捷因素、城市设施状况因素和环境因素等。

1. 商服繁华因素。这是指所在地区的商业、服务业繁华状况及各级商业、服务业中心的位置关系。如果商服繁华度较高，该地区的房地产价格水平也会较高。

2. 道路通达因素。这是指所在地区道路系统通畅程度，道路的级别（主干道、次干道、支路）越高，该地区的房地产价格水平也较高。

3. 交通便捷因素。这是指交通的便捷程度，包括公共交通系统的完善程度和公共交通的便利程度。其便捷度越高，房地产价格水平也较高。

4. 城市设施状况因素。城市设施可以分为以下三类。

（1）基础设施：主要包括供水、排水、供电、供气、供热和通信等设施。

（2）生活设施：主要包括学校、医院、农贸市场、银行、储蓄所、邮局等设施。

（3）文体娱乐设施：主要包括电影院、图书馆、博物馆、俱乐部、文化馆等设施。

以上三类设施可以用基础设施完善度、生活设施完备度、文体娱乐设施完备度等指标来衡量，这些指标一般都会对房地产价格形成正相关影响。

5. 环境状况因素。若一个地区绿地较多、公园环境优美，则该地区的房地产价格水平较高；若噪声污染、大气污染、水污染较严重，则房地产价格水平较低。

（三）个别因素

个别因素分为土地个别因素和建筑物个别因素。

1. 土地的个别因素。土地个别因素，也叫宗地因素，是宗地自身的条件和特征对该地块价格产生影响的因素。

（1）区位因素。区位是影响地价的一个非常主要的因素。区位也叫宗地位置。区位有自然地理区位与经济地理区位之别。土地的自然地理区位是固定不变的，但是，其经济地理区位却会随着交通建设和市政设施的变化而变化。当区位由劣变优时，地价会上升；相反，则地价下跌。

（2）面积因素、宽度因素、深度因素。一般来说，宗地面积必须适宜，规模过大或过小都会影响土地效用的充分发挥，从而降低单位地价。临街宽度过窄，影响土地使用，影响土地收益，从而降低地价。宗地临街深度过浅、过深，都不适合土地最佳利用，从而影响地价水平。

（3）形状因素。土地形状有长方形、正方形、三角形、菱形、梯形等。形状不规则的土地，不便于利用，从而降低地价。一般认为宗地形状以矩形为佳，特殊情况，在街道的交叉口二角形等不规则土地的地价也可能畸高。

（4）地力因素、地质因素、地势因素、地形因素。地力又称土地肥沃程度或土地肥力。这个因素只与农业用地的价格有关，土地肥沃，地价就高；相反，地价则低。地质条件决定着土地的承载力。地质条件直接关系到建筑物的造价和建筑结构设计。地质条件对于高层建筑和工业用地的地价影响尤其大。地质条件与地价的关系是正比关系，即地质条件越优地价越高。地势因素是指该土地与相邻土地的高低关系，特别是与邻近道路的高低关系，一般来说，地势高的宗地地价比地势低的宗地价格高。地形是指地面的起伏形状，一般来说，土地平坦，地价较高；反之，土地高低不平，地价较低。

（5）容积率因素。该因素也是影响土地价格的主要因素之一。容积率越大，地价越高；反之，容积率越小，地价越低。容积率与地价的关系一般不呈线性关系。

（6）用途因素。土地的用途对地价影响相当大，同样一块土地，规划为不同用途，则地价不相同。一般来说，对于同一宗土地而言，商业用地、居住用地、工业用地的地价是递减的。

（7）土地使用年期因素。在年地租不变的前提下，土地使用年期越长，地价越高。

2. 建筑物的个别因素。在影响房地产价格的个别因素中影响土地价格的个别因素和影响建筑物价格的个别因素并不完全相同。以下阐述影响建筑物价格的个别因素。

（1）面积、结构、材料等。建筑物的建筑面积、居住面积、高度等不同，则建筑物的重建成本也不相同。建筑物的结构及使用的建筑材料的质量也对建筑物的重建成本有影响，从而影响其价格。如果建筑物的面积或高度与基地及周围环境不相协调，该建筑物的价值会大大降低。

（2）设计、设备等是否良好。建筑物形状、设计风格、建筑装潢应与建筑物的使用目的相适应，建筑物设计、设备是否与其功能相适应，对建筑物价格有很大的影响。

（3）施工质量。建筑物的施工质量不仅影响建筑物的投入成本，更重要的是影响建筑物的耐用年限和使用的安全性、方便性和舒适性。因此施工质量是否优良，对建筑物的价格亦有很大影响。

（4）法律限制。有关建筑物方面的具体法律限制，主要是城市规划及建筑法规。如建筑物高度限制、消防管制、环境保护等，评估时应考虑这些法律限制对建筑物价值已经产生和可能产生的影响。

（5）建筑物是否与周围环境协调。建筑物应当与其周围环境相协调，否则就不是最有效使用状态。建筑物不能充分发挥使用效用，其价值自然会降低。

第三节　收益法在房地产评估中的应用

一、基本思路

收益法在国外被广泛地运用于收益性房地产价值的评估，收益法又称为收入资本化法、投资法、收益还原法，在我国也是最常用的评估方法之一。

房地产在交易时，随着房地产所有者权利的让渡，房地产的收益转归房地产购买者。房地产所有者让渡出去的权利必然要在经济上得以实现，房地产购买者必须一次性支付一定的金额，补偿房地产所有者失去的收益。这一货币额每年给房地产所有者带来的利息收入必须等于他每年能从房地产获得的净收益。这个金额就是该收益性房地产的理论价格，用公式表示为

$$房地产价值 = \frac{净收益}{资本化率}$$

这种理论的抽象，包含着三个假设前提：（1）净收益每年不变；（2）资本化率固定；（3）收益为无限年期。运用收益法评估房地产价值，首先要求取净收益，通过总收益减总费用求得；然后确定资本化率；最后选用适当的计算公式求得待估房地产的价值。

收益为有限年期的房地产价值计算公式为

$$P = \frac{a}{r} \times \left[1 - \frac{1}{(1+r)^n}\right] = \alpha\,(P/A,i,n)$$

这是一个在评估实务中经常运用的计算公式, 成立条件为: (1) 净收益 α 每年不变; (2) 资本化率 r 固定且大于零; (3) 收益年期有限为 n。

收益法适用于有收益的房地产价值评估, 如商场、写字楼、旅馆、公寓等, 对于政府机关、学校、公园等公用、公益性房地产价值评估大多不适用。

二、计算公式

运用收益法, 只要待估对象具有连续的、可预测的净收益, 就可以评估其价值。可以评估单独的土地价值、单独的地上建筑物价值, 也可以评估房地合在一起的房地产价值。在评估实务中其计算公式如下。

（一）评估房地合一的房地产价值

$$建筑物价值 = \frac{（房地产净收益 - 土地净收益）}{建筑物资本化率}$$

$$年贬值额 = \frac{建筑物重置价 - 残值}{总使用年限}$$

式中: 房地产净收益 = 房地产总收益 - 房地产总费用

房地产总费用 = 管理费 + 维修费 + 保险费 + 税金

（二）单独评估土地的价值

1. 由土地收益评估土地价值, 一般适用于空地出租的情况

$$土地价值 = \frac{土地净收益}{土地资本化率}$$

式中: 土地净收益 = 土地总收益 - 土地总费用

土地总费用 = 管理费 + 维修费 + 税金

2. 由房地产收益评估土地价值

（1）土地价值 = 房地产价值 - 建筑物现值

式中: 建筑物现值 = 建筑物重置成本 - 年贬值额 × 已使用年限

$$年贬值额 = \frac{建筑物重置价 - 残值}{总使用年限}$$

（2）土地价值 $= \dfrac{（房地产净收益 - 建筑物净收益）}{土地资本化率}$

式中: 建筑物净收益 = 建筑物现值 × 建筑物资本化率

房地产价值和房地产净收益的求法和前面相同。

（三）单独评估建筑物的价值

（1）建筑物价值 = 房地产价值 - 土地价值

（2）建筑物价值 $= \dfrac{（房地产净收益 - 土地净收益）}{建筑物资本化率}$

在运用以上公式求取房地产净收益时, 都是通过房地产总收益减去房地产总费用而得到的。这里需要特别说明的是, 用来求取房地产净收益的房地产总费用并不包含房地产折旧费。同时, 以上所列计算公式均假设土地使用年期为无限年期, 但在评估实务中应注意土地使用的有限年期。

【例 4-1】 光明集团欲购买一宗土地, 政府出让该土地年期为 50 年, 卖方万

达集团已使用该土地 5 年，土地的资本化率为 10%，预计未来前 5 年该土地的净收益分别为 10 万元、12 万元、16 万元、15 万元、25 万元，第 6 年开始净收益大约可以稳定在 20 万元左右。试评估该宗土地的收益价值。

$$年贬值额 = \frac{建筑物重置价}{使用年限} = \frac{2\,500 \times 900}{48} = 46\,875(元)$$

$$P = \frac{10}{(1 + 10\%)} + \frac{12}{(1 + 10\%)^2} + \frac{16}{(1 + 10\%)^3} + \frac{15}{(1 + 10\%)^4}$$

$$+ \frac{25}{(1 + 10\%)^5} + \frac{20}{10\%(1 + 10\%)^5} \times \left[1 - \frac{1}{(1 + 10\%)^{50-10}}\right]$$

$$= 178.23(万元)$$

【例 4 - 2】　有一宗房地产，2006 年的净收益为 50 万元，资本化率为 5%，若：(1) 未来各年的净收益将在上一年的基础上增加 1 万元；(2) 未来各年的净收益将在上一年的基础上增长 1%。试分别评估两种情况下 2006 年初的房地产价值。

净收益按等差级数递增，收益年期无限的价值计算公式为

$$P = \frac{a}{r} + \frac{b}{r^2}$$

式中：a 为第 1 年净收益，以后各年净收益按等差级数递增，净收益逐年递增额为 b，r 为资本化率。

净收益按等比级数递增，收益年期无限的价值计算公式为

$$P = \frac{a}{r - s}$$

式中：α 为第 1 年净收益，以后净收益按等比级数递增，净收益逐年递增比率为 s，r 为资本化率。因此：

$$(1)\ P = \frac{50}{5\%} + \frac{1}{(5\%)^2} = 1\,400(万元)$$

$$(2)\ P = \frac{50}{5\% - 1\%} = 1\,250(万元)$$

【例 4 - 3】　某房地产开发公司于 2000 年 3 月以有偿出让方式取得一块土地 50 年使用权，并于 2002 年 3 月在此地块上建成一座砖混结构的写字楼，当时造价为每平方米 2\,000 元，经济耐用年限为 55 年，残值率为 2%。目前，该类建筑重置价格为每平方米 2\,500 元。该建筑物占地面积 500 平方米，建筑面积为 900 平方米，现用于出租，每月平均实收租金为 3 万元。另据调查，当地同类写字楼出租租金一般为每月每建筑平方米 50 元，空置率为 10%，每年需支付的管理费为年租金的 3.5%，维修费为建筑重置价格的 1.5%，土地使用税及房产税合计为每建筑平方米 20 元，保险费为重置价的 0.2%，土地资本化率 7%，建筑物资本化率 8%。假设土地使用权出让年限届满，土地使用权及地上建筑物由国家无偿收回。试根据以上资料评估该宗地 2006 年 3 月的土地使用权价值。

1. 选定评估方法

该宗房地产有经济收益，适宜采用收益法。

2. 计算年总收益

总收益应该为客观收益而不是实际收益。

年总收益 = $50 \times 12 \times 900 \times (1 - 10\%) = 486\,000$（元）

3. 计算年总费用

（1）年管理费 = $486\,000 \times 3.5\% = 17\,010$（元）

（2）年维修费 = $2\,500 \times 900 \times 15\% = 33\,750$（元）

（3）年税金 = $20 \times 900 = 18\,000$（元）

（4）年保险费 = $2\,500 \times 900 \times 0.2\% = 4\,500$（元）

年总费用 = （1）+（2）+（3）+（4）= $17\,010 + 33\,750 + 18\,000 + 4\,500$

$= 73\,260$（元）

4. 计算年房地产净收益

年房地产净收益 = 年总收益 - 年总费用 = $486\,000 - 73\,260 = 412\,740$（元）

5. 计算房屋年净收益

（1）计算年贬值额

年贬值额本来应该根据房屋的耐用年限而确定，但是，本例中，土地使用年限小于房屋耐用年限，土地使用权出让年限届满，土地使用权及地上建筑物由国家无偿收回。这样，房屋的重置价必须在可使用期限内全部收回。因此，房地产使用者可使用的年期为 $50 - 2 = 48$（年），并且不计残值，视为土地使用权年期届满，地上建筑物一并由国家无偿收回。

$$年贬值额 = \frac{建筑物重置价}{使用年限} = \frac{2\,500 \times 900}{48} = 46\,875（元）$$

（2）计算房屋现值

房屋现值 = 房屋重置价 - 年贬值额 × 已使用年数 = $2\,500 \times 900 - 46\,875 \times 4$

$= 2\,062\,500$（元）

（3）计算房屋年净收益（假设房屋收益年期为无限年期）

房屋年净收益 = 房屋现值 × 房屋资本化率 = $2\,062\,500 \times 8\% = 165\,000$（元）

6. 计算土地年净收益

土地年净收益 = 年房地产净收益 - 房屋年净收益 = $412\,740 - 165\,000$

$= 247\,740$（元）

7. 计算土地使用权价值

土地使用权在 2006 年 3 月的剩余使用年期为 $50 - 6 = 44$（年）。

$$P = \frac{247\,740}{7\%} \times \left[1 - \frac{1}{(1 + 7\%)^{44}} \right] = 3\,358\,836.15（元）$$

单价 = $3\,358\,836.15 \div 500 = 6\,717.67$（元）

8. 评估结果

本宗土地使用权在 2006 年 3 月的土地使用权价值为 3 358 836.15 元，单价为每平方米 6 717.67 元。

第四节 市场法在房地产评估中的应用

一、基本思路

市场法是房地产评估方法中最常用的基本方法之一，也是目前国内外广泛应用的评估方法。市场法又称买卖实例比较法、交易实例比较法、市场比较法、市场资料比较法、现行市价法等。

市场法的基本含义是：在求取一宗被估房地产价值时，依据替代原理，将被估房地产与类似房地产的近期交易价格进行对照比较，通过对交易情况、交易日期、房地产状况等因素修正，得出被估房地产在评估基准日的价值。

市场法只要有适合的类似房地产交易实例即可应用。因此，在房地产市场比较发达的情况下，市场法得到广泛应用。在同一地区或同一供求范围内的类似地区中，与被评估房地产相类似的房地产交易越多，市场法应用越有效。而在下列情况下，市场法往往难以适用。

（1）没有发生房地产交易或在房地产交易发生较少的地区；

（2）某些类型很少见的房地产或交易实例很少的房地产，如古建筑等；

（3）很难成为交易对象的房地产，如教堂、寺庙等；

（4）风景名胜区土地；

（5）图书馆、体育馆、学校用地等。

二、计算公式

市场法就是通过与近期交易的类似房地产进行比较，并对一系列因素进行修正，而得到被估房地产在评估基准日的市场状况下的价格水平。这些因素主要有交易情况因素、交易日期因素、房地产状况因素三类。通过交易情况修正，将可比交易实例修正为正常交易情况下的价格；通过交易日期因素修正，将可比交易实例价格修正为评估基准日下的价格；通过房地产状况因素修正，将可比交易实例价格修正为被估对象房地产状况下的价格。房地产状况修正可以分为区位状况修正、权益状况修正和实物状况修正。这些因素还可以细分为若干因素修正。容积率和土地使用年期这两个因素属于权益状况，由于这两个因素影响力较大，情况特殊，可以拿出来单独进行修正。

市场法的基本计算公式是

$$P = P' \times A \times B \times C$$

式中：P——被估房地产评估价值；

P'——可比交易实例价值；

A——交易情况修正系数；

B——交易日期修正系数；

C——房地产状况修正系数。

实际评估工作中，其计算公式为

$$P = P' \times A \times B \times C = P' \times \frac{100}{(\quad)} \times \frac{(\quad)}{100} \times \frac{100}{(\quad)}$$

$$A = \frac{100}{(\quad)} = \frac{正常交易情况指数}{可比实例交易情况指数}$$

$$B = \frac{(\quad)}{100} = \frac{评估基准日价格指数}{可比实例交易时价格指数}$$

$$B = \frac{(\quad)}{100} = \frac{评估基准日价格指数}{可比实例交易时价格指数}$$

在上列各式中，交易情况修正系数 A 中的分子 100 表示以正常交易情况下的价格为基准而确定可比实例交易情况的价格修正参数；交易日期修正系数 B 中的分母 100 表示以可比实例交易时的价格指数为基准而确定评估基准日的价格指数；房地产状况修正系数 C 中的分子 100 表示以待估对象房地产状况为基准而确定可比实例房地产状况的修正系数。

市场法的计算公式也可以是

$$P = P' \times A \times B \times C \times \frac{容积率}{修正系数} \times \frac{土地使用年期}{修正系数}$$

在这里需要说明的是，组成房地产状况因素的各个因子都可以独立地扩展出来进行单独修正。

三、操作步骤

运用市场法评估房地产价值，一般经过下列程序：收集交易资料，确定可比交易案例，对交易情况、交易日期、房地产状况等进行修正，确定房地产价值。房地产状况因素修正中的土地容积率修正和土地使用年期修正这两项因素比较重要，一般单独列出。以下对操作步骤做具体介绍。

（一）交易资料收集

运用市场法评估房地产价值，必须有充裕的交易资料，这是市场法运用的基础和前提条件。评估人员必须注意日积月累，在平时就要时刻关注房地产市场变化，随时搜集有关房地产交易实例。如果等到需要时才去临时找案例，往往因为时间紧迫，很难来得及搜集到足够的交易案例。而交易案例太少，用市场法评估的价值就不能满足客观、合理的要求。

（二）可比交易案例确定

在进行一宗房地产价值评估时，需要针对被估房地产的特点，从平时搜集的众多房地产交易实例中选择符合一定条件的交易实例，作为比较参照的交易实例。可比实例选择是否适当，直接影响运用比较法评估的结果精度，因此对可比实例的选择应特别慎重。如果房地产市场较为稳定，评估基准日与案例交易日期可相差较远，但所选取的交易案例资料通常不应该超过三年。如果市场变动剧烈，变化较快，则只宜选取较近时期的交易实例，最好是近两年以内的。

（三）因素修正

因素修正包括交易情况修正、交易日期修正、房地产状况修正、容积率修正、土地使用年限修正等。

1. 交易情况修正。房地产的自然和经济特性，决定了房地产市场不能成为完全竞争市场，而是一个不完全竞争市场。在房地产市场上，房地产价格的形成往往具有个别性，因此运用市场法进行房地产评估，需要对选取的交易实例进行交易情况修正，将交易中由于个别因素所产生的价格偏差予以剔除，使其成为正常价格。房地产交易中的特殊情况较为复杂，主要有以下几种。

（1）有特殊利害关系的经济主体间的交易，如亲友之间、有利害关系的公司之间、公司与本单位职工之间，通常都会以低于市价的价格进行交易。

（2）交易时有特别的动机，这以急于脱售或急于购买最为典型。如有人为了扩大经营面积，收购邻近的建设用地，往往会使交易价格抬高。

（3）买方或卖方不了解市场行情，往往使房地产交易价格偏高或偏低。

（4）其他特殊交易的情形。如契税本应由买方负担，却转嫁给了卖方。

（5）特殊的交易方式。如拍卖、招标等。

分析了交易情况的特殊性，就要将特殊情况的交易修正到正常交易。上述第四种情况，可直接计算。但对于其他一些交易情况，要测定其交易价格与正常价格发生偏差的程度，则需经分析后量化处理。这时评估师对市场的了解以及丰富的评估经验就显得至关重要。

通过交易情况修正，即将可比实例价格修正为正常交易情况下的价格。计算公式为

$$\text{土地使用年期修正后的地价} = 1\,000 \times \frac{1 - \frac{1}{(1+8\%)^{20}}}{1 - \frac{1}{(1+8\%)^{30}}} = 872(\text{元}/\text{平方米})$$

$$\text{交易情况修正后的正常价格} = \text{可比实例价格} \times \frac{\text{正常情况指数}}{\text{可比实例情况指数}}$$

正常情况指数为100，如果可比实例交易时的价格低于正常情况下的交易价格，则分母小于100；反之，则大于100。

2. 交易日期修正。交易实例的交易日期与待评估房地产的评估基准日往往有一段时间差。在这一期间，房地产市场可能不断发生变化，房地产价格可能升高或降低。因此需要根据房地产价格的变动率，将交易实例房地产价格修正为评估基准日的房地产价格。这就是交易日期修正，也称期日修正。

房地产价格的变动率一般用房地产价格指数来表示。利用价格指数进行期日修正的公式如下：

$$\text{评估基准日价格} = \text{可比实例价格} \times \frac{\text{评估基准日价格指数}}{\text{可比实例交易时价格指数}}$$

【例4－4】 现选取一可比房地产实例，成交价格为6 000元/平方米，成交日期为2005年7月。假设2005年1月至2006年7月，该类房地产价格每月比上月上涨1%，2006年7月至2007年1月，该类房地产价格每月比上月下降0.2%，则对该可比实例进行交易日期修正后2007年1月的房地产价格为

$$P = 6\,000 \times (1 + 1\%)^{12} \times (1 - 0.2\%)^{6}$$

$$= 6\,000 \times 1.1268 \times 0.9881$$
$$= 6\,680.35\,(元／平方米)$$

3. 房地产状况修正。对交易实例进行交易情况修正和交易日期修正后，还需要对交易实例进行房地产状况修正。

交易实例房地产与被评估房地产的状况不相同的，应将交易实例房地产状况与被评估房地产状况加以比较，找出由于房地产状况的差别而引起的交易实例房地产与待评估房地产价格的差异，对交易实例房地产价格进行修正。

4. 容积率修正。容积率与地价的关系并非呈线性关系，需根据具体区域的情况具体分析。

容积率修正可采用下式计算

$$\frac{经容积率}{修正后价格} = \frac{可比实例}{价格} \times \frac{待估宗地容积率修正系数}{可比实例容积率修正系数}$$

【例 4 - 5】　某城市某用途土地容积率修正系数见表 4 - 1。

表 4 - 1　　　　　　　　　　　容积率修正系数表

容积率	0.1	0.4	0.7	1.0	1.1	1.3	1.7	2.0	2.1	2.5
修正系数	0.5	0.6	0.8	1.0	1.1	1.2	1.6	1.8	1.9	2.1

如果确定可比案例宗地地价每平方米为 800 元，容积率为 2.1，被估宗地规划容积率为 1.7，则待估宗地容积率修正计算如下

经容积率修正后可比实例价格 = 800 × 1.6 ÷ 1.9 = 673.7（元／平方米）

5. 土地使用年期修正。我国实行有限年期的土地使用权有偿使用制度，土地使用年期的长短，直接影响土地收益的多少。土地的年收益确定以后，土地的使用期限越长，土地的总收益就越多，土地利用效益也越高，土地的价格也会因此提高。通过使用年期修正，可以消除由于使用期限不同而对房地产价格造成的影响。

土地使用年期修正系数 k 按下式计算。

$$k = \frac{1 - \dfrac{1}{(1+r)^m}}{1 - \dfrac{1}{(1+r)^n}}$$

式中：r ——资本化率；

$\quad\quad m$——被估对象的使用年限；

$\quad\quad n$——可比实例的使用年限。

$$\frac{经使用年限}{修正后价格} = \frac{可比实例}{价格} \times 土地使用年期修正系数$$

【例 4 - 6】　若选择的比较案例成交地价为每平方米 1 000 元，对应土地使用年期为 30 年，而待估宗地出让年期为 20 年，土地资本化率为 8%，则年期修正后的地价如下：

$$\frac{土地使用年期}{修正后的地价} = 1\,000 \times \frac{1 - \dfrac{1}{(1+8\%)^{20}}}{1 - \dfrac{1}{(1+8\%)^{30}}} = 872（元／平方米）$$

（四）房地产价值的确定

经过上述的交易情况修正、交易日期修正、房地产状况修正，就可得到在评估基准日的待估房地产的若干个价格，如果交易实例选取五个，就可能有五个价格。

通过计算公式求取的若干个价格，可能不完全一致。而被评估的房地产的价值却只能有一个。求取最终的房地产价值可采用统计学方法，如简单算术平均数法、加权算术平均数法、众数法、中位数法、混合法等。

【例 4 - 7】　有一待估宗地 G 需评估，现收集到与待估宗地条件类似的 6 宗地，具体情况如表 2 所示。

表 4 - 2　　　　　　　　　　　　可比实例情况表

宗地	成交价	交易时间（年）	交易情况	容积率	土地状况
A	680	2002	+ 1 %	1.3	+ 1 %
B	610	2002	0	1.1	- 1 %
C	700	2001	+ 5 %	1.4	- 2 %
D	680	2003	0	1.0	- 1 %
E	750	2004	- 1 %	1.6	+ 2 %
F	700	2005	0	1.3	+ 1 %
G		2005	0	1.1	0

上表中成交价的单位为：元/平方米。

该城市地价指数表为：

表 4 - 3　　　　　　　　　　　　地价指数

时间（年）	1999	2000	2001	2002	2003	2004	2005
指数	100	103	107	110	108	107	112

另据调查，该市此类用地容积率与地价的关系为：当容积率 在 1 ~ 1.5 之间时，容积率每增加 0.1，宗地单位地价比容积率为 1 时的地价增加 5 %；超过 1.5 时，超出部分的容积率每增长 0.1，单位地价比容积率为 1.0 时的地价增加 3 %。对交易情况、土地状况的修正，都是案例宗地与被估宗地比较，表中负号表示案例宗地条件比待估宗地差，正号表示案例宗地条件优于待估宗地，数值大小代表对宗地地价的修正幅度。

试根据以上条件，评估该宗土地 2005 年的价值。

1. 建立容积率地价指数表

容积率	1.0	1.1	1.2	1.3	1.4	1.5	1.6
地价指数	100	105	110	115	120	125	128

2. 案例修正计算

$$A：680 \times \frac{112}{110} \times \frac{100}{101} \times \frac{105}{115} \times \frac{100}{101} = 620（元／平方米）$$

$$B：610 \times \frac{112}{110} \times \frac{100}{100} \times \frac{105}{105} \times \frac{100}{99} = 627（元／平方米）$$

C：$700 \times \dfrac{112}{107} \times \dfrac{100}{105} \times \dfrac{105}{120} \times \dfrac{100}{98} = 623$（元／平方米）

D：$680 \times \dfrac{112}{108} \times \dfrac{100}{100} \times \dfrac{105}{100} \times \dfrac{100}{99} = 748$（元／平方米）

E：$750 \times \dfrac{112}{107} \times \dfrac{100}{99} \times \dfrac{100}{128} \times \dfrac{100}{102} = 638$（元／平方米）

F：$700 \times \dfrac{112}{112} \times \dfrac{100}{100} \times \dfrac{105}{115} \times \dfrac{100}{101} = 633$（元／平方米）

3. 评估结果

案例 D 的值为异常值，应予剔除。其他结果较为接近，取其平均值作为评估结果。

因此，待估宗地 G 的评估结果为

$$(620 + 627 + 623 + 638 + 633) \div 5 = 628 \text{（元／平方米）}$$

第五节　成本法在房地产评估中的应用

一、基本思路

成本法是房地产评估的基本方法之一。其评估原理建立在重置成本的理论基础之上。成本法是以假设重新复制被估房地产所需要的成本为依据而评估房地产价值的一种方法，即以重置一宗与被估房地产可以产生同等效用的房地产所需投入的各项费用之和为依据，再加上一定的利润和应纳税金来确定被估房地产价值。该方法认为生产成本与价格之间有密切联系。

由于房屋与其所依附的土地具有不同的自然及经济特性，如房屋是人类劳动的产物，一般随时间变化会发生贬值，而城市土地既是自然的产物，同时又由于人类的改造而凝结着人类劳动，因此房产价值评估与土地价值评估的成本法计算公式并不相同。

成本法与其他评估方法相比具有特殊用途，一般特别适用于房地产市场发育不成熟，成交实例不多，无法利用市场法、收益法等方法进行评估的情况。对于既无收益又很少有交易情况的政府办公楼、学校、医院、图书馆、军队营房、机场、博物馆、纪念馆、公园、新开发地等特殊性房地产评估比较适用。

但由于土地的价格大部分取决于它的效用，并非仅仅是它所花费的成本，也就是说，由于土地成本的增加并不一定会增加它的使用价值，所以，成本法在土地评估中应用范围受到一定限制。

二、土地评估的成本法操作步骤

用成本法评估地价必须分析地价中的成本因素。土地作为一种稀缺的自然物，即便未经开发，由于土地所有权的垄断，使用土地也必须支付地租。同时，由于开发土地投入的资本及利息也构成地租的一部分，因此，成本法的基本公式为

$$土地价值 = \frac{待开发土地}{取得费} + \frac{土地}{开发费} + 利息 + 利润 + 税费 + \frac{土地}{增值收益}$$

用成本法评估地价的程序一般为：计算土地取得费用，计算土地开发费用，计算投资利息，计算投资利润和税费，确定土地增值收益，测算土地使用权价值。

（一）计算待开发土地取得费用

土地取得费是为取得土地而向原土地使用者支付的费用，分为两种情况。

1. 国家征收集体土地而支付给集体土地所有者的费用，包括土地补偿费、地上附着物和青苗补偿费及安置补助费等。一般认为，土地补偿费中包含一定的级差地租。地上附着物和青苗补偿费是对被征地单位已投入土地而未收回的资金的补偿，类似地租中所包含的投资补偿部分。安置补助费是为保证被征地农业人口在失去其生产资料后的生活水平不致降低而设立的，因而也可以看成具有从被征土地未来产生的增值收益中提取部分作为补偿的含义。

关于征地费用各项标准，《中华人民共和国土地管理法》有明确规定。

征收耕地的补偿费用包括土地补偿费、安置补助费以及地上附着物和青苗的补偿费。征收耕地的土地补偿费为该耕地被征收前 3 年平均产值的 6 ~ 10 倍；征收耕地的安置补助费按照需要安置的农业人口数计算。需要安置的农业人口数按照被征收的耕地数量除以征地前被征收单位平均每人占有耕地的数量计算。每一个需要安置的农业人口的安置补助费标准为该耕地被征前 3 年平均年产值的 4 ~ 6 倍。但是，每公顷被征收耕地的安置补助费，最高不得超过被征收前 3 年平均年产值的 15 倍。

征收其他土地的土地补偿费和安置补助费标准，由各省、自治区、直辖市参照征收耕地的土地补偿费和安置补助费的标准规定。

被征收土地上的附着物和青苗的补偿标准，由省、自治区、直辖市规定。

征收城市郊区的菜地，用地单位应当按照国家有关规定缴纳新菜地开发建设基金。

按照以上规定支付土地补偿费和安置补助费，尚不能使需要安置的农民保持原有生活水平的，经省、自治区、直辖市人民政府批准，可以增加安置补助费。但是，土地补偿费和安置补助费标准的总和不得超过土地被征收前 3 年平均年产值的 30 倍。

在特殊情况下，国务院根据社会经济发展水平，可以提高被征收耕地的土地补偿费和安置补助费标准。

2. 为取得已利用城市土地而向原土地使用者支付的拆迁补偿费用，这是对原城市土地使用者在经济上的补偿，补偿标准各地有具体规定。

（二）计算土地开发费用

一般来说，土地开发费用涉及基础设施配套费、公共事业建设配套费和小区开发配套费。

1. 基础设施配套费。对于基础设施配套常常概括为"三通一平"和"七通一平"。"三通一平"指通水、通路、通电，平整地面。"七通一平"指通上水、通下水、通电、通信、通气、通热、通路，平整地面。

2. 公共事业建设配套费用。主要指邮电、图书馆、学校、公园、绿地等设施的费用。这与项目大小、用地规模有关，各地情况不一，视实际情况而定。

3. 小区开发配套费。同公共事业建设配套费类似，根据各地用地情况确定合理的项目标准。

（三）计算投资利息

投资利息就是资金的时间价值。在土地评估中，投资者贷款需要向银行偿还贷款利息，利息应计入成本；投资者利用自有资金投入，也可以看做损失了利息，从这种意义上看，也属于投资机会成本，也应计入成本。

在用成本法评估土地价格时，投资包括土地取得费和土地开发费两大部分。由于两部分资金的投入时间和占用时间不同，土地取得费在土地开发动工前即要全部付清，在开发完成销售后方能收回，因此，计息期应为整个开发期和销售期。土地开发费在开发过程中逐步投入，销售后收回，若土地开发费是均匀投入，则计息期为开发期的一半。

（四）计算投资利润和税费

投资的目的是为了获取相应的利润，作为投资的回报，对土地投资，当然也要获取相应的利润。该利润计算的关键是确定利润率或投资回报率。利润率计算的基数可以是土地取得费和土地开发费，也可以是开发后土地的地价。计算时，要注意所用利润率的内涵。税费是指土地取得和开发过程中所必须支付的税负和费用。

（五）土地增值收益确定

土地增值收益主要是由于土地的用途改变或土地功能变化而引起的。由于农地转变为建设用地，新用途的土地收益将远高于原用途土地，必然会带来土地增值收益。由于这种增值是土地所有权人允许改变土地用途带来的，应归土地所有者所有。如果土地的性能发生了变化，提高了土地的经济价值，也能使土地收益能力增加，这个增加的收益是由于土地性能改变而带来的，同样应归土地所有者所有。目前，土地增值收益率通常为10% ~25%。

三、新建房地产评估的成本法操作步骤

新建房地产项目，如果评估基准日为房地产开发建成日，无须考虑折旧，则可直接用开发成本计算。开发成本为房地产开发过程中所发生的各种费用，房地产开发过程中发生的各项费用，包括土地征收及拆迁补偿费、前期工程费、基础设施费、建筑安装工程费、配套设施费和管理费用等。

新建房地产成本法评估的基本公式为

$$\frac{新建房}{地产价值} = \frac{土地取}{得费用} + \frac{开发}{成本} + \frac{管理}{费用} + 利息 + \frac{销售}{税费} + 利润$$

（一）土地取得费用

土地取得的途径有征收、拆迁改造和购买等，根据取得土地的不同途径，分别测算取得土地的费用，包括有关土地取得的手续费及税金。

（二）开发成本

开发成本主要由五个方面构成。

1. 勘查设计和前期工程费：包括临时用地、水、电、路、场地平整费；工程勘

查测量及工程设计费；城市规划设计、咨询、可行性研究费、建设工程许可证执照费等。

2. 基础设施建设费：包括由开发商承担的红线内外的自来水、雨水、污水、煤气、热力、供电、电信、道路、绿化、环境卫生、照明等建设费用。

3. 房屋建筑安装工程费：可假设为开发商取得土地后将建筑工程全部委托给建筑商施工，开发商应当付给建筑商的全部费用。包括建筑安装工程费、招投标费、预算审查费、质量监督费、竣工图费等。

4. 公共配套设施建设费：包括由开发商支付的非经营性用房，如居委会、派出所、托幼所、自行车棚、信报箱、公厕等；附属工程如锅炉房、热力点、变电室、开闭所、煤气调压站的费用和电贴费等；文教卫系统如中小学、文化站、门诊部、卫生所用房的建设费用。而商业网点如粮店、副食店、菜店、小百货店等经营性用房的建设费用应由经营者负担，按规定不计入商品房价格。

5. 开发过程中的税费及其他间接费用。

（三）开发利润

利润率应根据开发类似房地产的平均利润率来确定。

（四）管理费用

管理费用主要是指开办费和开发过程中管理人员的工资等。

（五）投资利息

以土地取得费用和开发成本之和作为计算利息的基数。

（六）销售税费

销售税费主要包括以下几个方面。

1. 销售费用：包括销售广告宣传费、委托销售代理费等；

2. 销售税金及附加（两税一费）：包括营业税、城市维护建设税、教育费附加；

3. 其他销售税费：包括应当由卖方负担的印花税、交易手续费、产权转移登记费等。

四、旧建筑物评估的成本法操作步骤

运用成本法评估旧建筑物的价值时，由于建筑物是在过去某时点建造的，所以，不能采用建筑物原来的建造成本，而应以评估时点的重新建造成本为基础，考虑评估对象的使用和磨损，扣除建筑物的贬值额。旧建筑物价值的现值可以通过下列公式计算得到。

$$\frac{建筑物}{价值} = \frac{重置}{成本} - \frac{年贬}{值额} \times \frac{已使用}{年限}$$

重置成本是采用新的建筑材料和工艺建造一个与原建筑物功能结构基本相同的建筑物的成本。重置成本应当包括利息、利润和税费等。

贬值是指建筑物的价值减损。这里所指的贬值与会计上折旧的内涵是不一样的。建筑物的价值减损，一般由两方面因素引起：（1）物理化学因素，即因建筑物使用而使建筑物磨损、建筑物自然老化、自然灾害引起的建筑物结构缺损和功能减弱，

所有这些因素均导致建筑物价值减损，故这种减损又被称为自然折旧或有形损耗。
（2）社会经济因素，即由于技术革新、建筑工艺改进或人们观念的变化，引起建筑设备陈旧落后、设计风格落后，由此引起建筑物陈旧、落后，致使其价值降低，这种减损称为无形损耗。所以从建筑物重置成本中扣除建筑物损耗，即为建筑物现值，因此确定建筑物贬值额就成为房产评估中的关键一环。计算贬值额的方法有很多种，如直线折旧法、余额递减法、年数合计法、成新折扣法等。常用的方法是直线折旧法和成新折扣法。

直线折旧法又称定额法，假设建筑物的价值损耗是均匀的，即在耐用年限内每年的贬值额相等，则建筑物每年的贬值额为

$$\text{年贬值额} = \frac{\text{建筑物重新建造成本} - \text{净残值}}{\text{建筑物耐用年限}}$$

各种结构的非生产用房的耐用年限和残值率一般如下。

钢筋混凝土结构：60 年，0

砖混结构一等：50 年，2%

砖混结构二等：50 年，2%

砖木结构一等：40 年，6%

砖木结构二等：40 年，4%

砖木结构三等：40 年，3 %

简易结构：10 年，0

耐用年限用下式计算更为准确。

$$\text{耐用年限} = \text{建筑物已使用年限} + \text{建筑物尚可使用年限}$$

成新折扣法是根据建筑物的建成年代、新旧程度、功能损耗等，确定建筑物的成新率，直接求取建筑物的现值。其计算公式为

$$\text{建筑物价值} = \text{重置成本} \times \text{成新率}$$

【例 4 - 8】 某市经济技术开发区内有一块土地面积为 15 000m^2，该地块的土地征地费用（含安置、拆迁、青苗补偿费和耕地占用税）为每亩 10 万元，土地开发费为每平方公里 2 亿元，土地开发周期为两年，第一年投入资金占总开发费用的 35%，开发商要求的投资回报率为 10%，当地土地出让增值收益率为 15%，银行贷款年利率为 6%，试评估该土地的价值。

该土地的各项投入成本均已知，可用成本法评估。

1. 计算土地取得费

$$\text{土地取得费} = 10 \text{ 万元/亩} = 150 \text{ （元/平方米）}$$

2. 计算土地开发费

$$\text{土地开发费} = 2 \text{ 亿元/平方公里} = 200 \text{ （元/平方米）}$$

3. 计算投资利息

土地取得费的计息期为两年，土地开发费为分段均匀投入，则：

$$\text{土地取得费利息} = 150 \times [(1 + 6\%)^2 - 1] = 18.54 \text{ （元/平方米）}$$

$$\text{土地开发费利息} = 200 \times 35\% \times [(1 + 6\%)^{1.5} - 1] + 200$$
$$\times 65\% \times [(1 + 6\%)^{0.5} - 1]$$

$$= 10.23 \ （元／平方米）$$

4. 计算开发利润

$$开发利润 = （150 + 200）× 10\% = 35 \ （元／平方米）$$

5. 计算土地价值

$$土地单价 = （150 + 200 + 18.54 + 10.23 + 35）×（1 + 15\%）$$
$$= 475.84 \ （元／平方米）$$

$$土地总价 = 475.84 × 15\,000 = 7\,137\,600 \ （元）$$

该宗地单价为 475.84 元／平方米，总价为 7 137 600 元。

第六节　房地产评估的其他方法

一、假设开发法

（一）基本思路

假设开发法又称剩余法、倒算法或预期开发法。假设开发法是将被估房地产开发后的预期价值，扣除正常投入费用、正常税金及合理利润后，依据该剩余值测算被估房地产价值的方法。在评估待开发土地价值时，假设开发法运用得较为广泛。

运用该方法评估地价时，首先估算开发完成后房地产正常交易的价格，然后扣除建筑物建造费用和与建筑物建造、买卖有关的专业费、利息、利润、税收等费用，以价值余额来确定被估土地价值。具体来说，作为一个房地产开发商，他购买这块土地进行开发的目的是将其出售赚取利润。开发商买地，进行土地投入，必须有收益，而且这个收益越高越好。因此，开发商就会根据规划部门对该地块的限制条件，如用途、容积率、绿地覆盖度、最高层数、朝向等，以及有关法律法规的限制，来确定该块土地的最佳使用状况。然后根据目前的房地产市场状况，预测建筑完成后房地产售价，以及为完成这一开发所需花费的建筑费、设计费、相关税费、各类预付资本的利息和开发商应得的正常利润。这样，开发商就知道了他可能为取得这块土地所支付的最高价格是多少。也就是说，这个最高价等于开发完成后的房地产价值扣除开发成本和相应利息、利润等之后的余额。

假设开发法主要适用于下列房地产的评估。

1. 待开发土地的评估。用开发完成后的房地产价值减去建造费、专业费等。

2. 将生地开发成熟地的土地评估。用开发完成后的熟地价减去土地开发费用。

3. 待拆迁改造的再开发地产的评估。这时的建筑费还应包括拆迁费用。

（二）计算公式

假设开发法的计算公式表现形式较多，但根据假设开发法的基本思路，其基本公式是

$$P = A - （B + C + D + E）$$

式中：P——土地价值；

　　　A——开发完成后的房地产价值；

　　　B——整个开发项目的开发成本；

C——投资利息；

D——开发商合理利润；

E——正常税费。

实际评估工作中，常用的一个具体计算公式为

$$\text{土地价值} = \text{房屋的预期售价} - \text{开发建设成本} - \text{利息} - \text{利润} - \text{税费}$$

在我国香港特别行政区，假设开发法的计算公式为

$$\text{地价} = \text{楼价} - \text{建筑费用} - \text{专业费用} - \text{利息} - \text{发展商利润}$$

或

$$\text{地价} = \text{总开发价值} - \text{开发费用} - \text{开发者收益} - \text{取得土地所需的税费}$$

其中，开发费包含拆迁费和对现有承租者的补偿、基建费、业务费、财务费、应急费、代理及法律事务费用等。

目前，现实评估中假设开发法的一个较具体的计算公式为

$$\text{地价} = \text{预期楼价} - \text{建筑费} - \text{专业费用} - \text{销售费用} - \text{利息} - \text{税费} - \text{利润}$$

（三）操作步骤

1. 调查被评估对象的基本情况

（1）调查土地的限制条件，如土地政策的限制，城市规划、土地利用规划的制约等。

（2）调查土地位置，掌握土地所在城市的性质及其在城市中的具体坐落位置，以及周围土地条件和利用现状。

（3）调查土地面积大小和土地形状、地质状况、地形地貌、基础设施状况和生活设施状况以及公用设施状况等。

（4）调查房地产利用要求，掌握城市规划对此宗地的规划用途、容积率、覆盖率、建筑物高度限制等。

（5）调查此地块的权利状况，包括权利性质、使用年限、能否续期、是否已设定抵押权等。这些权利状况对确定开发完成后的房地产价值、售价及租金水平有着非常密切的关系。

2. 确定被估房地产最佳的开发利用方式

根据调查的土地状况和房地产市场条件等，在城市规划及法律法规等限制所允许的范围内，确定地块的最佳利用方式，包括确定用途、建筑容积率、土地覆盖率、建筑高度、建筑装修档次等。在选择最佳的开发利用方式中，最重要的是选择最佳的土地用途。土地用途的选择，要与房地产市场的需求相结合，并且需要进行合理的预测。最佳的开发利用方式决定开发完成后销售时能获得最高的收益。

3. 预测房地产售价

根据所开发房地产的类型，对开发完成后的房地产总价，可通过两个途径获得。

（1）对于出售的房地产，如居住用商品房、工业厂房等，可采用市场比较法确定开发完成后的房地产总价。

（2）对于出租的房地产，如写字楼和商业楼宇等，其开发完成后房地产总价的确定首先采用市场法，确定所开发房地产出租的净收益，再采用收益法将出租净收益转化为房地产总价。具体确定时需要估计以下几个要点：①单位建筑面积月租金或年租金；②房地产出租费用水平；③房地产还原利率；④可出租的净面积。其中，租金水平可依据类似房地产而确定。

4. 估算各项成本费用

（1）估算开发建筑成本费用。开发建筑成本费用（包括直接工程费、间接工程费、建筑承包商利润等）可采用比较法来测算，即通过当地同类建筑物当前平均的或一般建造费用来测算，也可通过建筑工程概预算的方法来估算。

（2）估算专业费用。专业费用包括建筑设计费、工程概算预算费用等，一般采用建造费用的一定比率估算。

（3）确定开发建设工期，估算预付资本利息。开发建设工期是指从取得土地使用权一直到房地产全部销售或出租完毕的这一段时期。根据等量资本要获取等量利润的原理，利息应为开发全部预付资本的融资成本，不仅是建造工程费用的利息，还应包括土地资本的利息。房地产开发的预付资本包括地价款、开发建造费、专业费和不可预见费等，即使这些费用是自有资金，也要计算利息。这些费用在房地产开发建设过程中投入的时间是不同的。在确定利息额时，必须根据地价款、开发费用、专业费用等的投入额、各自在开发过程中所占用的时间长短和当时的贷款利率高低进行计算。例如，预付地价款的利息额应以全部预付的价款按整个开发建设工期计算，开发费、专业费假设在建造期内均匀投入，则利息以全部开发费和专业费为基数，按建造期的一半计算。若有分年度投入数据，则可进一步细化。如建造期为两年，第一年投入部分计息期为一年半，第二年投入部分计息期为半年等。开发费、专业费在建设竣工后的空置及销售期内应按全额全期计息。

（4）估算税金。税款主要指建成后房地产销售的营业税、印花税、契税等，应根据当地政府的税收政策估算，一般以建成后房地产总价的一定比例计算。

（5）估算开发完成后的房地产租售费用。租售费用主要指用于建成后房地产销售或出租的中介代理费、市场营销广告费、买卖手续费等，一般以房地产总价或租金的一定比例计算。

5. 确定开发商的合理利润

开发商的合理利润一般以房地产总价或预付总资本的一定比例计算。投资回报利润率的计算基数一般为地价、开发费和专业费三项，销售利润率的计算基数一般为房地产售价。

6. 估算待估对象价值

在运用公式求取待估对象价值时需注意待估对象所对应的时点。

【例4-9】　有一宗"七通一平"的待开发建筑用地，土地面积为2 000平方米，建筑容积率为2.5，拟开发建设写字楼，建设期为两年，建筑费为3 000元/平方米，专业费为建筑费的10%，建筑费和专业费在建设期内均匀投入。该写字楼建成后即出售，预计售价为9 000元/平方米，销售费用为楼价的2.5%，销售税费为楼价的6.5%，当地银行年贷款利率为6%，开发商要求的投资利润率为10%。试估算该宗土地目前的单位地价和楼面地价。

1. 确定评估方法

现已知楼价的预测值和各项开发成本及费用,可用假设开发法评估,计算公式为

$$地价 = 楼价 - 建筑费 - 专业费 - 利息 - 销售税费 - 利润$$

2. 计算楼价

$$楼价 = 2\ 000 \times 2.5 \times 9\ 000 = 45\ 000\ 000（元）$$

3. 计算建筑费和专业费

$$建筑费 = 3\ 000 \times 2\ 000 \times 2.5 = 15\ 000\ 000（元）$$

$$专业费 = 建筑费 \times 10\% = 15\ 000\ 000 \times 10\% = 1\ 500\ 000（元）$$

4. 计算销售费用和税费

$$销售费用 = 45\ 000\ 000 \times 2.5\% = 1\ 125\ 000（元）$$

$$销售税费 = 45\ 000\ 000 \times 6.5\% = 2\ 925\ 000（元）$$

5. 计算利润

$$利润 = （地价 + 建筑费 + 专业费）\times 10\% = （地价 + 16\ 500\ 000）\times 10\%$$

6. 计算利息

$$利息 = 地价 \times [（1 + 6\%）^2 - 1] + （15\ 000\ 000 + 1\ 500\ 000）\times [（1 + 6\%）^1 - 1]$$
$$= 0.1236 \times 地价 + 990\ 000$$

7. 求取地价

$$地价 = 45\ 000\ 000 - 16\ 500\ 000 - 1\ 125\ 000 - 2\ 925\ 000 - 0.1 \times 地价 -$$
$$1\ 650\ 000 - 0.1236 \times 地价 - 990\ 000$$

$$地价 = \frac{21\ 810\ 000}{1.2236} = 17\ 824\ 452（元）$$

8. 评估结果

$$单位地价 = \frac{17\ 824\ 452}{2\ 000} = 8\ 912（元／平方米）$$

$$楼面地价 = \frac{8\ 912}{2.5} = 3\ 565（元／平方米）$$

二、基准地价修正法

（一）基准地价的含义

基准地价是按照城市土地级别或均质地域分别评估的商业、住宅、工业等各类用地和综合土地级别的土地使用权的平均价格。从其定义可以看出,基准地价不同于宗地地价,它有一个重要特点,是特定区域的平均价格,因而基准地价的表现形式有区片价和路段价。

（二）基准地价测算的基本思路

基准地价测算主要采用如下方法:依据土地使用权出让、转让、出租和房屋出租、买卖等资料,分别采用多种方法试算样点地价,对样点地价经过年期、容积率、交易情况、土地条件等修正,得到标准宗地地价,然后根据评估区域内的标准宗地

地价求取基准地价。

基准地价确定后，还要评估标定地价。标定地价是市、县政府根据需要评估的正常土地市场中，在正常经营管理条件下，具体宗地在一定使用年限内的价格。标定地价评估可以以基准地价为依据，根据土地使用年限、地块大小、形状、容积率等条件通过系数修正进行评估，也可以利用房地产市场交易资料，采用宗地评估的一般方法评估。因此在基准地价评估项目中，一般都要编制基准地价修正系数表，以满足评估标定地价的需要。

（三）基准地价的特点与作用

1. 基准地价的特点

（1）基准地价是区域性价格。这个区域可以是级别区域，也可以是区段，因而基准地价的表现形式通常为区片价和路段价，或两者结合起来共同反映某种用途的土地使用权价格。

（2）基准地价是土地使用权价格。

（3）因为基准地价是区域性价格，因而必定是平均价格。

（4）基准地价一般都要覆盖整个城市建成区。

（5）基准地价是单位土地面积的地价。

（6）基准地价具有现实性，是评估出的特定时点的价格。

2. 基准地价的作用

（1）具有政府公告作用。

（2）宏观调控地价水平的依据。

（3）是国家征收城镇土地税收的依据。

（4）是政府参与土地有偿使用收益分配的依据。

（5）是进一步评估宗地地价的基础。

（6）引导土地资源在行业部门间的合理配置。

（四）基准地价修正法的基本思路

基准地价修正法，是利用城镇基准地价和基准地价修正系数表等评估成果，按照替代原则，将被估宗地的区域条件和个别条件等与其所处区域的平均条件相比较，并对照修正系数表选取相应的修正系数对基准地价进行修正，从而求取被估宗地在评估基准日价格的方法。在我国许多城市，尤其是地产市场不太发达的城市，基准地价修正法也是常用的方法。

基准地价修正法的基本原理是替代原理，即在正常的市场条件下，具有相似土地条件和使用功能的土地，在正常的房地产市场中，应当具有相似的价格。基准地价是某级别或均质地域内分用途的土地使用权平均价格，基准地价相对应的土地条件是土地级别或均质地域内该类用途土地的平均条件。因此，通过被估宗地条件与级别或区域内同类用地平均条件的比较，并根据二者在区域条件、个别条件、使用年期、容积率和价格期日等方面的差异，对照因素修正系数表选取适宜的修正系数，对基准地价进行修正，即可得到被估宗地地价。

（五）基准地价修正法的适用范围

1. 适用于完成基准地价评估的城镇的土地评估，即该城市具备基准地价成果图和相应修正体系成果。

2. 基准地价修正法可在短时间内大批量进行宗地地价评估，因此，可快速方便地进行大面积数量众多的土地价值评估。

3. 基准地价修正法估价的精度取决于基准地价及其修正系数的精度，因此，该方法一般在宗地地价评估中不作为主要的评估方法，而作为一种辅助方法。

（六）基准地价修正法评估的程序

1. 收集、整理土地定级估价成果资料

定级估价资料是采用基准地价修正法评估宗地地价必不可少的基础性资料。因此在评估前必须收集当地定级估价的成果资料，主要包括：土地级别图、基准地价图、样点地价分布图、基准地价表、基准地价修正系数表和相应的因素条件说明表等，并归纳、整理和分析，作为宗地评估的基础资料。

2. 确定修正系数表

根据被估宗地的位置、用途、所处的土地级别、所对应的基准地价，确定相应的因素条件说明表和因素修正系数表，以确定地价修正的基础和需要调查的影响因素项目。

3. 调查宗地地价影响因素的指标条件

按照与被估宗地所处级别和用途相对应的基准地价修正系数表和因素条件说明表中所要求的因素条件，确定宗地条件的调查项目，调查项目应与修正系数表中的因素一致。

宗地因素指标的调查，应充分利用已收集的资料和土地登记资料及有关图件，不能满足需要的，应进行实地调查采样，在调查基础上，整理归纳宗地地价因素指标数据。

4. 制定被估宗地因素修正系数

根据每个因素的指标值，查对相对应用途土地的基准地价影响因素指标说明表，确定因素指标对应的优劣状况；按优劣状况再查对基准地价修正系数表，得到该因素的修正系数。对所有影响宗地地价的因素都同样处理，即得到宗地的全部因素修正系数。

5. 确定被估宗地使用年期修正系数

基准地价对应的使用年期，是各用途土地使用权的最高出让年期，而具体宗地的使用年期可能各不相同，因此必须进行年期修正。土地使用年期修正系数可按下式计算

$$k = \frac{1 - \dfrac{1}{(1+r)^m}}{1 - \dfrac{1}{(1+r)^n}}$$

式中：k——宗地使用年期修正系数；

r——土地资本化率；

m——被估宗地可使用年期；

n——该用途土地法定最高出让年期。

6. 确定期日修正系数

基准地价对应的是基准地价评估基准日的地价水平，随时间迁移，土地市场的地价水平会有所变化，因此必须进行期日修正，把基准地价对应的地价水平修正到宗地地价评估基准日的地价水平。期日修正一般可以根据地价指数的变动幅度进行。

7. 确定容积率修正系数

这是一个非常重要的修正系数。基准地价对应的是该用途土地在该级别或均质地域内的平均容积率，各宗地的容积率可能各不相同，同时容积率对地价的影响也非常大，并且在同一个级别区域的，各宗地容积率的差异甚至很大，因此，一定要重视容积率的修正。也就是说，必须将区域平均容积率下的地价水平修正到宗地实际容积率水平下的地价。

8. 评估宗地地价

依据前面的分析和计算得到的修正系数，按下式求算待估宗地的地价水平。

$$\text{被估宗地地价} = \text{待估宗地所处地段的基准地价} \times \text{年期修正系数} \times \text{期日修正系数} \times \text{容积率修正系数} \times \text{其他因素修正系数}$$

第七节　在建工程评估

一、在建工程的含义与特点

在建工程指在评估时点尚未完工或虽然已经完工，但尚未竣工验收、交付使用的建设项目，以及为建设项目备用的材料、设备等资产。在建工程的评估具有自身的特点，与单独的土地、已建成的房地产以及为工程准备的机器设备评估有一定的区别。

1. 在建工程情况复杂。在建工程的范围很广，情况复杂。以建筑工程为例，它包括建设中的各种房屋建筑物，又包含各种设备安装，范围涉及各个行业，情况比较复杂，具有较强的专业技术特点。

2. 在建工程之间可比性较差。在建工程的工程进度差异很大，有的是刚刚投资兴建，有的已经完工但尚未交付使用。这些工程进度上的差异造成在建工程资产功能上的差异。因此，在建工程之间的可比性较差，评估时直接可比案例较少。

3. 在建工程的投资不能完全体现在建工程的形象进度。由于在建工程的投资方式和会计核算要求，其账面价值往往包括预付材料款和预付设备款，同时也记录在建工程中的应付材料款及应付设备款等，如出包工程的付款方式是由合同规定的，可能有时预付很多而工程进度未跟上，有时预付较少而进度超出。因此，在建工程的投资并不能完全体现在建工程的形象进度。

4. 建设工期长短差别较大。有些在建工程如厂区内的道路、设备基础等，一般工期较短；而有些在建工程如高速公路、港口码头等的建设工期很长。

5. 在建工程的价格受后续工程的影响。对于建设工期较长的在建工程，建造期间材料、工费、设计等都可能发生变化，使在建工程的成本以及建成后发挥的效益都具有很多不确定性，因此，在建工程的价格与后续工程的进度和质量有着非常密切的关系。

二、在建工程评估的资料收集与分析

通过收集与在建工程评估有关的资料，确定被估在建工程的合法性，分析在建工程有关技术和经济指标。在建工程评估的资料一部分由委托方提供，同时，必须到施工现场实地考察，以获取更详细直观的资料。在收集有关资料和实地勘查的基础上，要对与被估在建工程有关的宏观经济形势、市场情况和在建工程本身、区位条件、投资计划进度、发展商、施工等有关情况进行综合分析。

1. 收集与被估在建工程有关的政府批准文件和工程其他详细资料。政府批准文件如土地使用权出让合同、建设用地许可证、施工许可证、开工许可证、预售许可证等。其他资料如工程图纸、工程预算书、施工合同、有关账簿及原始记录等。从上述资料中明确项目名称、建筑面积、工程结构、工程预算、实际用款和完工程度，以及需要安装的设备名称、规格、型号、数量、合同金额、实际付款额、到货和工程安装情况等。

2. 评估人员到工程现场勘查工程进度和工程形象进度，明确工程竣工、达到交付使用的日期以及评估基准日工程形象进度是否与总工程进度计划相符。

3. 了解开发商有关情况，检查工程质量。要了解开发商的资质、财务状况、工程监管等情况。同时检查在建工程质量和建筑材料质量，明确建筑工程各组成部分是否存在缺陷及待修理的因素，在建工程整体布局是否合理。

4. 收集有关法定参数。如有关部门规定或制定的当地建筑工程预算定额、建筑工程间接费用标准、地方建筑材料价差指数、建筑工程预备费用及其他费用标准（如在建工程贷款利率）等。

三、在建工程评估的主要方法

（一）形象进度法

形象进度法是选择足够的可比销售资料，根据在建工程建造完成后的房地产市场价格，结合工程形象进度评估在建工程价值的方法。

应用形象进度法评估在建工程价值的计算公式为

$$\text{在建工程价值} = \text{建造完成的房地产市场价值} \times \text{工程形象进度百分比} \times (1 - \text{折扣率})$$

其中在建工程建造完成的房地产市场价值，一般可采用市场法或收益法评估。

$$\text{工程形象进度百分比} = \frac{\text{实际完成建筑工程量} + \text{实际完成安装工程量}}{\text{总工程量}} \times 100\%$$

折扣率的确定应考虑营销支出、广告费和风险收益等因素。

（二）成本法

成本法评估在建工程是按在建工程客观投入的成本评估，即以开发或建造被估在建工程已经耗费的各项必要费用之和，再加上正常的利润和应纳税金来确定被估在建工程的价值的方法。

$$\frac{在建工}{程价值} = \frac{土地取}{得费用} + \frac{专业}{费用} + \frac{建造建筑}{物费用} + \frac{正常}{利税}$$

式中：土地取得费用是指为获得土地而发生的费用，包括相关手续费和税金。

专业费用包括咨询、规划、设计等费用。

建造建筑物费用是指在评估基准日在建工程已经耗费的各项必要建造费用之和。

正常利税包括建造商的正常利润和营业税等。

（三）假设开发法

用假设开发法评估在建工程，是在求取被估在建工程的价值时，将被估在建工程预期开发完成后的价值，扣除后续正常的开发费用、销售费用、销售税金及开发利润，以确定被估在建工程价值的一种评估方法。

应用假设开发法评估在建工程的公式为

$$\frac{在建工}{程价值} = \frac{房地产}{预期售价} - \left(\frac{后续工}{程成本} + \frac{后续工}{程费用} + \frac{正常}{利税} \right)$$

房地产预期售价可以采用市场法或收益法评估。

（四）在建工程评估方法的选择

根据在建工程的上述特点，在建工程评估一般根据工程形象进度，选用适用的方法进行评估。

1. 整个建设工程已经完成或接近完成，只是尚未交付使用的在建工程，可采用工程形象进度法进行评估，按在建工程建成后房地产的市场价值结合工程形象进度做适当扣减作为其评估值。

2. 对于实际完成工程量较少的在建工程，可采用成本法或假设开发法进行评估。

3. 属于停建的在建工程，要查明停建的原因，并要考虑在建工程的功能性及经济性贬值，进行风险系数调整。

第五章

无形资产评估

第一节　无形资产评估概述

一、无形资产的概念及其分类

（一）无形资产的定义和特点

我国 2001 年颁布的《资产评估准则——无形资产》指出，无形资产是指特定主体所控制的，不具有实物形态，对生产经营长期发挥作用且能带来经济利益的资源。我国 2006 年颁布的《企业会计准则第 6 号——无形资产》将无形资产定义为："企业拥有或控制的没有实物形态的可辨认的非货币性资产。"尽管以上定义表述不同，但对无形资产的实质性认识已经基本达成一致。理解无形资产的定义，应了解无形资产的基本特点。

1. 非实体性

无形资产没有具体的物质实体形态，是隐形存在的资产。但是无形资产也有其一定的有形表现形式，如专利证书、商标标记、技术图纸、工艺文件、软盘等。无形资产与有形资产的根本区别在于有形资产的价值取决于有形要素的贡献，无形资产的价值则取决于无形要素的贡献。

2. 排他性

无形资产往往由特定主体排他占有，凡不能排他或者不需要任何代价即能获得的，都不是无形资产。无形资产的这种排他性有的是通过企业自身保护取得，有的则以适当公开其内容作为代价来取得广泛而普遍的法律保护，有的则借助法律保护并以长期生产经营服务中的信誉取得社会的公认。

3. 效益性

并非任何无形的事物都是无形资产，成为无形资产的前提是其必须能够以一定的方式直接或间接地为其控制主体（所有者、使用者或投资者）创造效益，而且必须能够在较长时期内持续产生经济效益。

需要注意的是，排他性和效益性并非无形资产独有的特征，也不是无形资产和有形资产的区别所在，这两个特点是所有无形资产和有形资产都具备的特征，只不过要完整把握无形资产的概念和内容，必须了解以上特点。

（二）无形资产的功能特性

无形资产发挥作用的方式明显区别于有形资产，因而在评估时需牢牢把握其固有的特性。

1. 共益性

无形资产区别于有形资产的一个重要特点是，它可以作为共同财富由不同的主体同时共享。一项无形资产可以在不同的地点、同一时间，由不同的主体所使用，而有形资产则不然。例如，一项先进技术可以使一系列企业提高产品质量、降低产品成本，一项技术专利在一个企业使用的同时，并不影响转让给其他企业使用。但是，无形资产的共益性也受到市场有限性和竞争性的制约。例如，由于追求自身利益的需要，各主体对无形资产的使用还必须受相关合约的限制。因而，评估无形资产，必须考虑无形资产的保密程度和作用环境。在转让方继续使用该项无形资产的情形下，也要考虑由于无形资产的转让形成竞争对手，从而增加竞争压力的机会成本。

2. 积累性

无形资产的积累性体现在两个方面：一是无形资产的形成基于其他无形资产的发展，二是无形资产自身的发展也是一个不断积累和演进的过程。因此，一方面，无形资产总是在生产经营的一定范围内发挥特定的作用；另一方面，无形资产的成熟程度、影响范围和获利能力也处在变化之中。

3. 替代性

在承认无形资产具有积累性的同时，还要考虑到它的替代性，例如，一种技术取代另一种技术、一种工艺替代另一种工艺等，其特性不是共存或积累，而是替代、更新。无形资产的创造和产生是替代性和积累性共同作用的结果：没有积累性，不存在继承，很难创造出和以前没有任何联系的新产品；而没有替代性，产品就没有创新，就没有进步。一种无形资产总会被更新的无形资产所取代，因而必须在无形资产评估中考虑它的作用期间，尤其是尚可使用年限。这要取决于该领域内技术进步的速度，取决于无形资产带来的竞争。

（三）无形资产的分类

关于无形资产的外延和具体内容，世界各国有着不同的界定。在我国，由于没有界定无形资产的专门法规，对无形资产的外延和边界也没有统一的界定。例如，在我国 2001 年颁布的《资产评估准则——无形资产》中仅采用列举的方法指明专利权、专有技术、商标权、著作权、土地使用权、特许权和商誉等属于无形资产，但未明确无形资产的详细界定，而在实际评估中，租赁权、许可证、顾客名单等也经常作为无形资产进行评估。这要求评估人员在深刻理解无形资产内涵的基础上把握无形资产的外延，在评估无形资产时做到不多、不重、不漏。

无形资产种类很多，可以根据不同标准进行分类。

1. 按企业取得无形资产的方式分类

按企业取得无形资产的方式，无形资产可分为企业自创的无形资产和外购的无形资产。前者是由企业自己研制创造获得的以及由于客观原因形成的，如自创专利、专有技术、商标权、商誉等；后者则是企业以一定代价从其他单位购入的，如外购专利权、商标权等。

2. 按照无形资产是否具有一定的法定期限分类

一般可以分为有法定限期的无形资产和无法定限期的无形资产。有法定限期的无形资产指法律有明确的保护期限，一旦到期就无权排他性占有和使用的无形资产，如专利权；无法定限期的无形资产指不受法律保护期限的限制，在理论上可以无限

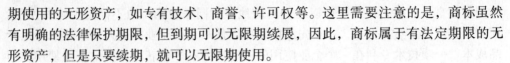

期使用的无形资产，如专有技术、商誉、许可权等。这里需要注意的是，商标虽然有明确的法律保护期限，但到期可以无限期续展，因此，商标属于有法定期限的无形资产，但是只要续期，就可以无限期使用。

3. 按无形资产能否独立存在分类

我国 2001 年颁布的《资产评估准则——无形资产》按能否独立存在或可以单独识别、辨认将无形资产分为可辨认无形资产和不可辨认无形资产。可辨认无形资产包括专利权、专有技术、商标权、著作权、土地使用权、特许权等，不可辨认无形资产是指商誉。有时，也可称为可确指无形资产和不可确指无形资产。凡是那些具有专门名称，可单独取得、转让或出售的无形资产，称为可确指的无形资产，如专利权、商标权等；那些不可辨认、不可单独取得，离开企业整体就不复存在的无形资产，称为不可确指的无形资产，如商誉。

4. 按无形资产自身性质、技术含量多少及发挥作用的方式分类

按这种方式，无形资产可分为技术型无形资产和非技术型无形资产。技术型无形资产包括专利技术、专有技术（非专利技术）、计算机软件等，非技术型无形资产主要指特许权、著作权、租赁权、商标权。

此外，国际评估准则委员会在其颁布的《无形资产评估指南》中，将无形资产分为权利型无形资产（如租赁权、特许权、采矿权等）、关系型无形资产（如顾客关系、客户名单等）、知识产权（包括专利权、商标权和版权等）和组合型无形资产（如商誉）。

从以上分析可以看出，无形资产没有统一的严格定义，各国又没有统一的外延边界，因而是一种比较难把握的评估对象。评估人员要把握无形资产的特点和本质，客观地界定无形资产，从而为评估对象的确定、评估的顺利进行打下基础。

二、影响无形资产评估价值的因素

进行无形资产评估，首先要明确影响无形资产评估价值的因素。影响无形资产评估价值的因素主要有以下内容。

（一）无形资产的取得成本

无形资产与有形资产一样，其取得也有成本。只是相对有形资产而言，其成本的确定不十分明晰，也不易于计量。对企业的无形资产来说，外购无形资产较易确定成本，自创无形资产的成本计量较为困难。无形资产的成本主要包括开发成本、转化成本、获权及维权成本、交易成本、广告宣传成本等。一般来说，无形资产的成本越高，价值越高，这也是运用成本法计算无形资产价值的理论基础，不过，这个规律不是绝对的。例如，无形资产的研制成本与无形资产的经济价值之间存在弱对应性，因为无形资产的研制具有很大的偶然性和不可预知性——有时候很低的开发研制成本带来较高的经济效益，使得评估值很高；而有时候付出很多却没有任何成果或成果带来的经济效益很低，评估值就很低。同样，无形资产的转化成本也受转化方管理水平、管理理念、市场风险等很多因素的制约，其转化成本与带来的效益相比也不存在正相关关系。对于无形资产的广告宣传成本而言，一般地，广告宣传成本高，对无形资产的价值提高有正面的影响，但也有可能广告宣传方式不恰当

或者广告宣传的定位、渠道不明确、不恰当导致宣传的效果不明显或者适得其反。而且按照我国《企业会计准则》的规定，研发期发生的成本费用一般计入当期费用，使得无形资产的成本数据不完整，限制了成本法在无形资产评估中的应用。

（二）机会成本

无形资产的机会成本是指因将无形资产用于某一确定用途后所导致的不能将无形资产用于其他用途所受的损失。

（三）收益因素

成本是从对无形资产补偿的角度考虑的，但无形资产更重要的特征是其创造收益的能力。一项无形资产，在环境、制度允许的条件下，获利能力越强，其评估值越高；获利能力越弱，评估值越低。有的无形资产，尽管其创造成本很高，但不为市场所需要或收益能力低微，其评估值就很低。这里的收益主要指无形资产未来的预期收益，这种收益和其评估值之间的正相关关系，是运用收益法评估无形资产价值的理论基础。

在利用收益法评估无形资产以确定无形资产未来预期的收益额时，主要考虑以下几个因素：

（1）被评估无形资产的获利能力因素，包括技术因素；

（2）被评估无形资产的获利方式；

（3）被评估无形资产获利的取得与其他资产的相关性；

（4）收益与成本费用、现金流量；

（5）收益期限与收益风险因素。

（四）市场因素

1. 市场供需状况

市场供需状况一般反映在两个方面：一是无形资产的市场需求情况，二是无形资产的适用程度。对于可出售、转让的无形资产，其价值随市场需求的变动而变动。市场需求大，则价值就高；市场需求小，且有同类无形资产替代，其价值就低。同样，无形资产的适用范围越广、适用程度越高、需求量越大，价值就越高。

2. 同类无形资产的价格水平

根据有限理性假设，买方不可能在偏离同类产品市场价很多的情况下购买待估无形资产，这样相关无形资产的市场价值将极大地制约无形资产的市场交易价，也就影响了其评估价值。无形资产产品及相关行业的市场状况，指市场容量的大小、市场前景、市场竞争状况及产品供需状况等因素，这些因素影响待估资产的获利额，从而对无形资产价值构成影响。需要注意的是，无形资产交易市场的透明度较低，尤其是技术型无形资产本身具有高度保密性和垄断性，使得人们无法对其有比较透彻的了解，就很难进行比较，在取得同类无形资产的交易资料时往往达不到预期的目标。

（五）使用期限

每一项无形资产一般都有一定的使用期限。无形资产的使用期限，除了应考虑法律保护期限外，更主要的是考虑其具有实际超额收益的经济寿命期限。比如，某项发明专利保护期 20 年，但由于无形损耗较大，拥有该项专利实际能获超额收益期限为 10 年，则这 10 年即为评估该项专利时更应考虑的期限。对于处于使用中的无形资产要考虑其剩余经济寿命周期。

（六）技术因素

技术因素主要对技术型知识产权如专利及专有技术等影响较大，而对商标权等知识产权的价值影响很小，甚至没有。

如技术成熟程度及国内外该种无形资产的发展趋势、更新换代情况和速度等因素都将影响技术型无形资产的价值。一般科技成果都有一个研究——发展——成熟——衰退的过程，这是竞争规律作用的结果。科技成果的成熟程度如何，直接影响到评估值高低。其开发程度越高，技术越成熟，运用该技术成果的风险性越小，评估值就会越高。另外，无形资产的更新换代越快，无形损耗越大，其评估值越低。无形资产价值的损耗和贬值，不取决于自身的使用损耗，而取决于本身以外同类或替代无形资产变化的情况。

（七）法律因素

知识产权是无形资产的主要组成部分。作为一种法律赋予的权利，知识产权的获得及在经济活动中的运用，必然受到相关法律条款的影响，从而影响知识产权的价值。对于不同类型的知识产权而言，使用不同的法律，具体的影响因素也是不同的。无形资产受法律保护的程度越高，侵权的可能性越小，评估值越高；反之则相反。受法律保护的范围越大，保护时间越长，评估值越大；反之则相反。

（八）风险因素

无形资产从开发到受益会遇到多种类型的风险，包括开发风险、转化风险、实施风险、市场风险等。这些风险因素使无形资产价值的实现存在一定的不确定性，从而对无形资产的价值产生影响。

（九）其他因素

除了以上因素外，国家宏观政策的调整、无形资产所在行业地区发展规划和政策、行业发展前景等因素也会影响无形资产的价值。

以上列举了影响无形资产价值评估的主要因素，这些并非影响无形资产价值评估的所有因素，也不是每一项无形资产评估都必须考虑的因素。在实际评估中，评估人员必须结合具体的评估对象，具体情况具体分析，从以上因素中找出影响评估对象价值的因素；同时，要考虑是否存在上面没有列举的因素影响评估对象的价值。

三、无形资产评估的程序

无形资产评估程序是评估无形资产的操作规程。评估程序既是评估工作规律的体现，也是提高评估工作效率、确保评估结果科学有效的保证，无形资产评估一般按下列程序进行。

（一）明确评估目的

无形资产因其评估目的的不同，其评估的价值类型和选择的方法也不一样，评估结果也会不同。评估目的由发生的经济行为决定，一般来说无形资产评估须以产权利益主体变动为前提。从目前所发生的情况看，主要评估目的如下：

1. 以无形资产出资，用于工商注册登记。

2. 股份制改造。

3. 企业合资、合作、重组及兼并。

4. 银行质押贷款。

5. 法律诉讼。

6. 其他目的。

在明确目的的同时，还须了解被评估无形资产的转让内容及转让过程中的有关条款，这样评估人员才能正确确定无形资产的评估范围、基础数据及参数的选取。资产评估的委托方根据需要可以委托资产评估机构进行评估。

（二）鉴定无形资产

对无形资产进行评估时，评估人员首先应对被评估的无形资产进行鉴定。这是进行无形资产评估的基础工作，直接影响到评估范围和评估价值的科学性。通过无形资产的鉴定，可以解决以下问题。

1. 确认无形资产存在。主要是验证无形资产来源是否合法，产权是否明确，经济行为是否合法、有效，评估对象是否已形成了无形资产。可以从以下几方面进行。

（1）查询被估无形资产的内容、国家有关规定、专业人员评价情况、法律文书（如专利证书、商标注册证书、著作权登记证书等），核实有关资料的真实性、可靠性和权威性。

（2）分析无形资产使用所要求的与之相适应的特定技术条件和经济条件，鉴定其应用能力。

（3）核查无形资产的归属是否为委托者所拥有或为他人所有。

（4）分析评估对象是否形成了无形资产。有的专利并没有实际经济意义，尽管已获得了专利证书；有的商标还没有使用，在消费者中间没有影响力，这些专利、商标没有形成无形资产。

2. 鉴别无形资产种类。主要是确定无形资产的种类、具体名称、存在形式。有些无形资产是由若干项无形资产综合构成，应加以确认、合并或分离，避免重复评估和漏评估。如有的专利技术必须用与其相配套的专有技术一起构成一项有实际效果的技术，而单从专利技术而言，难以发挥其技术作用，这时，就应将专利技术及其专有技术一并作为一项无形资产进行评估。

3. 确定无形资产有效期限。无形资产有效期限是其存在的前提。某项专利权，如超过法律保护期限，就不能作为专利权评估。有效期限对无形资产评估值具有很大影响，比如有的商标，历史越悠久，价值越高；有的商标历史并不悠久，也可能具有较高价值。

（三）搜集相关资料

收集无形资产的相关资料，一般来说这些资料的内容包括：

1. 无形资产的法律文件或其他证明材料。

2. 成本。这里是指无形资产的自创（制）成本或外购成本。

3. 效益。这里是指使用无形资产给受益主体带来的经济效益。

4. 期限。这里是指无形资产的存续期、法定期限、受益年限、合同约定期限、技术寿命期等。

5. 技术成熟程度。这里是指技术性无形资产在所处技术领域中研究阶段的发展阶段、开发程度、成熟阶段、衰退阶段等。

6. 权属转让、许可内容与条件。无形资产的转让有完全产权转让或许可使用之别，在转让许可使用过程中往往有相应条款规定，这些都是确定无形资产评估价值的重要因素，应详细了解。

7. 市场供需情况。这里是指同类无形资产在市场上的需求、供给、范围、活跃程度、变动情况等。

8. 行业盈利水平及风险。根据无形资产评估的具体类型，还需有针对性地收集有关资料。

（四）确定评估方法

应根据评估无形资产的具体类型、特点、评估目的、评估前提条件、评估原则及外部市场环境等具体情况，选用适合的评估方法。无形资产的评估方法主要包括市场法、收益法和成本法。

采用市场法评估无形资产，特别要注意被评估无形资产必须确实适合运用市场法的前提，确定具有合理比较基础的类似无形资产交易参照对象，搜集类似无形资产交易的市场信息和被评估无形资产以往的交易信息。当与类似无形资产具有可比性时，根据宏观经济、行业和无形资产变化情况，考虑交易条件、时间因素、交易地点和影响价值的其他各种因素的差异，调整确定评估值。

采用收益法时，要注意合理确定超额获利能力和预期收益，分析与之相关的预期变动、收益期限，与收益有关的资金规模、配套资产、现金流量、风险因素及货币时间价值。注意收益额的计算口径与被评估无形资产折现率口径保持一致，不要将其他资产带来的收益误算到被评估无形资产收益中去；要充分考虑法律法规、宏观经济环境、技术进步、行业发展变化、企业经营管理、产品更新和替代等因素对无形资产收益期、收益额和折现率的影响，当与实际情况明显不符时，要分析产生差异的原因。

采用成本法进行评估时，要注意根据现行条件下重新形成或取得该项无形资产所需的全部费用（含资金成本和合理利润）来确定评估值，在评估中要注意扣除实际存在的功能性贬值和经济性贬值。

（五）作出评估结论，整理并撰写报告

《无形资产评估报告书》是无形资产评估过程的总结，也是评估者履行评估义务，承担法律责任的依据。《无形资产评估报告书》要简洁、明确、避免误导。无形资产的评估报告基本要求应符合《资产评估准则——无形资产》的要求。应当强调的是无形资产评估报告中要注重评估过程的陈述，明确阐述评估结论产生的前提、假设及限定条件和各种参数的选用依据。评估方法使用的理由及逻辑推理方式。一般要根据评估对象进行以下三个方面的陈述：描述性陈述、分析性陈述、综合性陈述。

第二节　专利权和非专利技术的评估

一、专利权的评估

（一）专利权的概念及特点

1. 专利权的概念。专利权是指经国家专利机关依法认定、批准的，授予发明创造人或其权利受让人在一定期限内对某发明成果享有的独占权或专有权。专利权人依法对其发明创造享有制造、使用、销售的独占实施权或许可他人实施的权利。专利权包括发明、实用新型和外观设计三种。发明是指对产品、方法或者其改进提出新的技术方案，包括产品发明和制造产品的方法发明。实用新型是指对产品的形状、构造或者其结合所提出的适于实用的新技术方案，不包括制造产品的方法。外观设计是指对产品的形状、图案、色彩或者其结合所作出的富有美感并适于工业应用的新设计。

2. 专利权的特点。具体包括：

（1）专利资产确认复杂。专利技术成为资产的前提是，可以为特定权利人带来经济利益，专利技术有获利能力是通过法律保护获得的。法律在对专利技术提供保护的同时，也对专利技术获得保护的条件作了明确的规定。也就是说，专利技术成为资产，必须符合法律的相关规定。另外，法律同时还对专利技术获得保护的范围及时限等作了明确规定。这使专利资产与一般的有形资产相比，在资产确认方面比较复杂。

（2）收益的不确定性。专利资产的收益能力与有形资产相比，具有一定的不确定性。这种不确定性主要体现在专利资产在应用过程中存在的风险，包括技术风险、市场风险、资金风险及管理风险。后面的章节，将对专利资产在应用过程中存在的风险进行详细分析。另外，由于专利资产属于无形资产，在交易过程中，与有形资产相比，存在一定的困难，增加专利技术价值实现的难度。这些困难包括：专利技术交易价格的不确定性、专利技术移植的难度及专利技术交易的多样性。评估人员在对专利资产进行评估过程中，必须充分考虑其收益能力不确定的特性，并且体现在参数的选取上。

（3）法律特征。专利权在法律上有时间性、地域性和排他性的特征。时间性特征。专利资产的时间性是指其权利的时限是由法律确定的。由于《中华人民共和国专利法》（以下简称《专利法》）对两种专利的保护期限作了明确规定，也就是说，一旦超过规定的保护期限，《专利法》将不再提供保护，则该技术将成为公知技术，不再为其权利所有者带来未来经济收益，也就不具有价值。在此需指出，资产评估中的价值不包括社会价值。

地域性特征。专利资产的地域性是指一项技术仅在其获得专利权的国家或地区，依当地专利法的规定获得保护。这主要是由于《专利法》是一个国内法，专利资产的地域性特征对国外专利技术及国内专利技术在国际市场的价值有决定性的作用。

排他性特征。专利资产的排他性指由法律赋予专利所有人一段时间对该专利资产的垄断，这是该专利获得超额利润的保证，也是确保《专利法》立法目的实现的基础。

（二）专利权的评估程序

1. 明确评估目的。专利评估依专利权发生的经济行为，即特定目的确定其评估的价值类型和方法。不同情形下的专利以及转让形式不同，确定的评估方法也不相同。专利权转让一般有两种情形：一种是刚刚研究开发的新专利技术，专利权人尚未投入使用就直接转让给接受方；另一种情形是转让的专利已经过长期的或一段时间的生产，是行之有效的成熟技术，而且转让方仍在继续使用。使用权转让专利权转让形式很多，但总的来说，可以分为全权转让和使用权转让。往往通过技术许可贸易形式进行，这种使用权的权限、时间期限、地域范围和处理纠纷的仲裁程序都是在许可证合同中加以确认的。

2. 证明和鉴定专利权的存在。收集能够证明专利权存在的专利说明书、权利要求书、专利证书及有关法律性文件等资料，并请有关专家鉴定该专利的有效性和可用性。

3. 确定评估方法，搜集相关资料。依据无形资产评估的操作规范，我国技术评估一般采用三种方法：成本法、收益法、市场法，这三种方法也是国际评估通过的方法，这三种方法的选取必须依据其使用的前提条件及评估的具体情况来确定。专利权评估应用收益法情形较多。收益法的运算过程在前面已经详述，重要的任务是搜集相关资料，以确定评估方法运用中的各项技术参数和指标。运用成本法进行评估，需要收集专利技术研制开发的材料费用、工资、资料费、培训费、管理费等成本资料，并对专利技术的成新率进行鉴定评估。

4. 计算分析并完成评估报告。上述资料是知识产权评估的基础资料，评估人员应进行认真的核实、分析，这些基础资料是资产清查工作的目的及成果，它将为下一步的评定估算工作做好充分的准备。

评估报告是专利权评估结果的最终反映，但这种结果是建立在各种分析、假设基础之上的，为了说明评估结果的有效性和适用性，评估报告中应详尽说明评估中的各有关内容。

（三）专利权的评估方法

1. 收益法。运用收益法评估，需要测算专利技术使用所产生的追加利润（或称收益额）、收益年限、折现率等指标。从理论上讲，因专利技术使用而产生的追加利润，其计算公式如下：

$$R = \left[(P_2 - C_2) \times Q_2 - (P_1 - C_1) \times Q_1 \right](1 - T)$$

式中：R ——专利技术使用后产生的追加利润；

P_2、C_2、Q_2 ——专利技术使用后的单位产品售价、单位产品成本、产品销售量；

P_1、C_1、Q_1 ——专利技术使用前的单位产品售价、单位产品成本、产品销售量；

T ——所得税税率。

在实际评估工作中，通常采用利润分成法或销售收入分成法来估算追加利润。其计算公式如下：

$$R = (P_2 - C_2) \times Q_2 \times f_r(1 - T) = P_2 \times Q_2 \times f_i(1 - T)$$

式中：f_r——利润分成率；

　　　f_i——销售收入分成率。

利润分成率反映专利技术对整个利润额的贡献程度。利润分成率确定为多少合适，据联合国工业发展组织对印度等发展中国家引进技术价格的分析，认为利润分成率在 16% ~27% 之间是合理的。在挪威召开的许可贸易执行协会上，多数代表提出利润在 25% 左右较为合理。美国一般认为分成率为 10% ~30% 之间是合理的。我国理论工作者和评估人员通常认为利润分成率在 25% ~33% 之间较合适。这些基本分析在实际评估业务过程中具有参考价值，但更重要的是对被评估专利技术进行切合实际的分析，确定合理的、准确的利润分成率。

【例 5 – 1】　甲公司于 2002 年开发研制了一项新技术方法并取得了专利权，通过 2 年的使用表明具有较好的经济效益。2003 年年初该公司准备将该专利技术的所有权出售给乙公司，乙公司因购买后进行会计账面摊销需要评估其价值。买卖双方经共同协商认为，该专利技术的剩余经济使用年限为 4 年，专利技术的价格按实际年销售收入的一定比率分年期支付，收入分成率为 25%。预期今后 4 年的销售收入额分别为 500 万元、700 万元、800 万元、800 万元。适用折现率为 20%。该专利技术的价值估算过程如下：

$$R = P_2 \times Q_2 \times f_i (1 - T) = P_2 \times Q_2 \times 25\% (1 - 33\%)$$

计算表明，2003 年、2004 年、2005 年、2006 年的预期分成收益额分别为 83.75 万元、117.25 万元、134 万元、134 万元。

估算未来收益额的现值即评估值如下：

$$83.75 \div 1.2 + 117.25 \div 1.2^2 + 134 \div 1.2^3 + 134 \div 1.2^4 = 293.4（万元）$$

【例 5 – 2】　北京某科技发展公司 5 年前自行开发了一项大功率电热转换体及其处理技术，并获得发明专利证书，专利保护期 20 年。现在，该公司准备将该专利技术出售给京郊某乡镇企业，现需要对该项专利技术进行评估。评估分析和计算过程如下：

①评估对象和评估目的。由于北京某科技发展公司系出售该项专利，因此，转让的是专利技术的所有权。

②专利技术确认。该项技术已申请专利，该技术所具备的基本功能可以从专利说明书以及有关专家鉴定中得到。此外，该项技术已在北京某科技发展公司使用了 5 年，产品已进入市场，并深受消费者欢迎，市场潜力较大。因此，该项专利技术的有效功能较好。

③评估方法选择，该项专利技术具有较强的获利能力，而且，同类型技术在市场上被授权使用情况较多，分成率容易获得，从而为测算收益额提供了保证。因此，决定采用收益法进行评估。

④判断确定评估参数。根据对该类专利技术的更新周期以及市场上产品更新周期的分析，确定该专利技术的剩余使用期限为 4 年。根据对该类技术的交易实例的分析，以及该技术对产品生产的贡献性分析，采用销售收入的分成率为 3%。

根据过去经营绩效以及对未来市场需求的分析，评估人员对未来 4 年的销售收入进行预测，结果如表 5 – 1 所示。

表 5 - 1   预期销售收入测算结果

年份	销售收入（万元）
第 1 年	600
第 2 年	750
第 3 年	900
第 4 年	900

根据当期的市场投资收益率，确定该专利技术评估中采用的折现率为 10%。

⑤计算评估值。得出结论见表 5 - 2。

表 5 - 2   评估值计算表   单位：万元

年份	销售收入①	分成额 = ①×3%	②收益现值（r = 10%）
第 1 年	600	18	16.36
第 2 年	750	22.5	18.60
第 3 年	900	27	20.29
第 4 年	900	27	18.44
合计			73.69

因此，该专利技术转让价的评估值为 73.69 万元。

2. 成本法。成本法应用于专利技术的评估，主要用于分析计算其重置完全成本构成、数额以及相应的贬值率。专利分为外购和自创两种。外购专利技术的重置成本确定比较容易，自创专利技术的成本一般由以下因素组成（注意与会计上自创无形资产成本构成内容不一致）：

（1）研制成本。研制成本包括直接成本和间接成本两大类。直接成本是指研制过程中直接投入发生的费用，间接成本是指与研制开发有关的费用。

直接成本。直接成本一般包括：材料费用，即为完成技术研制所耗费的各种材料费用；工资费用，即参与研制技术的科研人员和相关人员的费用；专用设备费，即为研制开发技术所购置或专用设备的摊销；资料费，即研制开发技术所需的图书、资料、文献、印刷等费用；咨询鉴定费，即为完成该项目发生的技术咨询、技术鉴定费用；协作费，即项目研制开发过程中某些零部件的外加工费以及使用外单位资源的费用；培养费，即为完成本项目，委派有关人员接受技术培训的各种费用；差旅费，即为完成本项目发生的差旅费用；其他费用。

间接成本。间接成本主要包括：管理费，即为管理、组织本项目开发所负担的管理费用；非专用设备折旧费，即采用通用设备，其他设备所负担的折旧费；应分摊的公共费用及能源费用。

（2）交易成本。交易成本即发生在交易过程中的费用支出，主要包括：技术服务费，即卖方为买方提供专家指导、技术培训、设备仪器安装调试及市场开拓费；交易过程中的差旅费及管理费，即谈判人员和管理人员参加技术洽谈会及在交易过程中发生的食宿及交通费等；手续费，即指有关的公证费、审查注册费、法律咨询费等；税金，即无形资产交易、转让过程中应缴纳的营业税。

由于评估目的的不同，其成本构成内涵也不一样，在评估时应视不同情形考虑以上成本的全部或一部分。

【例5-3】　甲公司因出售两年前自行研制开发并获得专利证书的一项专利技术，需要进行资产评估。经进行财务调查，研制成本总计40万元，2年来物价上涨指数都是5%，该专利权法定保护期限为10年，但专家意见是有效使用期限为6年，试用成本法计算。

专利权的评估价值。

计算分析过程如下：

$$重置成本 = 400\ 000 \times (1 + 5\%)^2 = 441\ 000(元)$$

$$成本率 = 6 \div (2 + 6) = 75\%$$

$$评估价值 = 441\ 000 \times 75\% = 330\ 750(元)$$

【例5-4】　某实业有限公司因为管理不善，经济效益不佳，亏损严重，将要被同行的利达有限公司兼并，现在需要对这个实业有限公司资产进行评估，这个公司有一项专利是属于实用新型，两年前自行研制并获得专利证书，对这个要兼并的企业专利进行鉴定，分析过程如下：

（1）确定评估对象，这个专利确实是公司自己研制的，有专利证书。

（2）技术功能鉴定。

这个专利证所代表的专利技术不错，该专利技术还未应用于生产当中，技术有待完善，该产品的售价成本参数难以得到，从技术的试验结果看，将会为未来带来好的效果。

（3）评估法的选择。

鉴于该专利技术新做的鉴定结论，应用成本法能反映该项专利资产的价值，因为收益法、市场法都不能使用，所以选用成本法。

（4）各项评估参数的估算。具体资料如下：

材料费用	45 000 元
工资费用	10 000 元
专用设备费	6 000
资料费	1 000 元
咨询鉴定费	5 000 元
培训费	2 500 元
差旅费	3 100 元
管理费分摊	2 000 元
非专用设备折旧费分摊	9 600 元
专利费用及其他	3 600 元
合计	87 800 元

计算分析过程如下：

根据专利技术开发的过程分析，各类消耗仍按过去实际发生定额计算，对其价格可按现行价格计算。根据考察、分析和测算，近两年生产资料价格上涨指数分别为5%和8%。因生活资料物价指数资料难以获得，该专利技术开发中工资费用所占份额很少，因此，可以将全部成本按生产资料价格指数调整，即可估算出重置完全成本。

重置完全成本 = 87 800 × (1 + 5%) × (1 + 8%) = 99 565(元)

其次，确定该项专利技术的贬值率。

该项实用新型的专利技术，法律保护期限为 10 年，尽管还有 8 年保护期限，但根据专家鉴定分析和预测，该项专利技术的剩余使用期限仅为 6 年，由此可以计算贬值率为

贬值率 = (10 - 8) ÷ (2 + 6) × 100% = 25%

(5) 计算评估值，作出结论。

评估值 = 99 565 × (1 - 25%) = 74 673.75(元)

最后，确定该项专利技术的评估值为 74 674 元。

二、非专利技术的评估

(一) 非专利技术的概念及特点

非专利技术，又称专有技术、技术秘密，是指为特定的人所知的未公开其完整形式，处于保密状态，并未申请专利的具有一定价值的知识或信息。主要包括设计资料、技术规范、工艺流程、材料配方、经营诀窍和图纸、数据等技术资料。非专利技术与专利权不同，从法律角度讲，它不是一种法定的权利，而仅仅是一种自然的权利，是一项收益性无形资产。从这一角度来说，进行非专利技术的评估，首先应该鉴定非专利技术，分析、判断其存在的客观性。这一判断要比专利权的判断略显复杂些。

一般来说，企业中的某些设计资料、技术规范、工艺流程、配方等之所以能作为非专利技术存在，是因为非专利技术有以下特点：

1. 实用性。非专利技术的价值取决于其是否能够在生产实践过程中进行操作，不能应用的技术不能称为非专利技术。

2. 获利性。非专利技术必须有价值，表现在它能为企业带来超额利润。价值是非专利技术能够转让的基础。

3. 保密性。保密性是非专利技术的最主要特性。如前所述，非专利技术不是一种法定的权利，其自我保护是通过保密性进行的。

(二) 非专利技术的评估程序和评估方法

非专利技术的评估程序和方法与专利技术的评估方法基本相同。

1. 收益法

【例 5-5】 某饮料生产企业将其饮料生产专有配方转让给另一家饮料生产厂家。由于该配方具有一定的先进性，生产的饮料口感特别受消费者喜爱，预计使用该配方后生产出的饮料会比较畅销。双方签订合同，约定受让方在未来 4 年内，每年从其销售毛收入中提取 10% 给该配方持有企业，作为该配方的转让费。折现率为 10%。试计算该配方的转让评估价值。

该配方的转让评估价值估算过程如下：

预测使用该配方后未来四年的销售收入分别为 80 万元、90 万元、95 万元、95

万元。

该配方转让的评估价值为

$10\% \times (80 \div 1.15 + 90 \div 1.15^2 + 95 \div 1.15^3 + 95 \div 1.15^4) \times (1 - 33\%)$

$= 17$（万元）

2. 成本法

【例5－6】　某企业有200张机械零部件工艺设计图纸，已经使用5年。经专家从工艺设计图纸的设计先进性和保密性等方面鉴定认为，有180张图纸仍然可以作为有效的非专利技术资产，预计剩余经济使用年限为6年。根据该类图纸的设计、制作耗费估算，当前每张图纸的重置成本为3 000元。试计算该批图纸的价值。

该批图纸的价值估算过程如下：

该批图纸的重置成本：$180 \times 3\,000 = 540\,000$（元）

该批图纸的成新率：$6 \div (6 + 5) = 54.54\%$

该批图纸的价值：$540\,000 \times 54.54\% = 294\,545$（元）

第三节　商标权的评估

一、商标及其分类

（一）商标的概念

商标是商品或服务的标记，是商品生产者或经营者为了把自己的商品或服务区别于他人的同类商品或服务，在商品上、服务中使用的一种特殊标记。这种标记一般是由文字、图案或两者组合而成。

（二）商标的分类

商标的种类很多，可以依照不同标准予以分类。

1. 按商标是否具有法律的专用权分类。按商标是否具有法律保护的专用权，可以分为注册商标和未注册商标。《中华人民共和国商标法》第三条规定："经商标局核准注册的商标为注册商标，包括商品商标、服务商标和集体商标、证明商标；商标注册人享有商标专用权，受法律保护。"我们所说的商标权的评估，指的是注册商标专用权的评估。

2. 按商标的构成分类。按商标的构成，可以划分为文字商标、图形商标、符号商标、文字图形组合商标、色彩商标、三维标志商标等。

3. 按商标的不同作用分类。按商标的不同作用，可以分为商品商标、服务商标、集体商标和证明商标等。在这里，集体商标是指以团体、协会或者其他组织名义注册，供该组织成员在商事活动中使用，以表明使用者在该组织中的成员资格的标志。证明商标，是指由对某种商品或者服务具有监督能力的组织所控制，而由该组织以外的单位或者个人使用其商品或者服务，用以证明该商品或者服务的原产地、原料、制造方法、质量或者其他特定品质的标志。

二、商标权的特点

（一）专有性

商标权具有专有性、独占性的特征。某个企业或个人取得一项商标权之后，就享有专用使用权，不允许其他企事业单位或者个人在该类商品上使用与其相同或者相近似的商标。但是，第三者如果不是在相同或类似的商品上使用同注册商标相同或者近似的商标，则不影响商标的专有性，因而注册商标所有人无权请求加以排除。同时，第三者还可以将该商标申请注册，以取得商标权。这一特点，表明了商标权的专有性，不完全等同于专利权的专有性，因为发明人对其发明如果取得了专利权，就可以绝对排除第三者的同一发明在同一国家取得专利权。

（二）地域性

商标权具有严格的地域性。商标注册人所享有的商标权，只能在授予该权利的国家领域内受到保护，在其他国家则不发生法律效力。如果需要得到其他国家的法律保护，必须按照其他国家法律的规定，在其他国家申请注册。

（三）时间性

商标权具有时间性，在有效期限内，商标权受法律保护；超过有效期限，商标权不再受法律保护。但商标权的时间性同专利权相比，是不严格的。许多国家规定了商标的有效期，同时又规定了期满可以请求续展。即商标权的期限届满，如果商标权所有人需要继续使用的，可以请求续展其有效期限。因此，商标权实际上是一种永久权。但是，商标注册人如果到期不提出续展申请或申请被驳回，则丧失其商标权。

（四）商标权和专利权不同

商标权和专利权都属于知识产权中的工业产权，它和专利权一样需要经过申请、审批核准、公告等法定程序才能获得。但取得商标权与专利权的实质性条件不同，表现在以下两个方面。第一，专利权规定取得专利权的技术要求是要有新颖性、创造性和实用性；而商标权取得的条件是具有显著性、不重复性和不违反禁用条款。第二，专利权有法定的有效保护期限，一般不准续展；而商标权尽管在注册时有一个有效期限规定，例如我国商标法规定为 10 年，但可以按照每一期 10 年无限续展。

三、影响商标权价值的因素

商标权的价值是由商标所带来的效益决定的，带来的效益越大，商标价值就越高；反之则相反。而商标权带来效益的原因，在于它所代表的企业的产品质量、信誉和经营状况佳。影响商标权价值的因素很多，进行商标权价值评估时应着重考虑以下几个因素。

（一）商标的注册、失效、续展、地域、商品范围

1. 商标注册情况。我国实行的是"不注册使用与注册使用并行，仅注册才能产生专用权"的商标专用权制度。按照这种制度，只有获得了注册的商标，使用人才享有专有权，才有权排斥他人在同类商品上使用相同或相似的商标，也才有权对侵权活动起诉。因而只有注册了的商标才具有经济价值。未注册的商标即便能带来经

济效益，其经济价值也得不到确认。

2. 商标权的失效。在我国，注册商标的有效期是 10 年，10 年届满如果没有申请续展，则商标的注册将被注销，商标权失效。

另外还有几种情况可能导致商标权的失效：自行改变注册商标的；自行改变注册商标的注册人名义、地址或者其他注册事项的；自行转让注册商标的；连续 3 年停止使用的。

商标权一旦失效，原商标所有人不再享有商标专用权，也就失去了评估对象，商标权也就不再具有经济价值。

3. 商标权的续展。商标注册人按期提出续展申请，经国家工商行政管理总局商标局核准，商标权可以无限续展。在合法续展的情况下，商标权可以成为永久性收益的无形资产，驰名老牌商标权的价值一般与其寿命成正比，寿命越长，价值越高。如果没有商标续展的规定，一个驰名商标在临近保护期的前一年进行评估，其评估值可能不如一个刚刚注册、有效期还有 10 年的非驰名商标。但实际上，由于有续展的规定没有人愿意出高价购买非驰名商标，原因是驰名商标通过续展可以长期为购买者带来比较高的超额收益。

4. 商标权的地域性。商标权的地域范围对商标权的价值有很大影响。商标权具有严格的地域性，商标权只有在法律认可的一定地域范围内才会受到保护。由于不同国家存在着不同的商标保护原则，商标权并不是在任何地方都受到保护。商标所有者所享有的商标权，只能在授予该项权利的国家领域内受到保护，在其他国家则不发生法律效力。如果需要得到其他国家的法律保护，必须按照其他国家的法律规定，在其他国家申请注册，或向世界知识产权组织国际局申请商标国际注册。

5. 商标权在特定的商品范围内有效。商标注册的商品种类及范围影响商标权的价值。商标注册申请采用"一类商品一个商标一份申请"的原则。评估商标权价值时，要注意商标注册的商品种类及范围，要考虑商品使用范围是否与注册范围相符合，商标权只有在核定的商品上使用时才受法律保护，对超出注册范围部分所带来的收益不应计入商标权的预期收益中。

（二）商标的知名度

商标的知名度，即商标的驰名度。商标的知名度越大，其价值就越高，很多国家对驰名商标的保护力度远大于非驰名商标，对驰名商标的认定一般也有着苛刻的条件和复杂的手续。因而一般情况下，同一行业，驰名商标价值高于非驰名商标价值，取得驰名商标认定的商标，其价值高于普通商标的价值，因此，是否完成驰名商标认定影响着商标权的价值。

（三）商标权评估的目的

商标权评估目的即商标发生的经济行为，评估目的会直接影响到评估方法的选择。同样的资产，因为评估目的的不同，其评估方法的选择可能会不同，同一评估方法中各项评估参数的选取也会不同，因而评估值也往往不同。

从商标权转让方来说，可分为商标权转让和商标权许可使用。商标权转让是指转让方放弃商标权，归受让方所有，实际上是商标权的出售。商标权许可使用是指拥有商标权的商标权人，在不放弃商标所有权的前提下，特许他人按照许可合同规定的条款使用商标。商标权转让方式不同，评估值也不同。一般来说，商标所有权转让的评估值高于商标权许可使用的评估值。

从股份制企业商标评估情况来说，通常包括以商标权投资入股、商标权许可使用、商标权转让等。根据评估目的的不同，评估出商标权的不同价值。

（四）商标的广告宣传

商标的广告宣传是扩大商标知名度和影响力的重要因素。通过广告宣传使大众熟悉该种产品或服务，刺激和维持消费需求，从而扩大产品销量，为企业带来更多超额利润，另外，商标的广告宣传费用，也是商标成本的重要组成部分。因而商标的广告宣传对其价值也产生重大影响。

（五）其他因素

除上述影响商标价值评估的因素外，还有其他一些因素对商标价值评估也构成影响。例如，商标的注册、使用、购买成本，商标注册时间，有无许可使用，商标所依托的商品的状况，商标的外观设计，企业新产品的开发能力，售后服务等都是影响商标权价值的重要因素。

四、商标权的评估程序

（一）明确评估目的

与商标权有关的经济行为一般包括转让、许可使用、投资入股等等。在商标权转让时，需要评估商标专用权的价值；在许可使用商标时，需要评估商标的许可使用费；在以商标权投资入股时，需要对商标权价值进行评估。

（二）收集商标的有关资料

收集的资料包括商标注册的有关法律特征、商标的历史和知名度，以及使用该商标的企业经营状况。

（三）商标产品的市场分析

分析的内容包括使用该商标的产品的市场现状、市场前景、市场竞争能力、市场环境变化等方面。

（四）确定评估方法及有关指标

商标权的评估一般采用收益法。使用商标所产生的超额收益额、折现率、收益期限三项指标的确定，是评估商标权的关键。确定收益期限的依据是能够获得超额收益的时间，而注册年限及到期后的续展只是分析收益期限的前提。

（五）计算分析并完成评估报告

根据具体业务流程、评估方法及评估值编制资产评估报告。

五、商标权的评估方法

前面介绍的三种评估方法也同样适用于商标权评估，但比较常用的是收益法。

【例 5 - 7】　某运动鞋生产厂将自己已使用 30 年的注册商标转让。资料显示，该企业近几年这一商标的运动鞋比市场上同类鞋价高出 3 元，市场供需状况很好，据估计该品牌还可获取超额利额最少 10 年，前 5 年可以维持现有水平，后 5 年每双鞋超额利润下降到 2 元/双，年产销量均为 200 万双，评估这一商标的转让价值（折现率为 10%)。

（1）前 5 年每年的超额利润 = 3 × 200 = 600（万元）

（2）后 5 年每年的超额利润 = 2 × 200 = 400（万元）

（3）商标权价值 $= \dfrac{600}{1+10\%} + \dfrac{600}{(1+10\%)^2} + \dfrac{600}{(1+10\%)^3} + \dfrac{600}{(1+10\%)^4} +$

$\dfrac{600}{(1+10\%)^5} + \dfrac{400}{(1+10\%)^6} + \dfrac{400}{(1+10\%)^7} + \dfrac{400}{(1+10\%)^8} + \dfrac{400}{(1+10\%)^9} + \dfrac{400}{(1+10\%)^{10}}$

$= 3\,215.86$（万元）

由此确定商标权转让评估值为 3 215.86 万元。

【例 5 - 8】 某企业有一种已经使用 10 年的注册商标。根据历史资料，该企业近 5 年使用这一商标的产品比同类产品的价格每件高 0.7 元，该企业每年生产 100 万件。该商标目前在市场上有良好趋势，产品基本上供不应求。根据预测估计，如果在生产能力足够的情况下，这种商标产品每年生产 150 万件，每件可获超额利润 0.5 元，预计该商标能够继续获取超额利润的时间是 10 年。前 5 年保持目前超额利润水平，后 5 年每年可获取的超额利润为 32 万元，评估这项商标权的价值。

（1）首先计算其预测期内前 5 年中每年的超额利润：150 × 0.5 = 75（万元）

（2）根据企业的资金成本率及相应的风险率，确定其折现率为 10%。

（3）确定该项商标权价值：

商标权价值 $= 75 \times (P/A, 10\%, 5) + 32 \times (P/A, 10\%, 5) \times (P/F, 10\%, 5)$

$= 75 \times 3.7908 + 32 \times 3.7908 \times 0.6208$

$= 359.62$（万元）

由此确定商标权转让评估值为 359.62 万元。

第四节　商誉的评估

一、商誉及其特点

商誉通常是指企业在一定条件下，能获取高于正常投资报酬率所形成的价值。这可能是于企业所处地理位置的优势，或由于经营效率高、管理基础好、生产历史悠久、人员素质高等多种原因，因此与同行业企业相比较，可获得超额利润。现在所称的商誉，是指企业所有无形资产扣除各单项可确指无形资产以后的剩余部分。因此，商誉是不可确指的无形资产。

商誉具有如下特点：

1. 商誉不能离开企业而单独存在，不能与企业可确指的资产分开出售。

2. 商誉是多项因素作用形成的结果，但形成商誉的个别因素，不能以任何方法单独计价。

3. 商誉本身不是一项单独的、能产生收益的无形资产，而只是超过企业可确指的各单项资产价值之和的价值。

4. 商誉是企业长期积累起来的一项价值。

二、商誉的评估方法

商誉的评估方法有割差法和超额收益法。

(一) 割差法

割差法是根据企业整体评估价值与各单项资产评估值之和进行比较确定商誉评估值的方法。基本公式为

商誉的评估值 =企业整体资产评估值 – 企业的各项资产评估值之和(含可确指无形资产)

企业整体资产评估值可以通过预测企业未来预期收益并进行折现或资本化获取;对于上市公司,也可以按股票市价总额确定。采取上述评估方法的理论依据是,企业价值与企业可确指的各单项资产价值之和是两个不同的概念。如果有两个企业,企业可确指的各单项资产价值之和大体相当,但由于经营业绩悬殊,预期收益悬殊,其企业价值自然相去甚远。企业中的各项单项资产,包括有形资产和可确指的无形资产,由于其可以独立存在和转让,因此评估价值在不同企业趋同。但它们由于不同的组合,不同的使用情况和管理,使之运行效果不同,导致其组合的企业价值不同,使各类资产组合后产生的超过各项单项资产价值之和的价值,即为商誉。

商誉的评估值可能是正值,也可能是负值,当商誉为负值时,有两种可能:一种是亏损企业;另一种是收益水平低于行业或社会平均收益水平的企业。

【例5-9】 某企业进行股份制改组,根据企业过去经营情况和未来市场形势,预测其未来5年的净利润分别为13万元、14万元、11万元、12万元和15万元,并假设从第6年开始,以后各年净利润分别为15万元。根据银行利率及企业经营风险情况的不确定性,折现率均为10%,并且,采用单位资产评估方法,评估确定该企业各单项资产评估之和(包括有形资产和可确指的无形资产)为90万元,试确定该企业商誉评估值。

首先,采用收益法确定该企业整体评估值。

$$企业整体评估值 = 13 \times 0.9091 + 14 \times 0.8264 + 11 \times 0.7513$$
$$+ 12 \times 0.6830 + 15 \times 0.6209 + 15 \div 10\% \times 0.6209$$
$$= 49.1617 + 93.135 = 142.2967(万元)$$

因为该企业各单项资产评估值之和为90万元,由此可以确定商誉评估值。即商誉的价值 = 142.2967 – 90 = 52.2967 (万元)

(二) 超额收益法

商誉是企业收益与按行业平均收益率计算的收益差额的资本化价格。可见,商誉评估值指的是企业超额收益的资本化价格。把企业超额收益作为评估对象进行商誉评估的方法称为超额收益法。超额收益法根据被评估企业的不同,又可分为超额收益资本化价格法和超额收益折现法两种具体方法。

1. 超额收益资本化价格法。超额收益资本化价格法是把被评估企业的超额收益经资本化还原来确定该企业商誉价值的一种方法。

其计算公式为

商誉价值 =[被估企业可确指资产评估值之和 –(被估企业平均预期收益率 ×

行业平均预期收益率）〕÷本金化率

【例5-10】 某企业的预期年收益额为20万元，该企业的各单项资产的评估价值之和为80万元，企业所在行业的平均收益率为20%，并以此作为适用资产收益率。

$$商誉的价值 =（20 - 80 × 20\%）÷ 20\%$$
$$= 20（万元）$$

2. 超额收益折现法。超额收益折现法是把企业可预测的若干年预期超额收益进行折现，把其折现值确定为企业商誉价值的一种方法。其计算公式为

$$商誉的价值 = \sum_{i=1}^{n} \frac{S_i}{(1+r)^i}$$

式中：S_i——第i年企业与其超额收益；

　　　r——折现率；

$\frac{1}{(1+r)^i}$——折现系数。

【例5-11】 某企业将在今后5年内保持具有超额收益的态势，预计5年内的年收益额为200万元，企业的各单项资产评估总价值为900万元，企业所在行业的平均投资报酬率为20%，并以此作为折现率，试评估该企业的商誉价值。

该企业商誉的价值 =（200 - 900 × 20%）×（$1 - 1 ÷ 1.2^5$）÷ 0.2 = 59.81（万元）

第五节　其他无形资产的评估

一、专营权

专营权又称特许经营权，它是指获准在一定区域、一定时间内经营或销售某种特定商品的专有权利。一般分为两种：一种是政府特许的专营权（许可证），如生产许可证、进出口许可证；另一种是一企业特许另一企业使用其商标权或在特定地区内经营销售某产品，如某电视机厂允许另一电视机厂使用其商标和厂名生产电视机等。专营权的实行，一般能使专营权拥有者获得较高的经济收益。专营权的评估就是评估专营权带来的额外经济收益和付出的代价，其现值的差额就是专营权益。

【例5-12】 A企业为了生产、销售方便，允许另一地区的一家B企业利用其专营商标，生产其专营的特种公安器材，时间5年。双方约定由B企业每年按其销售利润的15%一次性向A企业缴纳专营使用费。求该专营使用费的重估价值。经预测，在使用专营权期间，企业在第一年可获取销售利润100万元，第二至第五年平均每年获取销售利润150万元，设折现率为12%，则这项专营使用价值的现值为

$$15\% × \left[\frac{100}{(1+12\%)} + \frac{150}{(1+12\%)^2} + \frac{150}{(1+12\%)^3} + \frac{150}{(1+12\%)^4} + \frac{150}{(1+12\%)^5} \right]$$
$$= 74.42（万元）$$

二、著作权的评估

著作权，也称为版权，是著作人对自己著述或创造的文学、艺术、科学作品或其他作品享有的专属权力。国家通过法律来保护作者、艺术创造者以及出版单位出版其作品的这种专属权力。

《中华人民共和国著作权法》中规定，著作权包括人身权和财产权这两种不同的民事权利，这是著作权最主要的特点。其中，人身权包括：发表权（决定作品是否公之于众的权利）；署名权（表明作者身份，在作品上署名的权利）；修改权（修改或授权他人修改作品的权利）；保护作品完整权（保护作品不受歪曲、篡改的权利）。而财产权则是通过使用权和获得报酬权（以复制、表演、播放、展览、发行、摄制电影、电视、录像或者改编、翻译、注释、编辑等方式使用作品的权利）来体现的。著作人身权不能继承或转让，但是著作财产权却可以。另外，著作权必须通过一定的物质载体来体现，如书籍、唱片、录像带、录音带等。

著作权的评估。著作权的评估，指的是对其转让价值进行评定估算，一般可以采用收益现值法或成本—收益现值法来进行评估，当作品投入的成本比较大时，宜采用后者。

三、租赁权的评估

租赁权是在租赁合同规定的期限内将财产的使用权转让给承租方，承租方按照合同规定所获得的财产使用权。承租方必须向出租方支付一定的报酬，并在财产使用完毕之后将原物返还给出租方。

租赁权评估不是对租赁期间的租金的评估。租赁权体现在对租入资产的占有、使用和收益上，其收益一般来说应该高于为占有、使用该资产所支付的成本，如租金、维修费等，这个额外的收益就构成了租赁权的价值。因此，租金不是租赁权的价格，租赁权的评估对象是租赁行为可能带来的超额经济收益，评估的依据也是租赁权产生的经济效益。其评估思路为：用收益现值法计算出各期租赁资产预计的可实现收益，减去合同规定的租金，再折现汇总。

四、合同权益评估

合同权益是依照已签订的合同条件而存在的权利。合同本身规定了相应的权利和义务，规定了权利存在的条件和时限，规定了权利转移和补偿的条款等。如果合同包括了许多有利因素，出于产权交易、索赔等目的，则需要对合同权益进行评估。合同权益的典型例子是租赁权益。除此之外，还有许多有关商品和劳务的合同都是有价值的。这些合同主要可分为两类：收入合同与供给合同。

1. 收入合同主要有：

（1）有利的出租合同。前面从承租人角度分析了租赁权益，实际上出租人也可以享有租赁合同的额外收益，只要合同条款比市场条件更有利。

（2）有效进行销售、保管、运输的协作合同，对外提供劳务和服务的有利合同。特别是在市场萧条情况下，产品和劳务的销售合同是很有价值的。

（3）比市场条件较优惠的保险补偿合同等。

2. 供给合同主要有：

（1）优惠贷款和筹资协议。

（2）供应原材料和配套产品的协议。特别重要的是供应紧缺物资或服务的协议，包括某些紧俏物资的国家分配指标、用电指标、车皮计划等。

（3）提供有关社会服务的协议，如职工培训、子女入托、上学等协议。没有这些协议或者没有这方面的服务条件，企业就将在这方面付出更多，甚至影响到生产经营。

评估合同权益的通常办法是将合同条款决定的权益与现行市场合同权益进行比较，其差额就是合同权益。另一种办法是从企业全部收益中扣除其他生产要素的报酬，剩余额就是一揽子合同权益，具体方法与租赁权益的评估基本相同。

第六章

流动资产评估

第一节　流动资产评估概述

一、流动资产的概念

流动资产是指企业在生产经营活动中，可在一年或一个经营周期内变现或耗用的资产，包括货币资金、应收及预付款项、短期投资和存货等。

货币资金包括现金、银行存款及其他货币资金。

应收及预付款项包括应收票据、应收款项、应收内部单位款、其他应收款和预付费用等。

短期投资是指能够随时变现、持有时间不超过一年的投资，主要是有价证券。

存货是指企业在生产经营过程中为销售或耗用而储备的资产，包括商品或产成品、在产品、原料以及主要材料、辅助材料、燃料、物料用品及低值易耗品等。

二、流动资产的特点

流动资产评估方法的选择取决于流动资产本身的特点。流动资产的特点主要体现在它的周转方式、存在形态、变现速度等，与固定资产有很大的区别。具体有以下特点。

1. 价值的流动性

流动性是流动资产的主要特征。流动资产一般都直接参加商品生产和流通的整个过程，在企业的再生产过程中它依次经过购买、生产、销售三个阶段，并分别采取货币资产、储备资产、生产资产和产品资产等形态，不断地循环流动。因次，流动资产具有流动性大、周转期限短、形态变化快等特点，其价值也在生产和流通中一次性消耗、转移和实现。

2. 空间的并存性

流动资产不断循环周转，由一种形态向另一种形态转化，即在时间上先后继起。企业的再生产过程是连续的，这就要求不同形态的流动资产同时并存于企业再生产的各个阶段，并保持相应的占有比例，即在空间上同时并存。

3. 运行的波动性

由于企业的流动资产一般要不断地经历购买和售卖的全过程，因此它受市场商品供求变化和生产、消费的季节性影响较大。另外，还会受到外部经济环境、经济秩序等因素的制约，从而导致其占用数量以及不同形态构成比例呈现出波动。

4. 形式的多样性

企业的流动资产不仅形式多样，品种繁多，而且不同的行业由于生产经营的特点，又决定了其流动资产的构成及占用的比重有很大的不同。

5. 划分的相对性

流动资产的特点不是绝对的，如低值易耗品、包装物等，虽是按照流动资产进行评估，但它们在周转方式上更接近于固定资产。在使用的过程中，它们的物质形态不变，其价值可以分次摊入成本。另外，固定资产和流动资产的划分也是相对的。例如，作为产品的机器设备在生产厂商属于流动资产，但在使用单位就成了固定资产。第一汽车制造厂生产的解放牌汽车，IBM 公司生产的 IBM – 5550 计算机等，在其各自的企业，是该企业的产品，属于流动资产。而当这些产品销售给某一企业后，则变成某一企业的固定资产，成为劳动的手段。另一方面，流动资产是相对于劳动资料的使用年限以及价值的高低而划分的。在企业进行管理时，把如低值易耗品、工器具、备品备件等一些劳动资料类同材料进行实物管理，看做流动资产。

上述特点决定了流动资产评估有别于固定资产评估的特点。由于流动资产的价值是一次性地全部转移，其主要形态是有形资产，易核实、周转快、占用时间短，所以一般不存在有形损耗的问题，更无须考虑折旧等因素。这就给评估工作带来了方便条件，因此，评估中对流动资产的评估值要比固定资产的评估值精确一些。流动资产中的货币性资产亦无须重估价值。相对来讲，其价值受通货膨胀和技术进步影响小，因而资产账面价值基本上可以反映出流动资产的价值，有利于评估方法的选择和运用。

三、流动资产的评估程序

（一）确定评估对象、评估范围和评估基准日

进行流动资产评估前，首先要确定资产评估的对象、范围和评估基准日，这是保证评估质量，提高评估效率的重要条件之一。确定评估对象时，首先，根据资产业务的要求，确定是以企业全部流动资产作为评估对象，还是以单项或部分流动资产作为评估对象；其次，要划清流动资产与固定资产、专项资产的界限，防止将不属于流动资产的机器设备、专项资金购建的专项物料等作为流动资产，也不得将属于流动资产的低值易耗品等作为其他资产，防止重复评估和漏估；最后，查核待估流动资产的产权是否属于申报企业。企业中存放的受托加工材料、代保管材料等物资不得列入流动资产评估范围。此外，根据国家有关规定，抵押后的资产不得用于再投资或转让，如该企业的流动资产已作为抵押物，则不能将其转让或投资，这类流动资产也不得列入评估范围。在作了上述三方面的工作后，还必须深入仓库与车间对被评估资产进行抽查核实，验证基础资料，一份准备的被估资产清单应以实存数量为依据，而不以账面记载情况为标准。

评估基准日通常随固定资产等各项资产的评估一同确定，但由于流动资产评估的特殊性，评估基准日的确定也可以与其他资产有所不同。评估基准日的确定一般要考虑以下几个因素：一是与会计报表的时间尽可能接近，这是为利用会计信息的方便；二是最好选择再评估期或是与它邻近的某个时点；三是尽可能地与资产业务发生或生效的时间相接近，以便保证评估结果的可用性，减少价格调整的工作量。

（二）对被估资产进行抽查核实，验证基础资料

评估机构在接受委托后，应对委托方提供的被估资产清单所列的资产进行全面的清查或抽查，核实清单所列资产是否与实际情况相符。

对需要评估的存货进行核实，主要核查各种存货的实存数量与清单所列数量是否一致，如果在清查或抽查中发现短缺溢出，应对清单进行调整；如果清单所列数量严重失实，应要求委托方重新组织清查工作。

对需要评估的各类应收及预付款项进行核实，主要核实有无重复记录和漏记的问题，如有条件，还应采取信函等形式与债务人核对。

对需要评估的货币资产进行核实，主要是核实库存现金和各种存款的实有金额。应该注意的是，如果委托方有外币存款，则应按当时的国家外汇市场价折算成人民币金额。

（三）对实物形态的流动资产进行质量检测和技术鉴定

实物形态的流动资产不像固定资产一样会出现磨损，通常也不会大面积地出现技术性、功能性贬值，但是它也有损耗问题。这种损耗除反映在数量短少外，也还反映在实体损耗和质量下降上。例如，木材因日晒和雨淋出现腐烂或裂口，钢材因氧化而生锈，食品、药品及化学试剂等因存放一定时间而降低效用，有的一过有效期就失去效用等。对实物形态的流动资产进行质量检测和技术鉴定，目的是为了了解这部分资产的质量状态，以便确定其是否尚有使用价值，并核对其技术情况和等级状态与被估资产清单的记录是否一致，这一程序是正确评估资产价值的重要基础。对各类存货进行技术质量检测，可由被估企业的有关技术人员、管理人员和评估人员合作完成。

（四）对债权类和分期收款发出商品等流动资产的信资情况进行调查

对企业的债权、应收票据和分期收款发出商品的基本情况应进行分析。根据被评估企业与其债务人经济往来活动中信资情况的调查了解，以及每一项债权的经济内容、发生时间的长短及未清理的原因等因素，综合分析确定这部分债权、票据回收的可能性、回收的时间、回收过程中的风险和回收费用，并调查大宗发出商品的情况。这项工作可以与核实债权、债务工作一并进行。

（五）分析预测市场行情，判断资产变现情况

在市场经济体制下，企业各种存货的销路和价格水平，直接受到供求关系、消费心理、产品技术水准等因素的影响，而各种存货的销路和价格水平，又直接影响存货的变现情况。因此，评估人员要对被估存货的市场行情进行调查分析，尤其要注意那些存货期较长、短期内销售不出去或使用不完的库存商品、产成品，专用性较强的原材料、半成品、配套件和在制品。在市场分析的基础上，对存货变现的可能性、变现的时间、变现的费用和变现的风险作出基本的判断，为评估作价提供依据。

（六）选择评估方法

目前，我国对流动资产评估可以选择四种评估计价标准和评估方法。

1. 历史成本标准。这种标准是以企业流动资产的账面净值作为重估价值。由于流动资产具有周转快、价值一次转移的特点，故在物价比较稳定或流动资产购进时

间不长的情况下，可采用历史成本标准计价。这是固定资产评估与流动资产评估的一点区别。一般来说，固定资产评估不宜采用历史成本标准计价。

2. 重置成本标准。这种标准是以估价时该项资产的重置净值作为重估价值。其核心是通过一系列运算得出被评估资产的现实成本。考虑到币值变化、技术进步等因素，因而在物价波动幅度较大、币值不稳定的情况下，这种标准具有真实性和公平性。

3. 现行市价标准。这种标准是以市场上同一种或同类的资产交易价格作为重估价值。当市场比较活跃，价格资料容易取得时，可采用这一标准计价。

4. 清算价格标准。这种标准是在企业停业、清算或破产后，以企业破产清算时资产可变现的价格作为重估价值。它以资产清算的价格为依据，一般通过与市场销售价比较获得。

根据不同的资产评估的目的，结合被评估流动资产的具体情况，可以在上述评估计价标准内，选择具体的流动资产评估方法。

（七）作出评估结论

与被估单位的有关人员进行沟通，并对初步的评估结果进行必要的调整，编辑整理评估明细表和评估汇总表，最后作出评估结论。

第二节　实物类流动资产的评估

一、材料评估

（一）材料评估的对象

材料是企业生产加工的主要劳动对象，其生产经营中不可缺少的一种物质要素，是构成被估企业流动资产的主要内容。材料资产主要包括：

1. 原料及主要材料，是指经过加工后构成产品实体的各种原料和材料，以及外部购入的半成品。

2. 辅助材料，是指直接用于生产，有助于产品形成或便于生产进行，但不构成产品主要实体的各种材料。

3. 燃料，是指在生产过程中用来燃烧发热或创造正常劳动条件而使用的各种燃料。

4. 修理用备件，是指用于修理本企业机器设备和运输工具等需要的各种专用备件。

5. 低值易耗品，是指由于单位价值较低并且容易损耗等原因而不能算做固定资产的各种劳动资料。

6. 包装物，是指用于包装本企业产品并准备随同产品一起出售，以及在销售过程中借给或租赁给购货单位使用的各种包装物和容器。

企业的材料按用途可分为两大类：库存材料和在用材料。在用材料在再生产过程中形成产成品、半成品，不再作为单独的材料存在。所以，材料评估主要是对库存材料的评估。按照现行会计制度规定，库存材料包括以上1~4项。

（二）材料评估的步骤

存货材料的特点是品种多、数量大、性质各异，且计量单位、计价方式、购入时间和自然损耗各不相同。根据库存材料的特点，评估可按下列步骤进行：

1. 核实账、表是不是与实物数量一致，并查明有无霉烂、变质、毁损等质量问题，有无超储呆滞的材料。

2. 根据不同的评估目的和待估资产的特点，选择适当的评估方法。从评估实践看，根据不同的经济行为，材料评估可以采用的标准有现行市价标准、重置成本标准、收益现值标准和清算价格标准；而在评估方法的应用上，则更多的是采用重置成本法、现行市价法和清算市价法。这是由于流动资产功效的高低取决于其自身，而且是再生产过程中的"消费型"资产，即使在发生投资行为的情况下，仍可采用重置成本法和现行市价法。

就这几种方法而言，如果在某种材料市场畅销、供求基本平衡的情况下，现行市价法和重置成本法可以替代使用，但如果不具备上述条件，则应分别使用。如以变现为目的的材料评估，应采用现行市价法；如以补偿为目的时，则应采用重置成本法。它们的差异性表现在是否适销和适销程度上，更多情况下两种方法趋同。而当企业停业或破产清算时，则库存原材料的评估应采用清算价格法。

3. 运用企业库存管理的 ABC 管理法对库存材料进行科学分类。A 类资产品种少，占用资金多；B 类资产品种比 A 类多一些，占用资金比 A 类少一些；C 类资产品种繁多，占用资金少。流动资产评估借用该方法进行资产核实和评估，目的就是为了对 A 类材料重点核实，重点调查整理现行价格资料，以控制总体。然后根据一定的目的和要求，对材料排队，分清重点，着重对重点材料（A 类）进行评估，对其他材料可适当粗略，做到既能保证评估质量，又节约评估费用。

（三）材料评估的方法

1. 近期购进材料的评估

近期购进的材料，库存时间短，在市场价格变化不大的情况下，其账面值与现行市价基本接近。评估时，可采用历史成本法和现行市价法进行评估，但在评估实务中，为了提高评估效率，多采用历史成本法。此时，若企业会计资料健全，由于账面成本既反映了材料的历史成本，故可直接采用账面成本作为评估值。

【例 6 - 1】 某企业在评估基准日 1 月前购进生产原料 15 吨，单价 2 万元 / 吨，购入时每吨运杂费 200 元。至资产评估日，尚余库存 10 吨，且这种材料的市场价格近期无较大波动。请确定该原材料的评估值。

该材料属近期购进，与现行市价基本接近，可采用历史成本法进行评估。

$$材料评估值 = 10 \times (20\ 000 + 200) = 202\ 000(元)$$

本例中的运杂费主要指外地运杂费，因其数额较大，评估时将其计入评估值；对于从市内购进，发生数额较小的运杂费，评估时可略去不计；但对于体积大、单位价值低的材料的市内运杂费，则应计入材料的评估值当中，因为这类单位材料分摊的相对运杂费较高。

2. 购进批次间隔时间长、价格变化大的材料评估

若企业库存材料各批次间隔时间较长，且材料价格随时间波动较大，就应采用

现行市价法进行评估，即或以最接近市场价格的那批材料的价格或直接以市场价格作为评估值。

【例6-2】　某企业在过去一年分3批购进原材料，第一批1 000吨燃料购进时间为2003年10月10日，购进单价200元/吨；第二批800吨为同年11月15日，购进单价220元/吨；第三批200吨为年底购进，购进时单价为175元/吨。以2004年1月1日为评估基准日进行评估时，经核实尚存500吨在库。该材料的市场价格波动频繁。以上述材料，确定该燃料的评估值。

由于各批次材料购进时价格波动较大，故采用现行市价法进行评估。因第三批材料于年底购进，与评估基准日接近，一般可以反映基准日当时的市场价格，故以此作为现行市价测算评估值。

$$材料评估值 = 500 \times 175 = 87\,500(元)$$

应该注意的是，若最后一批材料的购进日与评估基准日之间价格又发生了重大变化，则不应以最后一批材料的购进价格作为基准日的现行市价，而应查询基准日的实际市价作为评估价格。亦可采用物价指数法，以统一的评估时点为基准日，利用物价指数对不同批次的原材料物资的账面价值加以调整，其计算公式为

$$评估价值 = 账面价值 \times \frac{评估时物价指数}{取得时物价指数} - 损耗$$

此外，材料分期购进，由于各企业采用的核算方法各不相同，如先进先出法、后进后出法、加权平均法等，其账面余额也不尽相同。但核算方法的差异不应影响评估结果，评估时关键就是核查库存材料的实际数量，以及选准评估价格。

3. 购进时间较早，市场已经无货，没有准确市场现行价格材料的评估

对这种类型材料的评估，有三种方法可供选择：

（1）同类商品的平均物价指数修正进价。这是用同类商品的平均物价指数修正材料进价的评估方法。其基本公式为

材料评估值 = 库存数量 × 同类商品物价指数 - 减值因素

（2）参照替代品的现行市价。这是通过寻找替代品的现行价格，修正材料进价的评估方法。其基本公式为

材料评估值 = 库存数量 × 替代品现行市价 × 调整系数 - 减值因素

（3）根据市场价格趋势修正进价。这是在市场供需分析的基础上，确定价格趋势，并以此修正材料进价的评估方法。其基本公式为

材料评估值 = 库存数量 × 进价 × 市场供需升降指数 - 减值因素

【例6-3】　某厂2002年6月购进某种原材料200吨，单价2 000元/吨，由于当时该材料属于紧俏物资，价格较高，而且该种材料的供应有明显的季节性，2003年12月进行评估时，市场上已无大量的交易活动。经清查核实，此种材料的库存尚有20吨，因保管等原因造成的减值因素占材料原值的4%。试确定该原材料的评估值。

依据不同情况，评估时可选择不同评估方法测算如下：

①按照同类商品的物价指数进行评估，据调查，同样商品的物价指数2002年6月为100%，2003年12月为105%，即甲材料的价格上升了5%左右，则

甲材料的评估值 = 20 × 2 000 × 105%/100% - 2 000 × 20 × 4% = 40 400(元)

②市场上另有一种材料乙与材料甲功能相似,可作为甲材料的替代品,乙材料的现行市价为 1 500 元/吨,根据历史数据可知甲、乙材料的价格之比为 1:0.8,则

甲材料的评估值 = 20 × 1 500 × 1/0.8 - 2 000 × 20 × 4% = 35 900(元)

③通过分析市场供需趋势,甲材料价格目前基本稳定,但需求略有上升,将价格拉动上升了 5% 左右,则

甲材料的评估值 = 20 × 2 000 × 105% - 2 000 × 20 × 4% = 40 400(元)

4. 积压物资的评估

超储积压物资是指从企业库存原材料中清理划出需要进行处理的那部分流动资产。这类物资长期积压,既占用流动资金,又需支付银行利息,有的还因积压时间过长,受自然力的作用被侵蚀,或因保管不善而使使用价值下降。

对超储积压物资的评估,首先应对其进行质量鉴定,然后区分不同情况进行考虑。对于产权变动的企业资产评估,可采用清算价格法。对于继续生产经营,仍有可能使用的资产价值评估,一般不采用重置成本法或物价指数法,可在原账面历史成本的基础上,扣减相应的减值因素,进行适当调整得出评估值。其基本公式为

超储积压物资的评估值 = 超储积压物资账面值 × (1 - 调整系数)

【例 6-4】 一化工企业在进行资产评估时,经核实,发现某些材料为明显的超储积压物资:①易变质的化学药剂 0.5 吨,账面价值为 4 000 元/吨,因企业季节性停产而长期积压,预计油桶泄漏和部分变质造成的损耗已达 60%;②橡胶管 400 米,单价为 25 元/米,因企业购买时未预见到此种橡胶管使用范围窄,耗用量极少,而一次购入过多,造成长期积压,已有开始氧化的迹象,预计造成的损耗为 40%;③电子元器件 1 000 个,账面价值为 50 元/个,因产品升级换代,此种材料已不再在产品中使用,属淘汰型号,确定减值率为 70%。依据以上材料,计算这些材料的评估值为

超储材料的评估值 = 0.5 × 4 000 × (1 - 60%) + 400 × 25 × (1 - 40%) +

1 000 × 50 × (1 - 70%) = 21 800(元)

5. 盘盈、盘亏或毁损材料的评估

①盘盈的材料由于没有历史成本资料,因此应采用重置成本法和现行市价法进行评估。

若盘盈材料能取得同种材料的现行市价,以市价评估,计算公式如下:

盘盈材料评估值 = 盘盈材料数量 × 该种材料现行市场单价 - 损耗

若无法取得现行市价,则应以类似材料的交易价为参照物进行评估,数学表达式如下:

盘盈材料评估值 = 盘盈材料数量 × 参照物材料的交易价 × (1 + 调整系数) - 损耗

【例 6-5】 某厂在期末对库存材料进行盘点时,盘盈 A 类材料 1 000 公斤,目前的市价为 30 元/公斤,盘盈 B 类材料 400 公斤,该种材料市场已经脱销,现有一种类似材料可作为它的替代物,现行市价为 20 元/公斤。根据比较鉴定,这种类似材料的性能优于 B 类材料,故引入减值系数 10%。因 A 类材料存放时间较长,质量有所下降,损耗率定为 5%,试确定材料 A、B 评估值。

A 类材料的评估值 = 1 000 × 30 × （1 – 5%） = 28 500（元）

B 类材料的评估值 = 400 × 20 × （1 – 10%） = 7 200（元）

②盘亏、毁损材料不存在评估问题，应直接从待估材料申报额中扣除。

6. 破产企业原材料的评估

当企业停业或破产清算时，根据拍卖原材料的可变现价格确定其评估值。如果清算期限能满足正常变现的时间，清算价格与变现价格是等值的。如果某种原材料完全失去其原有使用价值，一般按废料变价处理，从此来确定评估价值。而破产企业有使用价值的库存材料，主要是以资产拍卖的变现价格为依据。

原材料变现价格评估，首先需要通过市场售价比较，评估出资产的重估价值，然后与交易双方协商共同确定成交价格。一般情况下，成交价格要低于资产重估价格。

【例 6 – 6】 某企业进行破产清算，经核实仓库内尚有一批去年购入的原材料150 公斤，购入时价格40 元／公斤，且这种材料市场价格下降10%。经交易双方协商，最后以低于重估价值5%的价格进行交易。

材料的重估价值 = 150 × 40 × （1 – 10%） = 5 400（元）

材料的拍卖价值 = 5400 × （1 – 5%） = 5 130（元）

此外，企业转让时，对受让方不需要的原材料，需投放市场销售变现，还需要考虑变现费用和变现时间以及销售概率等因素。

【例 6 – 7】 某企业受让一批材料，现因资金原因，将其投放市场变现。材料共 100 吨，半年内售出的概率为40%，一年左右售出的概率为60%。现行市价为每吨 4 000 元，价格波动不大，变现费用为售价的5%。一般情况下，半年内脱手者可不折现，若一年左右变现的应按贷款利息率（假设为10%）折现。

由于实现销售有一定概率，要按概率计算其期望值。计算如下：

①半年内脱手，变现净值为

X = 4 000 × 100 × （1 – 5%） = 380 000（元）

②一年左右脱手，变现净值为

Y = 4 000 × 100 × （1 – 5%） × （1 + 10%）$^{-1}$ = 345 454.55（元）

③考虑销售概率，变现净值的期望值之和 （X × 0.4 + Y × 0.6） 即为甲材料的变现净值。

Z = 380 000 × 0.4 + 345 454.55 × 0.6 = 359 272.73（元）

二、低值易耗品和包装物的评估

低值易耗品和包装物是一类比较特殊的实物类流动资产，它们既不同于固定资产，也不同于原材料，有其自身的特点。

（一）低值易耗品的界定与分类

1. 低值易耗品的界定。低值易耗品是指单位价值在规定限额以下或使用年限在1 年以内，且能多次使用而基本保持其实物形态的劳动资料，如工具、管理工具、劳保用品和玻璃器皿等。

2. 低值易耗品的分类。低值易耗品种类很多，为了评估需要，可以对其进行分类，其分类方法是：

（1）按用途分类：一般工具、专用工具、替换设备、管理工具、劳动保护用品和其他。这种分类的目的在于，在低值易耗品评估过程中为了简化评估工作，可按大类进行评估。

（2）按使用情况进行分类：在库低值易耗品和在用低值易耗品。这种分类是考虑了低值易耗品的具体情况，对评估方法选用的影响较大。

（二）低值易耗品评估的特点

低值易耗品本来是企业中的劳动资料，可以多次使用而不改变原有的实物形态，在使用过程中需要进行维护、修理，报废时也有一定残值，这些都与固定资产相似。但由于它相比固定资产而言单位价值低，容易损坏，故在会计核算中归入材料核算，并对领用低值易耗品实行分期摊销。同时，低值易耗品又是特殊的流动资产，它与典型的流动资产相比，具有周转时间长，不构成产品实体等特点。

由于低值易耗品的上述特点，它的评估就遇到了因会计制度原因而导致的"账实不符"的情况。按期限分次摊销法核算的低值易耗品，因摊销期通常核定在短期之内，而实际使用不受此限，常常出现账外资产；实行五五摊销法的，领用时摊销半年，报废时摊销半年，使资产的账面成本与实际成本的差异率拉大；实行一次摊销的，则大多成为账外资产，即使部分过渡到待摊费用账户，也不能自然实现账实相符。由此可见，低值易耗品的账面成本与重置成本的差异率很大，因此，在评估实践中应特别注意低值易耗品资产的清点造册，以防遗漏账外资产。如果企业低值易耗品数额很大时，尽管它单件价值很低，总额却很大。特别是一些企业提高固定资产的标准，将更多的劳动资料归入低值易耗品，就更应该重视这部分资产的评估。

（三）低值易耗品的评估的方法

1. 在库低值易耗品的评估

在库低值易耗品的评估方法与库存材料的评估方法是相同的，可以根据不同情况分别采用历史成本法、重置成本法和现行市价法进行评估。

2. 在用低值易耗品的评估

在用低值易耗品的评估方法，类似于固定资产评估的评估方法，也可根据不同情况采用历史成本法、重置成本法或现行市价法进行评估。它与在库低值易耗品的区别就在于它已经发生了一定的损耗，不能按原值进行评估，只能按净值评估。基本公式如下：

在用低值易耗品的评估价值 = 全新低值易耗品成本价值 × 成新率

这种方法的关键在于成新率的确定。由于低值易耗品的摊销方法大多不能反映其实际成新率，故成新率的确定并不能参照账面数据，可根据实际观测确定，也可用下式计算成新率：

$$成新率 = \left(1 - \frac{低值易耗品实际已使用时间}{低值易耗品可使用时间}\right) \times 100\%$$

全新成本价值，对购进时间长，价格变化不大的在用低值易耗品，可以用账面历史成本确定全新成本价值；对购进时间较早，或价格变化较大的在用低值易耗品，可以采用重置成本或现行市价加以确定。

【例6-8】　某企业于2003年8月购进10套保险柜，单价800元，同时划归各科室领用。2004年4月企业与外单位联营，需进行评估，经核实鉴定，这批保险柜的平均成新率为90%，试确定该批保险柜的评估值。

由于市场价格变动不大，采用原账面历史成本法确定其全新成本价值。这批保险柜的评估价值为

$$保险柜评估值 = 800 \times 10 \times 90\% = 7\ 200(元)$$

（四）包装物的评估

包装物本来属于辅助材料，但由于它的使用和核算特殊，所以被单列为评估对象来研究。评估中所指的包装物，与会计制度规定的口径一样，是为包装本企业产品而储备的各种包装容器，如桶、箱、瓶、坛、袋等。各种包装材料和作为固定资产或低值易耗品使用的包装物不在此列，不对外出租、出售、出借的包装物也不在此列。故包装物评估对象是专为本企业产品包装，并随商品出售而出租、出售、出借的各种包装容器。

包装物评估不同于材料评估，它的评估必须考虑其周转性。出租和出借包装物，在形式和实际上都是可以收回的，因而它需要进行价值的摊销，从而就可能因摊销程序的原因引起账实不符，这种情况类似于低值易耗品。

但是，包装物与低值易耗品又极不一样，形成包装物评估的最大特点是，反映包装物本身价值的资产账户可能变得并不代表包装物价值，而与它相关联的负债账户倒或许是包装物价格的准确体现。也就是说，资产账户可能是空壳，而负债账户倒反映真正的资产，这是资产评估中遇到的一种特例。这是因为，包装物的领用在未报废或摊销完毕之前，是通过"出租包装物"或"出借包装物"科目来反映摊余价值的，但包装物已经对外出租或出借。为保证包装物的安全，对出租、出借均要收取包装物押金，金额通常高于其成本，并作为负债记入"其他应付款"科目。

因此，包装物的评估除采用类似固定资产或低值易耗品的评估方法，重点是对由负债转化为资产部分的评估，即对包装物押金退还的可能性进行评估，确定哪些按实际在用的包装物估价，哪些按押金估价，评估的方法主要是根据经验数据进行分析测算各类出售、出租、出借的包装物的回收概率，回收率余数与押金之积就是相应的包装物的价值。

【例6-9】　某厂进行破产清算，共有80万元包装物，其中库存未用包装物10万元，库存已用包装物20万元，出租、出借包装物50万元。全新包装物重置成本上涨了10%，已用包装物成新率为70%，出租、出借包装物根据经验分析一般只能回收40%，贬值率为10%，假设原加收包装物押金是按摊余价值的1倍收取的，试确定该包装物的评估价值。

（1）库存未用包装物的重置成本：10 ×（1 + 10%）= 11（万元）

（2）库存已用包装物的重置成本：20 ×（1 + 10%）× 70% = 15.4（万元）

（3）出租、出借包装物的评估值：

能回收部分：50 × 40% ×（1 - 10%）= 18（万元）

不能回收部分：50 × 60% × 1 = 30（万元）

因此，该厂包装物的评估价值总额为：11 + 15.4 + 18 + 30 = 74.4（万元）

三、在产品的评估

（一）在产品的界定

在产品是指原材料投入生产后，尚未最后完工的产品。广义的在产品指从原材料投入到产成品完工入库，这期间的一切产品都称在产品，它包括各生产阶段正在加工或装配的产品，以及已经完成一道或几道生产程序，还未完成整个生产过程，等待加工或装配的库存半成品。狭义的在产品不包括自制半成品。外购半成品（即外协件）视同材料评估，对外销售的半成品视同产品评估。

在产品评估具有以下两个的特点：

1. 在产品的数量不易清查核实。

2. 在产品由于尚未加工或装配完成，需要估计完工程度。

（二）在产品评估的方法

1. 重置成本法

由于企业的半成品一般并不对外销售，它的价值主要体现在企业内部，故而主要采用重置成本法对其进行评估，即根据技术鉴定和质量检测的结果，按评估时的相关市场价格及费用水平重置同类同等级在产品所需投入的合理的料、工、费来计算评估值。具体的计算方法主要有以下几种。

（1）按价格变动系数调整原成本。按价格变动系数调整原成本这种评估方法主要适用于生产经营正常、会计核算水平较高的企业的在产品、自制半成品的评估。可参照实际发生的原始成本和备料到评估日时市场价格变动情况调整成重置成本，具体步骤如下：

①首先对被评估的在产品进行技术鉴定和质量检测，将其中超出正常范围的不合格产品成本从总成本中剔除，对在产品按不同级别进行分类。

②分析账面成本和市场变化情况，将非正常的不合理资产从总成本中剔除。

③测算出投入材料从其生产准备开始到评估基准日止市场价格变动情况，并测算出相应的价格变动系数。

④检查从开始生产日到评估基准日期间，账面成本中工资、燃料及动力等价格是否存在上涨事宜，并测算出调整系数。

⑤根据技术鉴定和等级分类结果，原账面成本分析和价格变动系数，调整账面成本，确定评估值，必要时还要从变现的角度修正评估值。基本计算公式为

某项或某类在产品、自制半成品成本 ＝ 原合理材料成本 × （1 + 价格变动系数）＋ 原合理制造费用 × （1 + 合理制造费用变动系数）

【例 6-10】　某企业准备继续生产已入库的某系列在产品，具体资料如下：

①至评估日止该系列在产品账面累计总成本为 250 万元，该系列中有一种在产品 150 件报废，账面单位成本为 100 元 / 件，估计可回收的废料价值为 1 500 元；

②该系列在产品的材料成本占总成本的 60% ，所有材料为有色金属材料。按其生产准备始到评估日止有半年时间，据市场价格看，同类材料在半年内价格上涨 10% ；

③费用分析表明，本期在产品的单位产品费用偏高，主要是前期漏转费用6万元计入本期成本，其他费用在半年内未变化。

试用价格变动系数调整原成本法对该系列在产品进行评估。

该系列在产品总成本　　　　　250万元

减：废品成本　　　　　　　　 -1.5万元 ［（100×0.015）］

　　前期漏转成本　　　　　　 -6万元

加：材料涨价增加的成本　　　 +14.91万元 ［（250-1.5）×60%×10%］

　　废品残值　　　　　　　　 +0.15万元

　　评估值　　　　　　　　　 257.56万元

在评估操作中，也许由于原始成本不实或者由于材料价格上涨，也可能由于市场原材料价格变化，致使评估结论高于其应占销售价格的比例。如果按评估结果调整账面值，那么被评估资产的一部分价值在交换中便无法实现，产品销售定将出现亏损。在这种情况下评估人员不可硬性调低评估值，而应分析产品价格是否会随着材料价格的调整而调整，如果产品价格有上调的可能，也就没有必要再调低评估值。所以，初评结论还有必要根据变现的可能性进行修正。

（2）按社会平均工艺定额和现行市价计算评估值。这种方法是按重置同类资产的社会平均成本确定被评估资产的价值。采用这一方法，要求委托方提供较齐全的资料：

①被评估在产品的完工程度；

②被评估在产品有关工序的工艺定额；

③被评估在产品耗用原材料的近期市场购买价格；

④被评估在产品的合理工时费率（指在正常生产经营条件下生产的工时费率）。

计算评估值的计算公式为

某种在产品评估值 =（该工序单件材料工艺定额 × 在产品实有数量 ×

　　　　　　单位材料现行市价 + 该工序单件工时定额 × 在产品实有数量 ×

　　　　　　正常小时工资费用）×（1 ± 调整系数）× 在产品完工程度

式中：工艺定额，如果有行业的平均物料消耗标准，可按行业的标准计算，没有行业统一标准的可按企业现行的工艺定额计算。

调整系数是指是市场前景透明度差，预计市场供求情况在未来会发生变化，而被估在产品又不能在短期内投放市场，因而被估在产品有潜在变现风险，所以需要设置调整系数。没有变现风险的可以不用此系数，调整系数的大小应根据产品生产周期、供求关系等与变现风险有关的因素来确定。

【例6-11】　甲钢铁厂某型号产品的在产品经核实为40件。每件钢材消耗定额200公斤，每公斤平均单价3元，在产品累计单位工时定额100小时，工资及福利费每小时2元，其他费用每小时定额4元（假设此种产品不存在变现风险）。根据以上资料评估该产品的在产品评估价值。

原材料成本 = 40 × 200 × 3 = 24 000（元）

工资及福利费 = 100 × 2 × 40 = 8 000（元）

其他费用 = 40 × 100 × 4 = 16 000（元）

该产品的在产品的评估价值 = 24 000 + 8 000 + 16 000 = 48 000(元)

（3）按在产品的完工程度计算评估值。在产品的最终结果是产成品，这种方法是将清查核实后的在产品数量，按照完工程度调整为约当产量，然后在计算产成品重置成本的基础上，按在产品的完工程度计算其评估值。计算公式为

在产品评估值 = 产成品重置成本 × 在产品约当产量（或完工率）

在产品的约当产量的确定方法在会计中已有详细介绍，此处不再赘述。值得注意的是在产品的投料方式。若在产品的材料是在生产过程的开始时一次性投入，那么材料成本应该按照在产品的实际数量而不是约当数量进行计算。

【例6-12】 甲企业评估时，库存某在产品40件。该在产品的材料已投入80%，完工程度为25%，该产品的单位定额成本资料为：材料定额4 000元，工资定额100元，制造费用定额1 400元。试确定在产品的评估值。

在产品材料的约当产量 = 40 × 80% = 32(件)

在产品工资和制造费用的约当产量 = 40 × 25% = 10(件)

在产品的评估值 = 32 × 4 000 + 10 × (1 000 + 1 400) = 152 000(元)

2. 现行市价法

现行市价法即按同类在产品和半成品的市价，扣除销售过程中预计发生的费用后计算评估值。这种方法适用于因产品下马，在产品和自制半成品只能按评估时的状态向市场出售的情况下进行的评估。一般情况下，被估资产通用性好，能够用于维修，评估价格可按市场现行接受价格确定。而对不继续生产又无法通过市场调剂出去的专用配件和需报废的在产品，只能按废料回收价格进行评估。基本公式如下：

某在产品评估值 = 该种在产品实有数量 × 可接受的单位市场价格 −
预计在销售过程中发生的费用

如果在调剂过程中有一定的变现风险，则还要考虑设立风险调整系数，计算可变现的评估值。

报废的在产品评估值 = 可回收废料的重量 × 单位重量现行的回收价格

【例6-13】 某企业有关评估资料如下：

在产品的账面成本为350万元，按在产品状况及通用性的好坏分为三类：

第一类，已从仓库中领出但尚未进行加工的原材料，可按实有数量，技术鉴定情况、现行市场价格计算评估值。评估结果为100万元。

第二类，已加工成部件，可通过市场调剂，流动性较好的在产品，可根据市场可接受价格、调剂过程中的费用、调剂的风险确定评估值。本例中在半年内能直接销售的在产品有73万元，预计销售费用2万元。

第三类，加工过程中无法调剂出去又不能继续加工，只能报废处理的在产品，分别按报废的在产品名称、实有数量、可回收报废数量、单位回收价格计算总回收价格为44万元。

该企业在产品的评估结果为

100 + (73 − 2) + 44 = 215(万元)

四、产成品和库存商品的评估

产成品是指企业加工生产并已完成全部生产过程，可以对外销售的制成品；库存商品是指企业为了销售而购入的物品。已经销售或准备销售的半成品，可以视同产成品看待。还应包括已完工并经过质量检验但尚未办理入库手续的产成品。

（一）评估特点

对于产成品、库存商品，尽管所处生产过程不同，使用目的不同，但它们仍具有一定的共性：其一是都具备完整的实物形态，其二是都具备完整的价格形态。一般以其完全成本为基础，根据其变现的可能性和市场接受价格，即产品市场销售情况的好坏决定是否加上适当的利润，或是以低于成本的价格进行评估。

（二）评估方法

1. 重置成本法

该方法主要适用于企业承包、租赁、联营等资产业务中，不发生资产所有权变动的情况以及生产周期超过一年，而且在一年内生产资料价格和劳动力价格均发生了较大变化的企业产成品的评估。至于生产加工周期不到一年的企业，其产品的重置价可用实际发生成本为依据，考虑物价变动等重大因素调整而得，无须进行每项产品成本的重新计算。具体应用过程中，可分以下两种情况进行：

（1）当评估基准日与产成品完工时间较接近，成本升降变化不大时，可以直接按产成品账面成本确定其评估值。其计算公式为

产成品评估值 = 产成品实有数量 × 单位产成品账面成本

（2）当评估基准日与产成品完工时间相距较远，制造产成品的成本费用变化较大时，产成品评估值可按下列公式计算

产成品评估值 = 产成品实有数量 ×（合理材料定额 × 材料单位现行价格 +
合理工时定额 × 合理单位小时工资费用）

或

产成品评估值 = 产成品实际成本 ×（材料成本比例 × 材料调整系数
+ 工资费用成本比例 × 工资费用综合调整系数）

式中：产成品的实际成本是指经审核后扣减不合理的报废产品成本，调整非正常因素而一次性计入或扣减成本后的数字。

【例6－14】　某事务所对企业进行资产评估。经核查，该企业产成品实有数量为1 000件，根据该企业的成本资料，结合同行业成本耗用资料分析，合理材料工艺定额为200公斤／件，合理工时定额为20小时。评估时，由于生产该产成品的材料价格上涨，由原来的40元／公斤涨至45元／公斤，单位小时合理工时费用不变，仍为15元／小时。确定该企业产成品的评估值。

产成品评估值 = 1 000 ×（200 × 45 + 20 × 15）= 9 300 000（元）

2. 现行市价法

该方法适用于涉及所有权变动的资产交易（一般的产品资产评估也大多采用该方法）。它的主要思路是以不含价外税的可接受的市场价格为基础，扣除相关费用后，计算被评估企业产成品评估值的一种方法。其中，工业企业的产品一般以卖出

价格为依据，商业企业一般以买进价为依据。在使用现行市价法评估产成品时，需特别注意以下几点：

（1）选择市场价格时应注意的因素：

①产成品及库存商品的使用价值，即根据对产品本身的技术水平和内在质量的技术鉴定结果，确定产品是否有使用价值以及产成品的实际等级，以便选择合理的市场价格；

②分析市场供求关系和被评估产成品的市场前景；

③所选择的价格应该是在公开市场上所形成的近期交易价格，非正常交易价格不能作为评估的依据；

④若产成品外表存在不同程度的残缺，可根据其损坏程度，通过调整系数予以调整。

（2）选择市价的原则：

①所选择的价格必须是公开市场所形成的近期交易价格，非正常交易价格不能作为评估的依据；

②听取有多年经销经验人员的意见，充分掌握买方和卖方的信息资料，并在此基础上作出价格的判断。

（3）正确处理现行市价中待实现的利润和税金。

一般来说，企业产品不含税出厂销售价格的内容由制造成本、管理费用、财务费用、销售费用、销售税金及附加、所得税支出和税后利润部分构成。其中，制造成本、管理费用、财务费用之和构成企业产成品的完全成本。评估人员在进行评定估算时，应该结合企业销售人员对产成品的销售情况进行分类，分别不同类型进行评估。其计算公式为

Ⅰ.十分畅销的产成品评估值＝核实后实有数×不含税的出场销售价－（销售费用＋销售税金及附加＋所得税）

Ⅱ.正常销售的产成品评估值＝核实后实有数×不含税的出场销售价－（销售费用＋销售税金及附加＋所得税＋适当税后利润）

Ⅲ.勉强能销售的产成品评估值＝核实后实有数×不含税的出场销售价－（销售费用＋销售税金及附加＋所得税＋税后利润）

Ⅳ.滞销、积压、降价销售的产成品评估值＝核实后实有数×不含税的出场销售价×（1－折扣率）

产成品的价值只有通过市场销售才能实现，故而，在评估操作时，计算未实现的所得税和税后利润应遵循的原则是：

①对十分畅销的产品，在扣除销售费用、销售税金及附加和所得税后，将产品完全成本加税后利润作为评估值；

②对正常销售的产品，在扣除销售费用、销售税金及附加、所得税和适当税后利润后，将完全成本和一定税后利润作为评估值；

③对勉强能够销售的产品，在扣除销售费用、销售税金及附加、所得税和税后利润后，只保留完全成本作为评估值；

④对滞销、积压、降价销售的产品，应将完全成本进行一定折扣后作为评估值。

【例6-15】 某厂的产成品转让分为A、B、C、D四个系列的产品：

A系列十分畅销，库存共100件，出厂价（含增值税）117元/件；

B系列正常销售，库存共500件，出厂价（含增值税）234元/件；

C系列勉强能够销售，库存共100件，出厂价（含增值税）351元/件；

D系列属积压产品，库存共200件，出厂价（含增值税）234元/件。

假设所有产品的畅销费用率均为2%，销售税金及附加占销售收入的比例为1%，利润率为15%。计算该厂产成品的评估值。

A产品畅销：

评估值 $= 100 \times 117/1.17 \times (1 - 2\% - 1\% - 15\% \times 33\%) = 9\,205$（元）

B产品正常销售，假设只保留60%的税后利润：

评估值 $= 500 \times 234/1.17 \times (1 - 2\% - 1\% - 15\% \times 33\% - 15\% \times 67\% \times 40\%)$

$= 88\,030$（元）

C产品勉强能够销售：

评估值 $= 100 \times 351/1.17 \times (1 - 2\% - 1\% - 15\%) = 24\,600$（元）

D产品积压，预计折扣率为80%：

评估值 $= 200 \times 234/1.17 \times (1 - 80\%) = 8\,000$（元）

故该厂全部产成品的评估值为：$9\,205 + 88\,030 + 24\,600 + 8\,000 = 129\,835$（元）

第三节 债权类及货币类流动资产的评估

债权类流动资产包括应收账款、预付账款、应收票据、短期投资及其他费用等；货币类流动资产包括现金和各项存款。

一、应收账款和预付账款的评估

（一）评估步骤

企业的应收账款和预付款项主要指企业在经营过程中赊销产品所形成的尚未收回的款项，以及企业按合同规定预付给供货单位的货款等。它们没有物质实体的存在，而是以货币形式表现的债权性流动资产，无论是否约定偿还期，到期偿还的债务额都是由事前约定的。它的这一经济特点决定了评估的特点，即不再需要评估债权是多少。但是，由于它既非现金，又非实际可用于企业生产经营的资产，只有收回后才能作为实际的资产，在等待的这一段时间后，其价值就有可能会有不同，并且它的回收还具有不确定性。因而，对应收账款和预付账款的评估可以从以下几方面进行（下面主要说明应收账款评估，预付账款评估可参照进行）。

1. 清查、核实应收账款的账面值是否真实可靠

（1）核对总账、明细账是否相符，资产负债表中的应收账款与总账"应收账款"科目中的余额是否相符，并且查实应收账款明细账中负债人的姓名、地址，若姓名、地址不详的或列"其他"字样的都必须查清。

（2）查清负债人的姓名、地址后，由评估机构协同委托人向负债人逐笔发出询证函，要求负债人对函中所列前款的真实性鉴证回答，并查明各笔欠款的发生事件。

（3）根据询证函返回的信息作第二次复查，并在此基础上作出应收账款可靠性的基本估计。

2. 确认已确定的坏账损失

已确定的坏账损失是指评估时债务人已经死亡或破产倒闭而确实无法收回的应收账款。对于确定的坏账损失，应严格按照经济合同法的相关条款进行。

3. 确定预计坏账损失

对应收账款回收的可能性进行判断，可根据企业与债务人的业务往来和债务人的信用情况，将应收账款分为：

（1）业务往来较多，对方结算信用度较高。这类应收账款基本都能如期收回。

（2）业务往来少，对方结算信用度一般。这类应收账款收回的可能性大，但收回时间难以确定。

（3）一次性业务往来，对方信用情况不清楚。这类应收账款可能收回一部分。

（4）长期拖欠或对方单位已经撤销。这类应收账款可能无法收回，应作坏账处理。

以上的分类方法既对应收账款坏账损失的可能性作了判断，同时也为定量分析坏账损失作了准备。

（二）坏账损失确定的方法

1. 应收账款余额百分比法

应收账款余额百分比法是根据会计期末应收账款的余额乘以估计坏账率即为当期应估计的坏账损失，据此提取坏账准备。估计坏账率可以按照以往的数据资料加以确定，也可根据规定的百分率计算。其计算公式为

$$坏账百分比 = \frac{评估前若干年发生坏账数额合计数}{评估前若干年应收账款余额合计数} \times 100\%$$

$$预计坏账金额 = 评估时应收项目余额 \times 坏账百分比$$

但是如果企业应收账目多年未作清理，没有处理坏账损失的账面资料，则无法采用此种方法。

【例6-16】 评估公司拟对某企业进行资产评估，根据财务报表获悉，截至评估基准日，该企业应收账款余额为400万元。而企业前5年应收账款余额合计为2 000万元，发生坏账损失合计数为50万元。试确定该企业应收账款评估值。

$$坏账百分比 = 50/2\ 000 \times 100\% = 2.5\%$$

$$预计坏账金额 = 400 \times 2.5\% = 10（万元）$$

$$应收账款评估值 = 400 - 10 = 390（万元）$$

2. 账龄分析法

账龄分析法是根据应收账款入账时间的长短来估计坏账损失的一种方法。一般来说，款项被拖延的时间越长，收回的可能性就越小，发生坏账的可能性就越大。

【例6-17】 某企业评估基准日应收账款总额200万元，已提取坏账损失准备10万元。该企业应收账款按账龄分析如表6-1所示，试确定该企业应收账款评估值。

表 6 – 1   **某企业应收账款分析表**

应收账款账龄	金额/万元	估计坏账损失率（%）	估计坏账损失金额（万元）
未到期	100	0.5	0.5
过期六个月	40	2	0.8
过期一年	30	10	3
过期 2 年	20	60	12
过期 3 年以上	10	100	10
合 计	200	13.15	26.3

评估时根据以上资料得：

$$坏账损失率 = 26.3/200 \times 100\% = 13.15\%$$

$$应收账款评估值 = 200 \times (1 - 13.15\%) = 173.7(万元)$$

二、应收票据的评估

（一）票据的种类

票据是具有一定格式的书面债据，由债务人签发的指定日期内有持票人或承兑人收回票面金额的书面证明。票据有记名的，也有不记名的；有带息的，也有不带息的；有由出票人支付的本票、银行本票或期票，也有由出票人通知另一方支付的本票或汇票；有见票即付的即期票据，也有按票面载明日期付款的远期票据。

应收票据是指企业持有尚未兑现的各种票据，主要包括：

（1）顾客交来的自己签发的本票；

（2）顾客交来的他人签发的背书的本票和汇票；

（3）企业本身签发的、经付款人承兑的汇票。

（二）评估方法

由于票据有带息和不带息之分，所以对不带息的票据，其评估值即是票面金额；对于带息票据，应收票据的评估值应由本金和利息两部分构成，本金是指出票人承诺的债务金额，利息则为债务到期时所应支付的资金使用成本。应收票据评估主要采用以下两种方法：

1. 本金加利息法。这种方法评估值即为票据的到期值。用公式表示如下：

$$应收票据评估值 = 本金 \times (1 + 利息率 \times 时间)$$

式中：时间是指从票据签发日至评估基准日之间的这段时间。

【例 6 – 18】 某企业持有一张为期一年的应收票据，本金为 150 万元，年利息率为 12%，截至评估基准日离付款日还差两个月时间，试计算该票据评估值。

$$应收票据评估值 = 150 \times (1 + 12\%/12 \times 10) = 165(万元)$$

2. 贴现法。这种方法是对企业拥有的尚未到期的票据，按评估基准日从银行可以获得的贴现计算确定评估值。这种方法较为保守，分为无息和有息票据两种情况。

（1）未到期无息票据贴现的评估。其计算公式为

$$应收票据评估值 = 到期价值 - 贴现息$$

$$贴现息 = 到期价值 \times 贴现率 \times 贴现期$$

$$贴现期 = 到期天数 - 持票天数$$

【例6-19】 某企业流动资产中含有不带息票据一张，票面金额为100万元，期限3个月，至评估基准日止已持有1个月，评估基准日的贴现率为6%，试确定该票据评估值。

$$贴现期 = 3 - 1 = 2(个月)$$
$$到期价值 = 100(万元)$$
$$贴现息 = 100 \times 6\%/12 \times 2 = 1(万元)$$
$$票据评估值 = 100 - 1 = 99(万元)$$

（2）未到期有息票据贴现的评估。未到期有息票据贴现与无息票据的差异仅在于有息票据的到期值还应加上利息收入。

假设应收票据载明票面利率8%，其他条件同【例6-19】，则：

$$贴现期 = 3 - 1 = 2(个月)$$
$$到期价值 = 100 \times (1 + 8\%/12 \times 3) = 102(万元)$$
$$贴现息 = 102 \times 6\%/12 \times 2 = 1.02(万元)$$
$$票据评估值 = 102 - 1.02 = 100.98(万元)$$

如果被评估的应收票据在约定的时间未能收回时，应将其视同应收账款，比照应收款的评估方法，在调查分析的基础上确定坏账损失。

三、待摊费用和预付费用的评估

费用本身并不是资产，是已耗用资产的反映，因此它本身并不是资产评估的对象。但是费用支出可以形成一定形式的实物资产和享用服务的权利以及其他无形资产，这种有形的、无形的资产只要存在，已付出的费用就是有价值的。这种未消逝的有形的或无形的资产就应作为费用评估的对象。

（一）待摊费用

待摊费用是指已经支付或发生，但应由本期或以后各期分别负担的分摊期在一年以内的各项费用，不包括摊销期限在一年以上的按递延资产核算的待摊费用。它大致包括以下几类：

（1）属于预付费用性质的，如预付保险费、预付报纸杂志费等；

（2）属于均衡成本性质的，如一次性大量领用低值易耗品，为均衡成本按受益期摊销；

（3）属于无形资产性质的，如因引进生产线而开支的职工培训费等，由于没有涉及相应的无形资产科目，也反映在待摊费用之中；

（4）属于特殊性质的，如按规定分期摊入成本的融资租入固定资产的租赁费、固定资产购置费等。

对于待摊费用的评估，原则上应按其形成的具体资产价值来确定。比如待摊的机器设备修理费用，因为大修理费已使机器设备的寿命延长或增加其作用功能，使机器设备的评估值增大，因此，这个部分的待摊费用已在机器设备的价值中得以实现，没有必要再在待摊费用中体现，故而评估值为零。

待摊费用的评估对象就是费用支出所形成的实体资产和权益，它只与资产和权益的存在相关，与摊余价值没有本质的联系。如果待摊费用所形成的资产和权益已经消失，无论摊余金额还有多少，待摊费用的价值为零。

在存在资产和权益的情况下，待摊费用的评估有两类方法，一类是待摊费用的作用很难界定，如引进技术、合作生产而开支的技术转让费和职工技术培训费等，只能按待摊费用余额确定；另一类预付费用的作用期限和效益是确定的，例如，低值易耗品、预付租金等，要根据实际内容评估，其中低值易耗品的摊余价值和固定资产租金可分别参照低值易耗品和租赁权益评估，房屋租金可参照房地产评估，而不是以待摊费用余额为凭。

【例6－20】　某企业评估基准日为2003年12月31日，账面待摊费用余额223 000元，其中：2003年1月31日预付未来一年的保险金132 000元，已摊销100 000元，余额32 000元；2003年7月1日预付未来一年的房租180 000元，已摊销100 000元，余额80 000元，以前年度应结转的待摊费用111 000元。试确定待摊费用的评估价值。

①预付保险金评估

按照保险金全年支付数额计算每月应分摊数额为：132 000/12＝11 000（元）

待摊保险金评估值 ＝ 132 000 － (11 × 11 000) ＝ 11 000(元)

②预付房租摊销评估

按照预付一年房租180 000元，每月应摊销15 000元，2003年7月至12月应摊销的15 000 ×6 ＝90 000元。

待摊预付房租租金评估值 ＝ 180 000 － 90 000 ＝ 90 000(元)

③以前年度结转费用的评估

这部分待摊费用是应摊销而未摊销的部分，应按实际情况注销，不应评估，因此评估值为零。

待摊费用的评估结果为：11 000 ＋90 000 ＋0 ＝ 101 000（元）

（二）预付费用

预付费用是指按照结算制度或合同规定，对尚未提供的商品或劳务所预先支付的款项。预付费用在评估日之后才能产生效益，如预付的报纸杂志费、预付保险金、预付租金等。因而，可将这类预付费用看做是未来取得服务的权利。

预付费用的评估主要根据其未来可产生效益的时间。如果预付费用的效益已在评估日前全部体现，只因发生数额过大而采取分期摊销的办法，那么，这种预付费用就不应在评估中作价，只有那些在评估日之后仍将发挥作用的预付费用才是评估的真正对象，可参照待摊费用的评估方法进行评估。

四、短期投资的评估

短期投资是各种能够随时变现、持有时间不超过一年的有价证券以及不超过一年的其他投资。

由于短期投资性质的有价证券经常在市场流通，可随时变现，因此，对短期投资有价证券的评估，应按评估基准日的市场收盘价为基础确定评估值。其基本公式如下：

短期投资有价证券评估价值 = $\sum$（有价证券股数 × 每股市场收盘价）

对于不能公开交易的有价证券，可按其本金加持有期间的利息计算评估值。

【例 6 – 21】 甲企业以每股 10 元的价格购入上市公司 A 的股票 10 000 股，目的是用于短期投资，至评估日收盘价每股 15 元，试确定股票的评估值。

A 股票投资的评估值 = 10 000 × 15 = 150 000（元）

五、现金和各项存款的评估

现金和各项存款的评估一般根据核实调整后的账面价值进行。具体来说：

1. 对现金进行盘点，倒推出评估基准日的实际库存数作为评估值。

2. 查阅银行存款对账单、银行存款余额调节表，按核实调整后的账面值作为银行存款的评估值。评估人员对存款有疑问的，应向银行发询证函取证。特别应注意多头开户企业的银行存款。

3. 外币存款。应将外币存款核实数按评估基准日的国家外汇牌价折算成人民币值。

第七章

长期投资及其他资产评估

第一节　长期投资评估概述

一、长期投资的概念

长期投资是一个含义较为广泛的概念。通常把长期投资分为广义的长期投资和狭义的长期投资两种。

广义的长期投资泛指企业投入财力（包括向本企业和企业以外地方的投资活动），以期获得投资报酬的活动或行为。

狭义的长期投资指企业向那些并非直接为本企业使用的资产项目上投入资金，以期获得投资报酬的活动和行为。长期投资是指不准备随时变现、持有时间超过一年以上的投资。

资产评估中的长期投资，是指不准备随时变现，持有时间超过一年的企业对外投资，或者是反映在企业"长期投资"账户上的那部分企业资产。企业的长期投资又可分为股权投资和债权投资。股权投资包括向附属企业、其他企业的投资。它有两种投资形式：一是直接投资形式，是指以现金、有形资产或无形资产等资产形式直接投入到被投资企业，并取得投资证明或股权证明；二是间接投资形式，是指通过证券市场购买其他企业的股票，以达到投资于其他企业的目的。债权投资是指通过购买国库券、各种企业债券或公债等所实现的投资。

二、长期投资评估的特点

长期投资从投资者的角度来看，不仅仅是不准备随时变现，持有时间超过一年的对外投资，长期投资的根本目的是为了获取投资收益和投资资本增值。当然为了实现上述目的，长期投资可以采取各种形式或不同阶段性目的表现出来。例如，通过购买其他企业发行的股票，或者直接投资于其他企业，以实现控制被投资企业的目的。又例如，通过长期投资于另一个企业以达到与该企业建立起长期的合作关系等等。不论长期投资采取什么样的形式，以及阶段性目标如何，最终目的都是为了获得投资收益，表现为直接的投资收益，或者使投资企业获得更大的发展从而增加收益。

长期投资的上述特点决定了长期投资资产评估具有以下特点：

（一）长期股权投资评估是对资本的评估

企业的长期投资虽然有不同的目的动机、投资类型、出资方式和存在形式，但总是以其各类资产作为资本金对外投放的，而用于长期投资的资产则发挥着资本的功能。如将企业的闲置资金或专项资金投资于有价证券获取利息收入，所投资金发

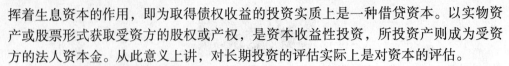

挥着生息资本的作用，即为取得债权收益的投资实质上是一种借贷资本。以实物资产或股票形式获取受资方的股权或产权，是资本收益性投资，所投资产则成为受资方的法人资本金。从此意义上讲，对长期投资的评估实际上是对资本的评估。

（二）长期股权投资评估是对被投资企业获利能力的评估

长期股权投资的根本目的是为了获取投资收益和实现投资增值。因此，被投资企业的获利能力就成为长期投资评估的决定性因素。

长期投资的根本目的是为了获得投资收益，它的价值主要体现在它的获利能力大小上。此时，长期投资资产的获利能力与投资企业本身没有直接联系，而主要取决于被投资企业、单位等的获利能力，以及与此相联系的风险。例如，对以债权投资形式存在的长期投资，投资方更多关心的是定期收取规定的利息以及债权到期时如数收回本金。因而对债权投资评估，主要考虑的是债券发行主体的获利能力和偿债能力，股权投资亦是同理。所以，对投资方的获利能力和偿还能力的评估是长期投资评估的又一显著特点。

（三）长期债权投资评估是对被投资企业偿债能力的评估

由于长期债权投资到期应收回本息，被投资企业偿债能力的大小直接影响着投资企业债权投资到期收回本息的可能性。因此，被投资企业偿债能力就成为长期债权投资评估的决定因素。

从某种意义上讲，长期投资评估已经超出了对被评估企业自身的评估。有时需要对被投资企业或单位进行审计、验资和评估。能否以及怎样对被投资企业或单位进行审计、验资或评估，要受现行有关法律法规、制度等的制约。因此，在有些情况下，长期投资的评估会受到某些限制。充分利用资产评估的"替代原则"，采用切实可行的评估途径和评估方法对长期投资进行合理估价，是长期投资评估的另一特点。

三、长期投资评估的方式及分类

长期投资的特定目的多种多样，因而长期投资的形式也不拘一格。但是较为普遍的长期投资形式主要有公债、国库券、企业债券、股票、设备租赁，把企业现有闲置资产或可分享的资产投入到其他企业等。

考虑资产评估的技术特点，按照长期投资存在的形态，可将长期投资分为以下几大类：

1. 实物资产的长期投资。实物资产的长期投资是指投资方以实物资产形式，包括厂房、长期投资评估、材料等作为资本金投入参与其他企业运营，或组成联营企业。

2. 无形资产的长期投资。无形资产的长期投资是指投资方以自身拥有的无形资产，如专有技术、土地使用权等作为资本金投入其他企业，或组成联营企业。

3. 证券资产的长期投资。证券资产是表明投资的事实，把投资者的权利转化为有价证券，以货币资产购买股票、企业债券等资产，称为证券资产长期投资。

长期投资形态分为投资时的形态和收益时的形态。投资时的形态表现为实物资产、无形资产、证券资产或货币资金，收益时的形态表现为货币资金。

四、长期投资评估程序

（一）明确长期投资项目的具体内容

首先，在进行长期投资的评估时，应明确长期投资的种类、原始投资额、评估基准日余额、投资收益计算方法、历史收益额、长期股权投资占被投资企业实收资本的比例以及相关会计核算方法等。

（二）进行必要的职业判断（审核和鉴定）

在进行长期投资评估时，应审核鉴定长期投资的合法性和合规性，以及长期投资账面金额、各期投资收益计算的正确性和合理性，判断被评估的长期投资余额、投资收益率等参数的准确性。而这些参数的合理性是长期投资评估的基础和基本依据。

（三）根据长期投资的特点选择合适的评估方法

将长期投资分为可流通交易和不可流通交易两类，对于可以在证券市场上市交易的股票和债券一般应采用市场途径以及现行市价法进行评估，按评估基准日的收盘价确定评估值；对于不可以上市交易的股票和债券一般应先考虑采用收益途径及其相应的方法进行评估，当然也可采用评估人员认为其他可行的评估途径及方法进行评估。

（四）测算长期投资价值，得出评估结论

根据影响长期投资价值的各种因素，选择相应的评估方法，通过分析判断得出评估结论。长期投资评估是对企业的长期投资资产进行科学、合理的估算，使企业更加合理配置各种生产要素，形成最佳的生产力，进而使企业取得更好的经济效益。通过评估可以使企业的决策者能够清楚本企业长期投资资产的评估价值，做到胸中有数，为未来长期投资取得较好的经济效益具有重要的现实意义。

五、长期投资评估适用的价格标准及评估方法

（一）长期投资评估适用的价格标准

从长期投资评估的特点可以知道，长期投资评估实际上是对资本金的评估，显然长期投资评估运用的标准或计价基础是收益现值。

（二）长期投资评估的一般方法

概括地讲，长期投资评估适用的一般方法是现行市价法和收益现值法。但是，根据我国目前交易市场的发展情况来看，采用现行市价法评估长期投资资产尚有许多困难，因而，在目前主要是采用收益现值法。由于长期投资的存在形态多种多样，而且各种各样存在形态的长期投资期限也长短不一。根据长期投资期限的长短，长期投资评估的一般方法分为有限期的长期投资评估方法和永久性长期投资评估方法两种。

1. 有限期的长期投资评估方法

有限期的长期投资，是指投资期超过一年，但非永久性的长期投资。例如，投资企业购买其他企业债券、国库券，以及向其他企业投入各种资产组成联营企业等投资都属于有限期的长期投资。它们的评估一般为

$$P = \sum_{i=1}^{n} \left[R_i (1 + r)^{-i} \right] + A (1 + r)^{-n}$$

式中：P——债券的评估值；

$\quad R_i$——债券在第 i 年的预期收益（利息）；

$\quad r$——适当的折现率；

$\quad A$——债券的面值或本金；

$\quad i$——评估基准日距收取利息日期限；

$\quad n$——评估基准日距到期还本日期限。

从公式中可以看出，有限期的长期投资的重估价格实际上是指在长期投资的年份里，长期投资带来的收益及投资本金的折现值之和。

2. 永久性长期投资评估的一般方法

长期投资中属于永久性投资的主要是股票投资，就一般情况而言，股票是不还本的，它具有永久性投资的特点。其评估公式为

$$P = \sum_{i=1}^{\infty} R_i (1 + r)^{-i}$$

上式中 ∞ 为无穷大，其他符号的含义同有限期的长期投资评估公式。

当每年收益相等时，上式为 $P = \dfrac{R}{r}$。

六、长期投资评估的内容

（一）对拟发生的长期投资的评估

对拟发生的长期投资的评估是相对企业尚未发生投资行为的资产进行评估。这里存在两种情况：一种是企业出于扩大本企业的生产规模或其他目的向本企业内部增加的投资，这种投资虽然不能在长期投资会计科目上显示，但就其行为来讲属于永久性长期投资的范围。对这类长期投资的评估，实质上是对投资方案的可行性进行评估。另一种情况是，企业拟向其他企事业单位投入资产或组成联营企业，这类属于有限期或永久性的长期投资，对这类长期投资的评估，实质上是对拟投资的资产及其收益进行评估。

（二）对长期投资方案的评估

对长期投资方案的评估，即对投资方案的可行性进行评定。评定时应着重考虑货币的时间价值和投资的风险价值。其通常运用的方法为净现值法（未来报酬的总现值 > 原始投资的现值，方案可行）、现值指数法（现值指数 > 1，方案可行）、内含报酬率法（内含报酬率 > 资金成本，方案可行）等。

长期投资评估的结果是对企业长期投资资产较真实价值的估算，能够反映企业长期投资资产的真正价值，通过评估结果，可以评价出企业长期投资经济效益的好坏，对企业今后长期资产投资科学合理地投放具有很重要的意义。

第二节 长期债权投资的评估

一、长期债权投资及其特点

债权可能有多种存在形式，债券是最具有代表性的一种。这里就以债券为例来讨论债权投资的特点及其评估要求。

（一）债券概述

1. 债券是政府、企业、银行等债务人为了筹集资金，按照法定程序发行的并向债权人承诺于指定日期还本付息的有价证券。

2. 债券面值是指设定的票面金额。它代表发行主体借入并且承诺于未来某一特定日期偿付给债券持有人的金额。

3. 债券票面利率指票面金额一年的利息率。通常，债券上要注明发行者每年要支付一笔固定的利息给持有人，而债券的票面利率就等于每年的利息与债券面值之比。

票面利率不同于实际利率。实际利率通常指按复利计算的一年期的利率。债券的计息和付息方式有多种，可能使用单利或复利计息，利息支付可能半年一次、一年一次或到期日一次总付。这就使得票面利率不等于实际利率。

4. 债券的到期日：指偿还本金的日期。债券一般都规定到期日，以便到期时归还本金。

5. 债券的分类：按发行主体不同，分为政府债券、金融债券和公司债券；按期限长短分类，分为短期债券、中期债券和长期债券；按利率是否固定可分为固定利率债券和浮动利率债券；按是否记名，分为记名债券和无记名债券；按已发行时间，分为新上市债券和已流通在外债券；按是否上市流通，债券可分为上市债券和非上市债券。

（二）长期债券投资特点

债权投资与股权投资相比较，具有如下特点：

1. 投资风险较小，安全性强

投资风险较小。在正常情况下，不论是政府、企业还是银行发行债券都须按国家有关债券发行的规定严格执行。政府发行债券要有国家财政担保；银行发行债券要以银行的信誉及资产做后盾；发行企业债券的企业通常是有发展前途的，并有企业资产担保。通常银行发行的金融债券和企业发行的企业债券期限较短，加之有财产担保，投资风险相对较小。因为国家对债券发行有严格的规定，发行债券必须满足国家规定的基本要求。

2. 到期还本付息，收益相对稳定

收益稳定性。债券通常都是事先规定好债券利率，它并不随市场利率变动而变动。在一般情况下，债券发行主体为了吸引投资者，通常要把债券利率定得高于同期银行储蓄利率。在银行储蓄利率不以大幅度上升时，债券的收益是比较稳定的。只要债券发行主体不发生较大变故，债券的收益是相当稳定的。

3. 具有较强的流动性

如果购买的债券是可以上市交易的债券，其变现能力较强，投资企业可以随时在证券市场上交易变现。

（三）长期债权投资的评估的原则

长期债券投资评估的原则主要有收益折现和实际变现原则。

1. 收益折现原则

债券的价格最终是由其发行主体的盈利状况决定的，投资者所关心的是购买债券所能获得的收益，评价或评估一种债券的价格，就需要把长期债券的预期收益折现。因而，对发行主体的信誉、经营状况、财务状况和盈利能力等要进行综合分析，较恰当地预测其收益。

2. 实际变现原则

长期债券的价格固然由收益现值决定，但是在证券市场化比较发达的条件下，债券作为一种特殊的商品可在市场上流通，其价格要受供求、投机等因素的影响。因此，对于债券的评估还要随行就市，不能排除按实际变现的状况对债券估价的影响。

二、长期债权投资的评估方法

（一）上市交易债券的评估

上市交易的债券是指可以在证券市场上交易、自由买卖的债券，对此类债券一般采用现行市价法进行评估，按照评估基准日的收盘价确定评估值。当长期投资中的债券作为评估对象时，如果该种债券可以在市场上流通买卖，并且市场上有该种债券的现行价格，那么，相对于投资者而言，尽管不准备将这些债券短期内兑现（短时期内变现的债券归属短期投资），该种债券的现行市价仍然是确定该种债券评估价值的最重要依据。在正常情况下，上市债券的现行市场价格可以作为它的评估值。当然，在某些特殊情况下，如证券市场投机严重，债券价格严重扭曲，债券价格与其收益现值严重背离等。只有在这些特殊情况下，对上市债券的评估才可以抛开债券的市场价格进行客观地评价，具体评估方法可参照非上市债券的评估方法。

运用市场法评估债券，债券价值的计算公式为

债券评估价值 = 债券数量 × 评估基准日债券的市价（收盘价）

可见上市流通债券的现行市价一般是以评估基准日的收盘价为准。评估人员需在评估报告中说明可上市流通债券的评估方法、评估依据，以及评估结果的时限性。

【例7-1】 被评估企业持有1993年发行的三年期国库券2 000张，每张面值100元，年利率9.5%，评估时，1993年发行的面值100元国库券的市场交易价为110元，评估人员认定在评估基准日该企业持有的1993年发行的国库券的评估值为

评估值 = 2 000 × 110 = 220 000（元）

（二）非上市交易债券的评估

对于非上市交易债券不能直接采用市价进行评估，应该采取相应的评估方法进行价值评估。

债券作为有价证券或资本证券的一种，从理论上讲，它的市场价格是其收益现

值的市场反映。当债券可以在市场上自由买卖、贴现，债券的现行市价就可以作为债券的评估价值。但是，如果有些债券不能在市场上自由交易，其价格就需要通过其他途径和方法来评估。下面就按债券能否上市流通分别叙述。

不能进入市场流通的债券，无法直接通过市场判断其评估价值，采用收益途径及其方法评估非上市债券的价值是一种比较好的途径。

非上市债券的评估，主要采用收益途径中的若干方法。根据非上市债券的种类和非上市债券还本付息的方式，把非上市债券分为每年支付利息到期还本债券和到期一次性还本付息、平时不支付利息债券两大类。对每一类债券采取不同的具体评估方法。

1. 每年（期）支付利息、到期还本债券的评估。每年（期）支付利息、到期还本债券的评估采用有限期的收益现值法，用公式表示为

$$P = \sum_{i=1}^{n} \left[R_i (1 + r)^{-i} \right] + A(1 + r)^{-n}$$

式中：P——债券的评估值；

R_i——债券在第 i 年的预期收益（利息）；

r——适当的折现率；

A——债券的面值或本金；

i——评估基准日距收取利息日期限；

n——评估基准日距到期还本日期限。

由于债券利率和还本期都是事先规定好的，计算债券的预期收益并不困难。而债券评估的折现率是由两部分内容构成的：无风险报酬率和风险报酬率。无风险报酬率通常以银行储蓄利率、国库券利率及国家公债利率为准。而风险报酬率的高低则取决于债券发行主体的具体情况。如债券发行主体是企业，那企业的经营情况和业绩、企业的竞争能力、企业的财务状况，以及企业所在行业的风险等都是影响债券风险报酬率的因素。就我国企业债券发行情况来看，企业发行债券需要国家批准，而且国家对发行债券的企业有着较为严格的条件约束。所以，发行债券的企业一般都是信誉好、经营效益较高、风险较小的。就债券评估而言，只要评估人员认为债券发行主体有足够的偿还能力和付息能力，债券的风险不是很大。

【例 7-2】　某企业拥有另一企业发行的债券 10 000 元，两年期，年利率 17%，评估时债券购入时间已满一年，当时的国库券利率为 8%，发行债券企业的风险报酬率为 2%。

分析：已知债券面值和利率，便可得出债券到期的本利和，即终值。把终值折成现值，关键是选择折现率。这考虑两个因素：一是债券类投资的正常利率，可以用国库券利率；二是所持有债券具有的风险，从而在折现时加上所持有债券风险报酬因素。故

$$
\begin{aligned}
债券的重估价格 &= \frac{1\ 700}{1 + 8\% + 2\%} + \frac{10\ 000}{1 + 8\% + 2\%} \\
&= 1\ 700 \times 0.9091 + 10\ 000 \times 0.9091 \\
&= 1\ 545.47 + 9\ 091
\end{aligned}
$$

$$= 10\ 636.47(元)$$

2. 到期后一次性还本付息债券的评估。到期后一次性还本付息债券，是指平时不支付利息，到期后连本带利一次性返还的债券。此类债券的评估的计算公式为

$$P = \frac{F}{(1 + r)^n}$$

式中：P——债券的评估值；

    F——债券到期时本金和利息之和；

    r——折现率；

    n——评估基准日到债券到期日的间隔（以年或月为单位）。

关于本利和 F 的计算要视债券利息是采用单利率计算还是采用复利率计算而定。

（1）采用单利率计算的终值可按下式计算。

$$F = A(1 + m \times r)$$

式中：A——债券的面值或计息本金值；

    m——债券的期限或计息期限；

    r——债券利息率。

（2）采用复利率计算的终值可按下式进行。

$$F = A(1 + r)^m$$

式中：符号含义同（1）式。

【例 7-3】 被评估企业拥有红星机械厂发行的 4 年期一次性还本付息债券 10 000元，年利率18%，不计复利，评估时债券的购入时间已满 3 年，当时的国库券利率为 10%。评估人员通过对红星机械厂的了解，认为该债券风险不大，按2% 的风险报酬率，以国库券利率为无风险报酬率，折现率定为 12%。红星机械厂债券评估过程如下：

$$F = A(1 + m \times r)$$

$$F = 10\ 000 \times (1 + 18\% \times 4) = 17\ 200(元)$$

$$P = \frac{F}{(1 + r)^n}$$

$$P = \frac{17\ 200}{(1 + 12\%)^1} = 15\ 357(元)$$

第三节　长期股权投资的评估

一、股票投资的评估

股票评估中的各种模型实际上是对发行股票的公司未来发展情况的概括和抽象，在股票评估中，估价模型的选择取决于对发行股票公司未来发展前景的预期和判断。例如，基础性行业中公司股票的评估，可能会因公司发展相对稳定而采用固定红利模型，而有明显经营周期的公司的股票评估采用分段模型可能更灵活一些。

（一）股票投资的特点

股票投资是指企业通过购买等方式取得被投资企业的股票而实现的投资行为。股票投资具有高风险、高收益的特点，如果被投资的企业破产，股票投资人不仅没有红利可分，而且有可能"血本无归"。股票按不同的分类标准可分为：记名股票和不记名股票，有面值股票和无面值股票，普通股股票和优先股股票，公开上市股票和非上市股票等。股票的价格包括票面价格。发行评估通常与股票的票面价格、发行价格和账面价格的联系并不紧密，而与股票的内在价格、清算价格和市场价格有着较为密切的联系。

股票的清算价格是公司清算时公司的净资产与公司股票总数的比值。如果因公司经营不善或者其他原因被清算时，该公司的股票价值就相当于公司股票的清算价格。

股票的内在价值，是一种理论价值或模拟市场价值。它是根据评估人员对股票未来收益的预测，经过折现后得到的股票价值。股票的内在价值主要取决于公司的财务状况、管理水平、技术开发能力、公司发展潜力，以及公司面临的各种风险。

股票的市场价格是证券市场上买卖股票的价格。在证券市场比较完善的条件下，股票的市场价格基本上是市场对公司股票内在价值的一种客观评价，在某种程度上可以将市场价格直接作为股票的评估价值。然而，当证券市场发育尚未成熟之时，股票市场的投机成分太大时，股票的市场价格就不能完全代表其内在价值。因此，在具体进行股票价值评估时，也就不能不加分析地将其市场价格作为股票的评估值。

（二）股票评估的原则

股票评估的原则主要有内在价值原则、收益本金化原则和实际变现原则。

1. 内在价值原则

股票是最典型的虚拟本金，股票的价格基础是以证券形式所代表股票发行主体的生产能力和获利能力。内在价值原则所强调的是，在股票的评估过程中要充分注意股票发行主体的经营实绩及预期效益。

2. 收益本金化原则

股票作为一种虚拟本金，它的重估价格就是股票预期收益的本金化价格。

3. 实际变现原则

股票作为一种特殊商品，其重估价格可根据股票的变现值来确定。实际变现原则是指对于可上市流通的股票的评估。可以把其变现现值作为评估的依据。

二、股票的评估方法

股票的种类很多，但是按照利润分红或剩余财产分配的顺序，股票一般分为优先股和普通股。有优先于普通股分红权利的股份叫优先股；普通股按股份对公司净资产和净利润拥有所有权。按照能否上市分为上市股票和非上市股票两种，从目前我国试行股份制的情况来看，目前主要是非上市股票。股票的评估按非上市股票和上市股票分别介绍。

（一）非上市股票的评估

1. 在一般情况下，优先股在发行时就规定了股息率，只要发行企业有足够优先分红的利润，优先股的收益就有保证。在优先股中常见的是"累积性、非分享性优先股"，即企业当期优先分红利润不足以支付优先股息可以转入下期支付。因而，累积性、非分享性优先股很接近于企业债券，只是没有明确的还本期限，具有准企业债券的特点。由于这类股息率是事先确定的，且分红基本有保证，故优先股的评估可按 $P = \dfrac{R}{r}$ 进行计算。

【例 7-4】 被评估企业 A 拥有企业 B 优先股 100 股，每股金额为 1 000 元，股息率为 15%，评估人员根据安全利率为 10%、企业 B 的经营风险报酬率为 2%，确定本金化率为 12%，并根据上述资料计算企业 A 拥有股票的价格如下：

$$P = \frac{(1\,000 \times 100 \times 15\%)}{12\%} = 125\,000(\text{元})$$

如果非上市优先股有上市的可能，持有人又有转售的意向，这类优先股可参照下列公式评估。

$$P = \sum_{t=1}^{n} R_t(1+r)^{-t} + F(1+r)^{-n}$$

式中：F——优先股的预期变现价格；

　　　 n——优先股的持有年限；

其他符号的含义同前。

2. 普通股的评估。普通股的股息和红利分配是在优先股收益分配后进行的，因而，在确定普通股票的未来收益和折现率时，应充分考虑下列因素。

（1）股票发行企业历史上的利润水平及收益分配情况；

（2）股票发行企业的利润波动情况；

（3）发行企业未来的经营实绩；

（4）发行企业未来的经营风险和财务风险；

（5）发行企业所在行业的稳定性；

（6）发行企业经营管理人员的素质等。

通过上述因素的分析和预测，非上市普通股票的折现率，大体上可参照非上市优先股股票的折现率再加上与被评估的普通股股票相适应的风险报酬来确定。

股票的收益假定按以下两种情况来处理。

（1）固定红利模型。固定红利模型是针对经营一直比较稳定的企业的普通股评估设计的。它根据企业经营及红利分配比较稳定的趋势和特点，以假设的方式认定企业今后分配的红利稳定地保持在一个相对固定的水平上。根据这些条件可运用固定红利模型评估普通股的价值。

固定红利模型是假定非上市股票的红利每年相等（或者每年红利额波动较小，比较稳定），因而固定红利模型按下列公式评估。

$$P = \frac{R}{r}$$

式中：P——股票评估值；

　　　 R——股票未来收益额；

　　　 r——折现率。

【例7-5】　假设被评估企业拥有C公司的非上市普通股10 000股，每股面值1元。在持有期间，每年的收益率一直保持在20%左右。经评估人员了解分析，股票发行企业经营比较稳定，管理人员素质高、管理能力强。在预测该公司以后的收益能力时，按稳健的估计，今后若干年内，其最低的收益率仍然可以保持在16%左右。评估人员根据该企业的行业特点及当时宏观经济运行情况，确定无风险报酬率为4%，风险报酬率为4%，则确定的折现率为8%。根据上述材料，计算评估值为

$$P = \frac{R}{r} = \frac{10\ 000 \times 16\%}{8\%} = 20\ 000(元)$$

（2）红利增长模型。红利增长模型适用于成长型企业的股票评估。成长型企业发展潜力很大，追加投资能够带来较高的收益。红利增长模型是假设股票发行未将企业的全部剩余收益以红利的形式分给股东，而是留下一部分用于追加投资扩大生产经营规模、增加企业的获利能力。这样，就使得股票的潜在获利能力增大，红利呈增长趋势。根据成长型企业股票红利分配的特点，可按红利增长模型评估股票价值。在这种假设前提下，普通股股票价值评估值公式为

$$P = \frac{R}{r - g} \quad (r > g)$$

式中：P——股票评估值；

　　　R——股票未来收益额；

　　　r——折现率；

　　　g——股利增长率。

股利增长率一般综合以下各因素来确定：企业发展前景及利润趋势；影响企业经营的内部因素和外部环境；企业负债和股本的比例；企业追加投入计划；企业领导者素质和管理水平；等等。其测定有两种基本方法：第一种是历史数据分析法；第二种是发展趋势分析法。历史数据分析法是建立在对企业历年红利分配数据的分析基础上，利用多种方法（算术平均法、几何平均法和统计平均法）计算出股票红利历年的平均增长速度，作为确定股票红利增长率的基本依据。发展趋势分析法主要是依据股票发行企业股利分配政策，以企业剩余收益中用于再投资的比率与企业股本利润率的乘积确定股票红利增长率g。

【例7-6】　某评估公司受托对D企业进行资产评估，D企业拥有某上市公司的普通股股票20万股，每股面值1元，在持有期间，每年股票收益率在12%左右。股票发行企业每年以净利润的60%用于发放股利，其余40%用于追加投资。根据评估人员对企业经营状况的调查分析，认为该行业具有发展前途，该企业具有较强的发展潜力。经过分析后认为，股票发行企业至少可保持3%的发展速度，净资产收益率将保持在16%的水平，无风险报酬率为4%，风险报酬率为4%，则确定的贴现率为4%，该股票评估值为

$$P = \frac{R}{r - g}$$

$$= \frac{200\ 000 \times 12\%}{(4\% + 4\%) - 40\% \times 16\%}$$

$$= \frac{24\,000}{8\% - 6.4\%}$$

$$= 1\,500\,000(元)$$

（3）分段式模型。分段式模型是针对前两种模型过于极端化、很难运用于所有股票评估这一特点，有意将股票的预期收益分为两段，以针对被评估股票的具体情况灵活运用。

第一段时间的长短通常以能较为客观地估测出股票收益为限，或以股票发行企业的某一生产经营周期为限。

第二段通常是以不直接估测出股票具体收益的时间为起点，采取趋势分析法分析确定或假定第二段的股票收益而分别运用固定红利模型或红利增长模型进行评估，然后将两段股票收益现值相加，得到股票评估值。

【例7－7】 某资产评估公司受托对公司的资产进行评估，公司拥有某一公司非上市交易的普通股股票 10 万股，每股面值 1 元，在持有期间，每年股票收益率在 15% 左右。评估人员对发行股票公司进行调查分析后认为，前 3 年可保持 15% 的收益率；从第 4 年起，一套大型先进生产线交付使用后，可使收益率提高 5 个百分点，并将持续下去。评估时国库券利率为 4%，假设该股份公司是公用事业企业，其风险报酬率确定为 2%，折现率为 6%，则该股票评估值为

股票评估值 = 前三年收益的折现值 + 第四年后收益的折现值

$$= 100\,000 \times 15\% \times (P/A, 6\%, 3) + (100\,000 \times 20\% \div 6\%) \times (1 + 6\%)^{-3}$$

$$= 15\,000 \times 2.673\,0 + 20\,000 \div 6\% \times 0.839\,6$$

$$= 40\,095 + 279\,867$$

$$= 319\,962(元)$$

三、股权投资的评估

股权投资是投资主体以现金资产、实物资产或无形资产等直接投入到被投资企业，取得被投资企业的股权，从而通过控制被投资企业获取收益的投资行为。在股权评估过程中要特别注意少数股权和控股股权对股权价值的影响，在一般情况下，少数股权可能有价值贴水，而控股股权可能有价值溢价。股权投资包括两种投资形式：一种是直接投资形式，投资主体通常以现金、实物资产及无形资产等直接投入到被投资企业，并取得被投资企业出具的出资证明书，确认股权；二是间接投资形式，投资主体通常是在证券市场上，通过购买股票发行企业的股票实现股权投资的目的。对股权投资的评估将按直接投资和间接投资分别讨论。

（一）直接股权投资的评估

企业拥有以直接投资形式存在的股权投资，主要是由于组建联营企业、合资企业或合作企业等经济合作项目产生的。而且，合作通常是有期限的。直接投资形式的股权投资大都是通过投资协议或合同，规定投资方和被投资方的权利、责任和义务，以及投资收益的分配形式，投资本金的处理办法等。就投资收益的分配形式，比较常见的方式有以下几种：

1. 按投资方投资额占被投资企业实收资本的比例参与被投资企业净收益的分配；

2. 按被投资企业销售收入或利润的一定比例提成；

3. 按投资方出资额的一定比例支付资金使用报酬等。

而投资本金的处置方法取决于投资是否是有期限的。无期限的不存在处置办法，而投资协议规定投资是有期限的则投资本金在投资期限届满时的处置方法要依投资协议规定办理。通常的处置方法有以下几种：

1. 协议期满，按投资时的作价金额以现金返还；

2. 协议期满，返还实投资产；

3. 协议期满，按协议期满时实投资产的变现价格或续用价格作价以现金返还等。

对股权投资收益部分的评估，不论采取何种分配形式和方法，其评估方法基本上是按收益现值法进行的。根据投资协议投资方有期限的，按有期限的收益现值法进行评估；如协议规定投资为非有限期的，则按非有限期收益现值法进行评估。对于投资本金部分则要视协议的具体规定酌情评定。凡是以现金返还的，可以用收益现值法对到期回收的现金进行折现或资本化处理。凡是返还实投资产的，则应根据实投资产的具体情况进行评估。以上是股权投资中直接投资评估的基本思路。直接投资中可能还会有许多特殊情况，如投资方的直接投资份额在被投资企业的资本总额中所占比例过小，评估人员直接调查了解被投资企业生产经营、财务状况有许多不便，在这种情况下，除了可以采用收益现值法就投资收益及协议规定的投资本金处置办法评估该项直接投资外，评估人员还可以根据具体情况，运用替代原则选择最恰当的方法合理地评估小股权的价格。如果股权投资为控股投资，则对控股投资的评估就要对被投资企业进行整体评估。

（二）间接投资的评估

股权投资中的间接投资主要是股票投资。股票的种类很多，而且可以按不同的标准进行分类。按票面有否记名可分为记名股票和不记名股票；按有无票面金额可分为面额股票和无面额股票；按股票持有人享有权利和承担风险大小可分为普通股、优先股和后配股；按股票是否上市可分为上市股票和非上市股票。股票不仅种类繁多，而且有各种价格，包括股票的票面价格、发行价格、账面价格、清算价格、内在价格和市场价格。股票评估与股票的票面价格、发行价格及账面价格关系并不十分紧密，而与股票的内在价格、清算价格和市场价格有关。股票清算价格是公司清算时公司的净资产与公司股票总数之比值。如公司真正到了清算的地步，对于公司股票清算价格评估的实质等于对公司净资产的评估，并要考虑公司清算费用等因素。

股票的内在价格是一种理论价格或模拟市场价格，它是根据评估人员对股票未来收益的预测经过折现得到的股票价格。股票内在价格的高低主要取决于公司的发展前景、财务状况、管理水平及获利风险等因素。当然也包括了评估人员对公司前景的个人判断。股票的市场价格是证券市场上买卖股票的价格。在证券市场发育比较成熟的条件下，股票的市场价格就是市场对公司股票的一种客观评价，不需要人们再对股票做主观的判断。

由于股票有上市和非上市之分，股票评估也将按上市股票和非上市股票两大类进行。

1. 上市股票的评估

上市股票是指企业公开发行的，可以在股票市场上自由交易的股票。上市股票在正常情况下随时都有市场价格。因此，在股市发育完全、股票交易比较正常的情况下，股票的市场价格基本上可以作为评估股票的基本依据。但在股市发育不完全，股市交易不正常的情况下，作为长期投资中股票投资的价值就不能完全取决于不正常的股票市场价格，而应以股票的"内在价值"或"理论价值"为基本依据，以发行股票企业的经济实力、获利能力等来判断股票的价值。

上市股票评估值＝股票数量×评估基准日该股票市场收盘价

2. 非上市股票的评估

（1）优先股的评估。在正常情况下，优先股在发行时就已规定了股息率。评估优先股主要是判断股票发行主体是否有足够的税后利润用于优先股的股息分配。这种判断是建立在对股票发行企业全面了解和分析的基础上，包括股票发行企业生产经营情况、利润实现情况、股本构成中优先股所占的比重、股息率的高低，以及股票发行企业负债情况，等等。如果股票发行企业资本构成合理，实现利润可观，具有很强的支付能力，那么，优先股就基本上具备了"准企业债券"的性质，优先股的评估就变得不很复杂了。评估人员就可以以事先已经确定的股息率计算出优先股的年收益额，然后进行折现或资本化处理。

（2）普通股的评估。普通股的股息和红利的分配是在优先股收益分配之后进行的，实际上是企业剩余权益的分配。这样一来，普通股预期收益的预测，相当于股票发行企业剩余权益的预测。因此，对普通股进行评估，就必须对股票发行企业进行全面的了解，具体包括：股票发行企业历史上的利润水平、收益分配政策；股票发行企业所在行业稳定性；股票发行企业管理人员的素质和能力；股票发行企业经营风险、财务风险预测；股票发行企业预期收益预测。

以上各种因素的分析和预测与企业整体评估中对企业的分析和预测基本相同，具体做法请参见企业整体评估。这里只假定上述的分析和预测工作已经完成，只研究普通股的评估技术。为了便于普通股的评估，根据普通股收益的几种趋势情况，把普通股评估收益分为三种类型：固定红利模型、红利增长模型和分段式模型。

第四节　其他资产的评估

一、其他资产的构成

其他资产是指不能包括在流动资产、长期投资、固定资产、无形资产等之内的资产，主要包括具有长期性质的待摊费用和其他长期资产。长期待摊费用包括固定资产大修理支出、租入固定资产改良支出、股票发行费用、筹建期间费用（开办费）等。其他资产主要包括特准储备物资、银行冻结存款、冻结物资以及涉及诉讼的财产等。长期待摊费用本质上是一种费用，而不是资产，只是这种费用的影响不仅体现在本年度，而且延续到以后若干会计年度。

二、其他资产的评估

其他资产的评估值要根据评估目的实现后资产的占有情况和尚存情况，而且与其他评估对象没有重复计算现象的存在进行确定。

由于其他资产除特准储备物资、银行冻结存款、冻结物资以及涉及诉讼财产外，主要是已发生费用的摊余价值，这些摊销的费用不能单独对外交易或转让。只有当企业发生整体产权变更时，才可能涉及对其价值的评估。所以，其他资产能否作为评估对象取决于它能否在评估基准日后带来经济效益。

在评估其他长期资产时，必须了解其合法性、合理性、真实性和准确性，了解费用支出和摊余情况，了解形成新资产和权利的尚存情况。其评估只要根据评估目的实现后资产的占有情况和尚存情况，而且与其他评估对象没有重复计算的现象存在。按此原则，其他长期资产的不同构成内容应采取不同的评估和处理方法。

（一）开办费

开办费是企业在筹建期间发生的、不能计入固定资产或无形资产价值的费用，主要包括筹建期间人员的工资、员工培训费、差旅费、办公费、注册登记费以及不能计入固定资产或无形资产购建成本的汇兑损益、利息支出等。根据现行会计制度的规定，企业筹建期间发生的费用，应于开始生产经营时一次性计入开始生产经营当期的损益。因此，如果企业不是在筹建期间评估的，则不存在开办费的评估问题。如果企业是在筹建期间评估的，由于开办费的尚存资产或权利的价值难以准确计算，故可按其账面价值计算其评估值。

（二）其他长期待摊费用

其他长期待摊费用，比如股票发行费用、租入固定资产改良支出等，其影响可能延续到以后若干年，从理论上讲，对这类项目的评估应依据企业的收益状况、收益时间及货币的时间价值等因素确定评估价值。货币的时间价值因素受时间长短而定，一年内的一般不予考虑，超过一年时间的要根据具体内容、市场行情的变化趋势处理。但从实践上看，由于这些费用对未来产生收益的能力和状况并不能准确界定，如果物价总水平波动不大，可以将其账面价值作为其评估价值，或者按其发生额的平均数计算。

【例7－8】 某企业因产权变动需要进行整体评估。该企业长期待摊费用的账面余额为52万元，其中：办公楼装修摊余价值30万元，租入固定资产改良支出摊余价值12万元，设备大修理费用10万元。据评估人员调查了解，办公楼装修费已包含在房屋评估之中，实现了增值，因此，不能重复评估；设备大修理费用同样也体现在设备评估中，也不能重复计算；租入固定资产改良支出费用发生总额为28万元，已摊销16万元，租赁协议中设备租入期为2年，已租入1年，尚有1年的使用期。根据以上资料，则租入固定资产改良支出的评估价值为

$$固定资产改良支出的评估价值 = \frac{28}{2} \times 1 = 14（万元）$$

第八章

企业价值评估

第一节 企业价值评估概述

一、企业与企业价值

（一）企业

企业是以营利为目的，由各种要素资产组成并具有持续经营能力的自负盈亏的法人实体。作为一类特殊的资产，企业有其自身的特点。

1. 营利性

企业作为一类特殊的资产，其经营目的就是营利。为了达到营利的目的，企业需要在既定的生产经营范围内，将若干要素资产有机组合并形成相应的生产经营结构和功能。

2. 持续经营性

企业要获取利润，必须进行经营，而且要在经营过程中努力降低成本和费用。为此，企业要对各种生产经营要素进行有效组合并保持最佳利用状态。影响生产经营要素最佳利用的因素很多，持续经营是其中一个重要的方面。

3. 整体性

构成企业的各个要素资产虽然各具不同性能，但它们在服从特定系统目标的前提下构成企业整体。企业的各个要素资产功能不会都很健全，但它们可以被整合为具有良好整体功能的资产综合体。当然，即使构成企业的各个要素资产的个体功能良好，但如果它们之间的功能不匹配由此组合而成的企业整体功能也未必很好。因此，整体性是企业区别于其他资产的一个重要特征。

（二）企业价值

企业价值是客观存在的企业属性，是企业对主体的一种效用。按照效用价值论的观点，企业价值由企业的社会公允价值和企业的未来获利能力决定，这是由企业价值的特点所决定的。

在资产评估中，对企业价值的界定主要从以下三个方面进行考虑：

1. 企业价值是企业的公允市场价值

这不仅是由企业作为资产评估的对象所决定的，而且是由对企业进行价值评估的目的所决定的。企业价值评估的主要目的是为企业产权交易提供服务，使交易双方对拟交易企业的价值有一个较为清晰的认识，所以企业价值评估应建立在公允市场假设之上，其揭示的是企业的公允市场价值。

2. 企业价值基于企业的盈利能力

人们创立企业或收购企业的目的不在于获得企业本身具有的物质资产或企业生

154

产的具体产品，而在于获得企业产生利润（现金流）的能力并从中受益。因此，企业价值取决于要素资产组合的整体盈利能力，不具备现实或潜在盈利能力的企业也就不存在企业价值。

3. 资产评估中的企业价值有别于账面价值、公司市值和清算价值

企业的账面价值是一个以历史成本为基础进行计量的会计概念，可以通过企业的资产负债表获得。由于没有考虑通货膨胀、资产的功能性贬值和经济性贬值等重要因素的影响，所以企业资产的账面价值明显区别于上述企业价值。

公司市值是指上市公司全部流通股股票的市场价格（市场价值之和）。在发达的资本市场上，由于信息相对充分、市场机制相对完善，公司市值与企业价值具有一致性。而中国尚处在经济转型中，证券市场既不规范，也不成熟，上市公司存在大量非流通股，因而不宜将公司流通股市值直接作为企业价值评估的依据。

清算价值是指企业停止经营，变卖所有的企业资产减去所有负债后的现金余额。这时企业资产价值应是可变现价值，不满足整体持续经营假设。破产清算企业的价值评估，不是一般意义上对企业价值的揭示，该类企业作为生产要素整体已经丧失了盈利能力，因而也就不具有通常意义上的企业所具有的价值。对破产清算企业进行价值评估实际上是对该企业单项资产的公允市场价值之和进行判断。

二、企业价值评估的特点

企业价值评估具有如下三个特点。

第一，评估对象是由多个或多种单项资产组成的资产综合体；

第二，决定企业价值高低的因素，是企业的整体获利能力；

第三，企业价值评估是一种整体性评估，它与构成企业的各个单项资产的评估值简单加和是有区别的。这些区别主要表现为：

（1）评估对象的差别。企业价值评估的对象是按特定生产工艺或经营目标有机结合起来的资产综合体；而将构成企业的各个单项资产的评估值加和，则是先把各个单项资产作为独立的评估对象进行评估，然后再加总。

（2）影响因素的差异。企业价值评估是以企业的获利能力为核心，综合考虑影响企业获利能力的各种因素以及企业面临的各种风险进行评估；而将企业单项资产的评估值加和，是在评估时针对影响各个单项资产价值的各种因素展开的。

（3）评估结果的差异。由于企业价值评估与构成企业的单项资产的评估值加和在评估对象、影响因素等方面存在差异，两种评估的结果亦会有所不同，其不同之处主要表现在企业的评估值中包含不可确指的无形资产——商誉的价值。

三、企业价值评估在经济活动中的重要性

企业价值评估是市场经济和现代企业制度相结合的产物，在西方发达国家经过长期发展，已形成多种模式，并日趋成熟。目前我国正处于经济转型期，企业价值评估在对外开放和企业改革中的作用越来越突出。

（一）企业价值评估是利用资本市场实现产权转让的基础性专业服务

公司上市需要专业评估机构按照有关规定制订合理的评估方案，运用科学的评

估方法评估企业的盈利能力及现金流量状况，对企业价值作出专业判断。与此同时，为企业的兼并与收购活动提供企业价值评估服务也已成为许多资产评估机构的核心业务之一。由于战略性并购决策着眼于经济利益最大化，而不是着眼于管理范围最大化，所以并购中对目标企业的价值评估非常重要。评估人员应在详细了解目标企业的情况、分析影响目标企业盈利能力和发展前景的基础上，评估目标企业的价值。

（二）企业价值评估能在企业评价和管理中发挥重要作用

以开发企业潜在价值为主要目的的价值管理正在成为当代企业管理的新潮流。管理人员业绩越来越多地取决于他们在提高企业价值方面的贡献。企业价值管理强调对企业整体获利能力的分析和评估，通过制订和实施合适的发展战略及行动计划以保证企业的经营决策有利于增加企业股东的财富价值。

企业价值管理将使习惯于运用基于会计核算的财务数据的企业管理人员的工作发生重大变化，使其不再满足于要求财务数据反映企业的历史，而应运用企业价值评估的信息展望企业的未来，并形成和提高利用企业当前资产在未来创造财富的能力。

第二节 企业价值评估范围界定

一、企业价值评估的一般范围

企业价值评估的一般范围即企业的资产范围。从产权的角度界定，企业价值评估的范围应该是企业的全部资产，包括企业产权主体自身占用及经营的部分、企业主体所能控制的部分（如全资子公司、控股子公司），以及非控股公司中的投资部分。在具体界定企业价值评估的资产范围时，应根据以下有关数据资料进行：

（1）企业的资产评估申请报告及上级主管部门批复文件所规定的评估范围；

（2）企业有关产权转让或产权变动的协议、合同、章程中规定的企业资产变动的范围；

（3）涉及国有资产的企业评估，可参照其评估立项书划定的范围。

二、企业价值评估的具体范围

在对企业价值评估的一般范围进行界定之后，并不能将所界定的企业的资产范围直接作为企业价值评估中的具体资产范围。因为企业价值基于企业整体盈利能力，所以判断企业价值就是要正确分析和判断企业的盈利能力。企业是由各类单项资产组合而成的资产综合体，其对企业盈利能力的形成作出贡献、发挥作用的资产就是企业的有效资产，而对企业盈利能力的形成没有作出贡献，甚至削弱了企业盈利能力的资产就是企业的无效资产，企业的盈利能力是企业的有效资产共同作用的结果。要正确揭示企业价值，就要将企业资产范围内的有效资产和无效资产进行正确的界定与区分，将企业的有效资产作为评估企业价值的具体资产范围。这种区分是进行企业价值评估的重要前提。

在界定企业价值评估的具体范围时，应注意以下几点：

（1）对于在评估时点产权不清的资产，应划为"待定产权资产"，不列入企业价值评估的资产范围。

（2）在产权清晰的基础上对企业的有效资产和无效资产进行区分。在进行区分时应注意把握以下几点：

①企业有效资产的判断，应以该资产对企业盈利能力形成的贡献为基础；

②在有效资产的贡献下形成的企业盈利能力应是企业的正常盈利能力，由于偶然因素而形成的短期盈利及相关资产不能作为判断企业盈利能力和划分有效资产的依据；

③评估人员应对企业价值进行客观揭示，如果企业的出售方拟进行企业资产重组，则应以不影响企业盈利能力为前提。

（3）在企业价值评估中，对无效资产有两种处理方式：一是进行资产剥离，将企业的无效资产在进行企业价值评估前剥离出去，不列入企业价值评估的范围；二是在无效资产不影响企业盈利能力的前提下，用适当的方法将其进行单独评估，并将评估值加总到企业价值评估的最终结果之中。

（4）如企业出售方拟通过"填平补齐"的方法对影响企业盈利能力的薄弱环节进行改进，评估人员应着重判断该改进对正确揭示企业盈利能力的影响。就目前我国的具体情况而言，该改进应主要针对由因体制因素所导致的企业盈利能力的薄弱环节。

第三节 企业价值评估中的收益法

一、收益法的计算公式及其说明

（一）企业持续经营假设前提下的收益法

1. 年金法

年金法的公式为

$$P = A/r$$

式中：P——企业评估价值；

　　A——企业每年的年金收益；

　　r——本金化率。

用于企业价值评估的年金法，是将已处于均衡状态、其未来收益具有充分的稳定性和可预测性的企业的收益进行年金化处理，然后再把已年金化的企业预期收益进行收益还原，估测企业的价值。因此，上述公式又可以写成

$$P = A/r = \sum_{t=1}^{n} R_t / (1 + r)^t \div \sum_{t=1}^{n} 1/(1 + r)^t \div r$$

【例 8 − 1】　待估企业预计未来 5 年的预期收益额为 100 万元、120 万元、110万元、130 万元、120 万元，假定本金化率为 10%，试用年金法估测待估企业价值。

$$P = A/r = \sum_{t=1}^{n} R_t / (1 + r)^t \div \sum_{t=1}^{n} 1/(1 + r)^t \div r$$

$= (100 \times 0.9091 + 120 \times 0.8263 + 110 \times 0.7513 + 130 \times 0.6830 + 120 \times 0.6209) \div$

$(0.9091 + 0.8263 + 0.7513 + 0.6830 + 0.6209) \div 10\%$

$= (90.91 + 99.17 + 82.63 + 88.79 + 73.51) \div 3.7907 \div 10\% = 1\,150(万元)$

2. 分段法

分段法是将持续经营的企业的收益预测分为前后两段。理由在于：在企业发展前一个期间，企业处于不稳定状态，因此企业的收益是不稳定的；而在该期间之后，企业处于均衡状态，其收益是稳定的或按某种规律进行变化的。对于前段企业的预期收益采取逐年预测并折现累加的方法；而对于后段的企业收益，则针对企业具体情况并按企业的收益变化规律进行折现和还原处理。将企业前后两段收益现值加在一起便构成企业的收益现值。

假设以前段最后一年的收益作为后段各年的年金收益，分段法的公式可写成

$$P = \sum_{t=1}^{n} R_t/(1+r)^t + R_n/[r(1+r)^n]$$

假设从 $n+1$ 年起的后段，企业预期年收益将按一固定比率 g 增长，则分段法的公式可写成

$$P = \sum_{t=1}^{n} R_t/(1+r)^t + R_{n+1}(1+g)/[(r-g)(1+r)^n]$$

【例 8-2】 待估企业预计未来 5 年的预期收益额为 100 万元、120 万元、150 万元、160 万元、200 万元，并根据企业的实际情况推断：从第 6 年开始，企业的年收益额将维持在 200 万元水平上，假定本金化率为 10%，试用分段法估测企业的价值。

$$P = \sum_{t=1}^{n} R_t/(1+r)^t + R_n/r(1+r)^n$$

$= (100 \times 0.9091 + 120 \times 0.8263 + 150 \times 0.7513 + 160 \times 0.6830$

$+ 200 \times 0.6209) + 200 \div (10\% \times 0.6209)$

$= 1\,778.02(万元)$

【例 8-3】 承上例资料，假如评估人员根据企业的实际情况推断，企业从第 6 年起，收益额将在第 5 年的水平上以 2% 的增长率保持增长，其他条件不变，试估测待估企业的价值。

$$P = \sum_{t=1}^{n} R_t/(1+r)^t + R_{n+1}(1+g)/[(r-g)(1+r)^n]$$

$= (100 \times 0.9091 + 120 \times 0.8264 + 150 \times 0.7513 + 160 \times 0.6830$

$+ 200 \times 0.6209) + 200(1+2\%) \div (10\% - 2\%) \times 0.6209$

$= 2\,119(万元)$

(二) 企业有限持续经营假设前提下的收益法

前面说过，对企业而言，它的价值在于其所具有的持续的盈利能力。一般而言，对企业价值的评估应该在持续经营前提下进行。只有在特殊的情况下，才能在有限持续经营假设前提下对企业价值进行评估。如果企业章程已对企业经营期限作出规定，而企业的所有者无意逾期继续经营企业，则可在该假设前提下对企业进行价值

评估。评估人员在运用该假设对企业价值进行评估时，应对企业能否适用该假设作出合理判断。

企业有限持续经营假设是从最有利于回收企业投资的角度，争取在不追加资本性投资的前提下，充分利用企业现有的资源，最大限度地获取投资收益，直至企业无法持续经营为止。

在有限持续经营假设前提下运用收益法进行企业价值评估，其评估思路与分段法类似。首先，将企业在可预期的经营期限内的收益加以估测并折现，其次，将企业在经营期限后的残余资产的价值加以估测及折现；最后，将两者相加。其数学表达式为

$$P = \sum_{t=1}^{n} R_t / (1+r)^t + P_n / [r(1+r)^n]$$

式中：P_n——第 n 年企业资产的变现值；

其他符号含义同前。

二、企业收益及其预测

企业收益额是运用收益法对企业价值进行评估的关键。在企业的价值评估中，企业收益额是指在正常条件下，企业所获得的归企业所有的所得额。

（一）企业收益的界定

在对企业收益进行具体界定时，应首先注意以下两个方面：

（1）企业创造的不归企业权益主体所有的收入，不能作为企业价值评估中的企业收益。如税收，不论是流转税还是所得税，都不能视为企业收益。

（2）凡是归企业权益主体所有的企业收支净额，都可视为企业的收益。无论是营业收支、资产收支，还是投资收支，只要成净现金流量，就可视为企业收益。

企业收益有两种表现形式：企业净利润和企业净现金流量。是选择净利润还是净现金流作为企业价值评估的收益基础对企业的最终评估值存在极大的影响。因此在对企业收益进行具体界定时，除了需要对企业创造的收入是否归企业所有进行确认之外，还要对企业的收益形式进行明确的界定。一般而言，应选择企业的净现金流量作为用收益法进行企业价值评估的收益基础。

在对企业的收益形式作出界定之后，在企业价值的具体评估中还需要根据评估目的的不同，对不同口径的收益作出选择，如净现金流量（净利润）与息前净现金流量（息前净利润）的选择。因为不同口径的收益额，其折现值的价值内涵是完全不同的，比如，净现金流量（净利润）折现为所有者权益，"净现金流量（净利润）＋长期负债利息×（1－所得税税率）"折现为"所有者权益＋长期负债"，"净现金流量（净利润）＋利息×（1－所得税税率）"折现为"所有者权益＋长期负债＋流动负债"。

选择什么口径的企业收益作为收益法评估企业价值的基础，首先应服从企业价值评估的目的，即企业价值评估的目的是反映企业所有者权益的净资产价值还是反映企业所有者权益及债权人权益投资资本价值；其次，应在不影响企业价值评估目的的前提下，选择最能客观反映企业正常盈利能力的收益额作为对企业进行价值评

估的收益基础。

（二）企业收益的预测

企业收益的预测，大致分为三个阶段。首先，是对企业收益的历史及现状的分析与判断。其次，是对企业未来可预测的若干年的预期收益的预测。最后，是对企业未来持续经营条件下的长期预期收益趋势的判断。

1. 企业正常盈利能力的判断

对企业收益的历史与现状进行分析和判断的目的，是对企业正常的盈利能力进行掌握和了解，为企业收益的预测创造工作平台。通过对企业收益的历史及现状的分析，判断企业的正常盈利能力，首先要根据企业的具体情况确定分析的重点。对于已有较长经营历史且收益稳定的企业，应着重对其历史收益进行分析，并在该企业历史收益平均趋势的基础上判断企业的盈利能力。而对于发展历史不长的企业，就要着重对其现状进行分析并主要在分析该企业未来发展机会的基础上判断企业的盈利能力。此外，还要结合企业的实际生产经营情况对财务数据加以综合分析。可以作为分析判断企业盈利力参考依据的财务指标有企业资金利润率、投资资本利润率、净资产利润率、成本利润率、销售收入利润率、企业资金收益率、投资资本收益率、净资产收益率、成本收益率、销售收入收益率等。利润率指标与收益率指标的区别主要在于：前者是企业的利润总额与企业资金占用额之比，而后者是企业的净利润与企业资金占用额之比。

为较为客观地判断企业的正常盈利能力，还必须结合影响企业盈利能力的内部及外部因素进行分析。首先，要对影响企业盈利能力的关键因素进行分析与判断。评估人员应通过与企业管理人员的充分交流和自身的分析判断，对企业的核心竞争力存在一个较为清晰的认识。其次，要对企业所处的产业及市场地位有一个客观的认识。企业所处产业的发展前景、企业在该产业及市场中的地位、企业主要竞争对手的情况等都是评估人员应该了解和掌握的。最后，对影响企业发展的可以预见的宏观因素，评估人员也应该加以分析和考虑。如对环境污染严重的企业进行价值评估时，评估人员就应该考虑国家的环境政策对企业未来盈利的影响。总之，只有结合企业内部与外部的因素进行分析，才能对企业的正常盈利能力作出正确的判断。

2. 企业收益预测的基础

对用于衡量企业盈利能力的企业收益不仅存在不同形式及口径上的界定问题，还存在收益预测基础的问题。企业收益预测的基础存在以下两个方面的问题。

第一，什么是预期收益预测的出发点，即是否以企业的实际收益为出发点。有观点认为，以企业在评估时点的实际收益为出发点，更符合资产评估的客观性原则。但是，企业在评估时点的实际收益是企业内部与外部各种因素共同作用的结果。在这些因素中，许多是属于一次性的或偶然性的因素。如果以企业评估时点的实际收益作为预测企业未来预期收益的基础而不加以调整，意味着将在企业未来经营中不复存在的因素仍然作为影响企业未来预期收益的因素加以考虑。显然，这将导致对企业正常盈利能力的误判，进而导致未来收益预测的失实。因此，企业价值评估的预期收益的基础，应该是在正常的经营条件下，排除影响企业盈利能力的偶然因素和不可比因素之后的企业正常收益。

第二，如何客观地把握新的产权主体的行为对企业预期收益的影响。企业的预期收益既是企业存量资产运作的函数，又是未来新产权主体经营管理的函数。但评估人员对企业价值的判断只能基于对企业存量资产运作的合理判断，而不能基于对新产权主体行为的估测。因此，新产权主体的行为对企业预期收益的影响也不应成为预测企业预期收益的影响因素。从这个角度而言，对于企业预期收益的预测应以企业的存量资产为出发点，可以考虑对存量资产的合理改进乃至合理重组，但必须以反映企业的正常盈利能力为基础，任何不正常的个人因素或新产权主体的超常行为等因素对企业预期收益的影响都不予以考虑。

3. 企业收益预测的基本步骤

企业预期收益的预测大致可分为以下几个步骤：

第一步，评估基准日审计后企业收益的调整。评估基准日审计后企业收益的调整包括两部分工作：其一是对审计后的财务报表进行非正常因素调整，主要是损益表和现金流量表的调整。将一次性、偶发性或以后不再发生的收入或费用剔除，把企业评估基准日的利润和现金流量调整到正常状态下的数量，为企业预期收益的趋势分析打好基础。其二是研究审计后报表的附注和相关揭示，对在相关报表中揭示的影响企业预期收益的非财务因素进行分析，并在该分析的基础上对企业的收益进行调整，使之能反映企业的正常盈利能力。

第二步，企业预期收益趋势的总体分析和判断。企业预期收益趋势的总体分析和判断是在对企业评估基准日审计后实际收益调整的基础上，结合企业提供的预期收益预测和评估机构调查搜集到的有关信息的资料进行的。这里需要强调指出：第一，对企业评估基准日审计后的财务报表调整，尤其是客观收益的调整仅作为评估人员进行企业预期收益预测的参考依据，不能用于其他目的。第二，企业提供的关于预期收益的预测是评估人员预测企业未来预期收益的重要参考资料。但是，评估人员不可以仅仅凭企业提供的收益预测作为对企业未来预期收益预测的唯一根据，评估人员应在自身专业知识和所搜集的其他资料的基础上作出客观、独立的判断。第三，尽管对企业在评估基准日的财务报表进行了必要的调整，并掌握了企业所提供的收益预测，评估人员还必须深入到企业现场进行实地考察和现场调研，与企业的核心管理层进行充分的交流，了解企业的生产工艺过程、设备状况、生产能力和经营管理水平，再辅之以其他数据资料对企业未来收益趋势作出合乎逻辑的总体判断。

第三步，企业预期收益的预测。企业预期收益的预测是在前两个步骤完成的前提下，运用具体的技术方法和手段进行测算。

在一般情况下，企业的收益预测分两个时间段。对于已步入稳定期的企业而言，收益预测的分段较为简单：一是对企业未来3~5年的收益预测，二是对企业未来3~5年后的各年收益预测。对于仍处于发展期、收益尚不稳定的企业而言，对其收益预测的分段应是首先判断出企业在何时步入稳定期，然后将其步入稳定期的前一年作为收益预测分段的时点。对企业何时步入稳定期的判断，应在与企业管理人员充分沟通、占有大量资料并加以理性分析的基础上进行，其确定较为复杂。以下主要介绍处于稳定期的企业预期收益的预测。

企业未来 3~5 年的收益预测是在评估基准日调整的企业收益或企业历史收益的平均收益趋势的基础上，结合影响企业收益实现的主要因素在未来预期变化的情况，采用适当的方法进行的。目前较为常用的方法有综合调整法、产品周期法、实践趋势法等。不论采用何种预测方法，首先都应进行预测前提条件的设定，因为企业未来可能面临的各种不确定性因素是无法一项不漏地纳入评估工作中的。科学合理地设定预测企业预期收益的前提条件是必需的，这些前提条件包括：国家的政治、经济等政策变化对企业预期收益的影响，除已经出台尚未实施的以外，只能假定其将不会对企业预期收益构成重大影响；不可抗拒的自然灾害或其他无法预期的突发事件不作为预期企业收益的相关因素考虑；企业经营管理者的某些个人行为也未在预测企业收益时考虑。当然，根据评估对象、评估目的和评估时的条件，还可以对评估的前提作出必要的限定。但是，评估人员对企业预期收益预测的前提条件设定必须合情合理，否则这些前提条件不能构成合理预测企业预期收益的前提和基础。

在明确了企业收益预测前提条件的基础上，就可以着手对企业未来 3~5 年的预期收益进行预测。预测的主要内容有：对影响被评估企业及所属行业的特定经济及竞争因素的估计，未来 3~5 年市场的产品或服务的需求量或被评估企业市场占有份额的估计，未来 3~5 年销售收入的估计，未来 3~5 年成本费用及税金的估计，完成上述生产经营目标需追加投资以及对技术设备更新改造因素的估计，未来 3~5 年预期收益的估计等。关于企业的收益预测，评估人员不得不加分析地直接引用企业或其他机构提供的方法和数据，而应把企业或其他机构提供的有关资料作为参考，根据可搜集到的数据资料，在充分分析论证的基础上作出独立的预测判断。

在具体运用预测技术的方法测算企业收益时，大多采用财务报表格式予以表现，如利用损益表或采用现金流量表的形式表现。运用损益表或现金流量表的形式表现预期企业收益的结果通俗易懂，便于理解和掌握。需要说明的是，用企业损益表或现金流量表来表现企业预期收益的结果，并不等于说此过程是一个比较具体、需要大量数据并运用科学方法的运作过程。用损益表或现金流量表表现的仅仅是该过程的结果。所以，企业的收益预测不能简单地等同于企业损益表或现金流量表的编制，而是利用损益表或现金流量表已有的栏目或项目，通过对影响企业收益的各种因素变动情况的分析，在评估基准日企业收益水平的基础上，对应表内各项目（栏目）进行合理的测算，并汇总分析得到所测年份的各年企业收益。企业收益预测借鉴的收益预测表，如测算的收益层次和口径与该表有差异，可在该表的基础上进行适当的调整。

不论采用何种方法测算企业收益，都需注意以下几个基本问题：一定收益水平是一定资产运作的结果，在企业收益预测时应保持企业预测收益与其资产及其盈利能力之间的对应关系；企业的销售收入或营业收入与产品销售量（服务量）及销售价格的关系，会受到价格需求弹性的制约，不能不考虑价格需求弹性而想当然地价量并长；在考虑企业销售收入的增长时，应对企业所处产业及细分市场的需求、竞争情况进行分析，不能在不考虑产业及市场的具体竞争情况的前提下对企业的销售增长作出预测；企业销售收入或服务收入的增长与其成本费用的变化存在内在的一致性，评估人员应根据具体的企业情况，科学合理地预测企业的销售收入及各项成本费用的变化；企业的预期收益与企业所采用的会计政策、税收政策的关系极为密切，评估人员不可以违背会计政策及税收政策，以不合理的假设作为预测的基础。企业收益预测应与企业未来实行的会计政策和税收政策保持一致。

企业未来3～5年的预期收益测算可以通过一些具体的方法进行。而对于企业未来更久远的年份的预测收益，则难以具体地进行测算。可行的方法是：在对企业未来3～5年预算收益测算的基础上，从中找出企业收益变化的取向和趋势，并借助某些手段，诸如假设的方式把握企业未来长期收益的变化区间和趋势。比较常用的假设是保持假设，即假定企业未来若干年以后各年的收益水平维持在一个相对稳定的水平上不变。当然也可以根据企业的具体情况，假定企业收益在未来若干年以后将在某个收益水平上，每年保持一个递增比率等。但是，不论采用何种假设，都必须建立在合乎逻辑、符合客观实际的基础上，以保证企业预期收益预测的相对合理性和准确性。

第四步，对所作预测的检验。由于对企业预期收益的预测存在较多难以准确把握的因素以及易受评估人员主观的影响，该预测又直接影响企业的最终评估值，因此，评估人员在对企业的预期收益预测基本完成之后，应该对所作预测进行严格检验，以判断所作预测的合理性。检验可以从以下几个方面进行：

（1）将预测与企业历史收益的平均趋势进行比较，如预测的结果与企业历史收益的平均趋势明显不符，或出现较大变化，又无充分理由加以支持，则该预测的合理性值得质疑。

（2）对影响企业价值评估的敏感性因素加以严格的检验。在这里，敏感性因素具有两方面的特征：一是该类因素未来存在多种变化，二是其变化能对企业的评估值产生较大影响。如对销售收入的预测，评估人员可能基于对企业所处市场前景的不同假设而对企业的销售收入作出不同的预测，并分析不同预测结果可能对企业评估价值产生的影响。在此情况下，评估人员就应对销售收入的预测进行严格的检验，对决定销售收入预测的各种假设反复推敲。

（3）对所预测的企业收入与成本费用的变化的一致性进行检验。企业收入的变化与其成本费用的变化存在较强的一致性，如果预测企业的收入变化而成本费用不进行相应变化，则该预测值得质疑。

（4）在进行敏感性因素检验的基础上，与其他方法评估的结果进行比较，检验在哪一种评估假设下能得出更为合理的评估结果。

三、折现率（资本化率）及其估测

折现率是将未来收益还原或转换为现值的比率。它在资产评估业务中有着不同的称谓：资本化率、本金化率、还原利率等。但其本质是相同的，都属于投资报酬率。投资报酬率通常由两部分组成：一是正常投资报酬率；二是风险投资报酬率。正常报酬率亦称为无风险报酬率，它取决于资金的机会成本，即正常的投资报酬率不能低于该投资的机会成本。这个机会成本通常以政府发行的国库券利率和银行储蓄利率作为参照依据。风险报酬率的高低主要取决于投资风险的大小。风险大的投资，要求的风险报酬率就高。

折现率（资本化率）的具体确定方式，详见第二章收益法相关内容。

四、收益额与折现率口径一致问题

根据不同的评估目的，用于企业评估的收益额可以有不同的口径，如净利润、净现金流量、无负债利润（息前净利润）、无负债净现金流量（息前净现金流量）等。而折现率既有按不同口径收益额为分子计算的折现率，也有按同一口径收益额为分子而以不同口径资金占用额或投资额为分母计算的折现率，如企业资产总额收益率、企业投资资本收益率、企业净资产收益率等。所以，在运用收益法评估企业价值时，必须注意收益额与折现率之间结构与口径上的匹配和协调，以保证评估结果合理而有意义。

第四节　企业价值评估中的市场法与成本法

一、企业价值评估中的市场法

企业价值评估中的市场法就是在市场上找出一个或几个与被评估企业相同或相似的参照企业，分析、比较被评估企业和参照企业的重要指标，在此基础上，修正、调整参照企业的市场价值，最后确定被评估企业的价值。其理论依据就是"替代原则"。

第一，市场法是基于类似资产应该具有类似交易价格的理论推断，因此其技术路线是首先在市场中寻找与被评估企业相类似的企业的交易案例，通过对所寻找到的交易案例相类似企业交易价格的分析确定被评估企业的交易价格，即被评估企业的公允市场价值。

第二，运用市场法评估企业价值存在两个障碍。一是企业的个体差异。每一个企业都存在不同的特性，除了所处行业、规模大小等可确认的因素各不相同外，影响企业盈利能力的无形因素更是纷繁复杂。因此，几乎难以找到能与被评估企业直接进行比较的类似企业。二是企业交易案例的差异。即使存在能与被评估企业进行直接比较的类似企业，要找到能与被评估企业的产权交易相比较的交易案例也相当困难。首先，目前我国市场上不存在一个可以共享的企业交易案例资料库，因此评估人员无法以较低的成本获得可以应用的交易案例；其次，即使有渠道获得一定的案例，但这些交易的发生时间、市场条件和宏观环境又各不相同，评估人员对这些影响因素的分析也会存在主观和客观条件上的障碍。因此，运用市场法对企业价值进行评估，不能基于直接比较的简单思路，而要通过间接比较分析影响企业价值的相关因素。

（一）运用市场法评估企业价值的基本步骤

1. 明确被评估企业的基本情况，包括评估对象的范围及其相关情况。

2. 恰当选择与被评估对象进行比较的参照企业。参照企业应当与被评估对象在同一行业或受同一经济因素影响，它们已经交易或具有交易价格。参照企业应与被评估企业具有可比性。

3. 将参照企业与被评估企业的财务数据和经济指标进行必要的分析、对比和调整，保证它们之间在财务报告的编制基础、评估对象范围、重要数据的计算、反映方式等方面具有可比性。

4. 选择并计算恰当的价值比率。价值比率或经济指标通常又称为可比价值倍数，是被评估企业与企业价值相关的可比指标与可比企业相关指标的比值，在选择并计算价值比率的过程中，应注意以下事项：选择的价值比率应当有利于评估对象价值的判断、用于价值比率计算的参照企业的相关数据应当恰当可靠、用于价值比率计算的相关数据的计算方法应当一致、被评估企业与参照企业相关数据的计算方式应当一致。

5. 将价值比率应用于被评估企业所对应的财务数据，并考虑适当的调整得出初步评估结论。

6. 根据被评估企业的特点，在考虑了对于缺乏控制权、流动性，以及拥有控制权和流动性等因素可能对评估对象的评估价值产生影响的基础上，评估人员在进行必要分析的基础上，以恰当的方式进行调整，以形成最终评估结论并在评估报告中明确披露。

（二）市场法的具体运用

运用市场法的核心是确定恰当的价值比率，价值比率的测算方法用下列公式表示。

$$\frac{V_1}{X_1} = \frac{V_2}{X_2}$$

即
$$V_1 = X_1 \times \frac{V_2}{X_2}$$

式中：V_1——被评估企业价值；

V_2——可比企业价值；

X_1——被评估企业与企业价值相关的可比指标；

X_2——可比企业与企业价值相关的可比指标。

$\frac{V_2}{X_2}$ 通常又称为可比价值倍数。式中 X 参数通常选用 3 个财务指标：（1）利息、折旧和税前利润，即 EBIDT；（2）无负债的净现金流量；（3）销售收入。

确定价值比率的关键在于以下两点。

（1）对可比企业的选择。运用相关因素的间接比较法虽然不用在市场上寻找能直接进行比较的企业交易案例，但仍然需要为评估寻找可比企业。判断企业的可比性存在两个标准。首先是行业标准。处于同一行业的企业存在着某种可比性。但在同一行业内选择可比企业时应注意，目前的行业分类过于宽泛，处于同一行业的企业可能所生产的产品和所面临的市场完全不同，在选择时应加以注意。即使是处于同一市场、生产同一产品的企业，由于其在该行业中的竞争地位不同、规模不同，相互之间的可比性也不同。因此，在选择时应尽量选择与被评估企业地位相类似的企业。其次是财务标准。既然企业都可以视为是在生产同一种产品——现金流，那么存在相同的盈利能力的企业通常具有相类似的财务结构。因此，可以通过对财务指标和财务结构的分析对企业的可比性进行判断。

（2）对可比指标的选择。对可比指标的选择只遵循一个原则，即可比指标应与企业的价值直接相关。在企业价值的评估中，现金流量和利润是最主要的候选指标，因为企业的现金流量和利润直接反映了企业的盈利能力，也就与企业的价值直接相关，因此企业价值的评估中，现金流量和利润是最主要的候选指标。

目前运用市场法对企业价值进行评估通常是在证券市场上找到与被评估上市公司进行评估，此方法适用于上市公司及一部分非上市公司。市盈率是指每股股票价格与其盈利的比率，它通常被用来衡量一个企业的盈利能力，也可以对风险进行的估计，它是市场对公司的共同期待的指标。市盈率越高，表明是看好；反之则说明公司未来前景暗淡。市盈率乘数法是利用市盈率作为基本依据，经对上市公司与被评估企业的相关因素进行对比分析后得出被评估企业价值的方法。应用市盈率乘数法的基本程序如下。

①收集与被评估企业处于同一类或者类似行业的上市公司，各方面（如生产产品、经营规模等）大体接近。把上市公司的股票价格计算出不同口径的市盈率，作为被评估企业价值的乘数。可供选择的有净利润、无负债现金流量、税前无负债净现金流量等。

②分别按各口径计算被评估企业的各种收益额。

③按相同口径用市盈率乘以被评估企业的收益额得到一组被评估企业的整体价格。

④对于一组企业整体价格分别给予权重，权重的大小取决于该口径收益额及市盈率与企业实际情况的相关程度，然后通过加权计算出企业价值。

在运用市场途径评估企业价值时，应当注意：一是除企业间的个体差异和所处行业等可辨认的因素外，还有许多无形因素影响企业价值。在寻找参照企业时，应尽可能地保证它们与被评估企业在所处的行业及企业规模方面的可比性以及它们在竞争地位等方面的可比性。二是企业交易条件方面的差异。不同市场条件一般是不一样的。这就需要评估人员充分调查和分析参照企业，注意可比指标的选择。在可比指标的选择上应注意一个原则，即可比价值具有直接相关性。

基于成本和便利的原则，目前运用市场法对企业价值进行评估主要是寻找与被评估企业可比的上市公司作为参照企业，即采用参考企业比较法。采用企业比较法时，通常使用市盈率（P/E）乘数法对企业价值进行评估。市盈率乘数法的思路是将上市公司的股票年收益和被评估企业的利润作为可比指标，首先收集与被评估企业相似的可比企业，按企业的不同收益口径，如利息、折旧、税前收益、息前净现金流量、净利润等，在此基础上计算与之对应的市盈率；然后确定被评估企业不同口径的收益额，以可比企业相应口径的市盈率乘以被评估企业相应的收益额，初步确定被评估企业的价值；最后按照不同样本计算的企业价值分别给出权重，加权平均计算出企业价值。

由于企业个体差异的存在，把某一个相似企业的某个关键参数作为比较的唯一标准，往往会产生一定的误差。为了降低这种误差，目前通用的是采用多样本、多参数的综合方法。

【例8-4】 评估 W 公司的价值，我们从市场上找到了三个（一般为三个以上的样本）相似的公司 A、B、C，然后分别计算各公司的市场价值与销售额的比率、与账面价值的比率以及与净现金流量的比率，这些比率即称为可比价值倍数（V/X），得到结果如表8-1所示：

表8-1　　　　　　　参照公司价值比率汇总表　　　　　单位：亿元

	A 公司	B 公司	C 公司	平均
市价/销售额	1.2	1.0	0.8	1.0
市价/账面价值	1.3	1.2	2.0	1.5
市价/净现金流量	20	15	25	20

假设 W 公司的年销售额为 1 亿元，账面价值为 6 000 万元，净现金流量为 500 万元，然后我们使用从上表得到的三个倍数计算出 W 公司的指示价值，再将三个指示价值进行算术平均，如表8-2所示：

表8-2　　　　　　　　　W 公司的评估价值　　　　　　单位：万元

项目	W 公司实际数据	可比公司平均比率	W 公司指示价值
销售额	10 000	1.0	10 000
账面价值	6 000	1.5	9 000
净现金流量	500	20	10 000
W 公司的平均价值			9 700

表中得到的 3 个可比价值倍数分别是 1.0、1.5、20，然后 W 公司的 3 个指标 10 000万元、6 000 万元、500 万元分别乘以 3 个可比价值倍数，得到 W 公司的 3 个指标价值11 000万元、9 000 万元、10 000 万元，将 3 个指标进行平均得到 W 公司的评估价值，为 10 000 万元。

二、企业价值评估中的成本法

成本法实际上是通过对企业账面价值的调整得到企业价值。其理论基础也是替代原则，即任何一个精明的潜在投资者，在购置一项资产时所愿意支付的价格不会超过建造一项与所购资产具有相同用途的替代品所需的成本。这种方法起源于对传统的实物资产的评估，如土地、建筑物、机器设备等的评估，而且着眼点是成本，很少考虑企业的收益和支出。在使用成本法评估时，主要通过调整企业财务报表的所有资产和负债来反映它们的现时市场价值。当然，在企业价值评估中运用成本法时要遵循的一个假设是企业的价值等于所有有形资产和无形资产的成本之和减去负债。

成本法以企业单项资产的成本为出发点，忽视了企业的获利能力，而且在评估中不考虑那些未在财务报表上出现的项目，如企业的管理效率、自创商誉、销售网络等。因此，成本法适用于对不以营利为目的的非营利组织的评估。

三、企业价值评估的加和法

加和法是实现企业重建的具体技术手段，也是成本法和收益法在企业重建思路下的一个融合，具体是指将构成企业的各种要素资产的评估值加总求得企业价值的方法。企业重建并不是对被评估企业的简单复制，而主要是对企业生产能力和盈利能力的重建。因此，企业价值评估的加和法是紧紧围绕企业的盈利能力进行的，所得出的企业价值就是企业有形资产和无形资产的总和减去负债。

在进行加和法评估之前，应对企业的盈利能力以及相匹配的单项资产进行认定，以便在委托方委托的评估范围基础上，进一步界定纳入企业盈利能力范围内的资产和闲置资产的界限，明确评估对象的作用空间和评估前提。作为一项原则，评估人员在对构成企业的各个单项资产进行评估时，应该首先明确各项资产的评估前提，即持续经营假设前提和非持续经营假设前提。在不同的假设前提下，运用加和法评估出的企业价值是有区别的。对于持续经营假设前提下的各个单项资产的评估，应按贡献原则进行；而对于非持续经营假设前提下的单项资产的评估，则按变现原则进行。

在持续经营假设前提下，一股不宜运用加和法对企业价值进行评估。因为加和法是通过分别估测构成企业的所有可确指资产后加和来评估企业价值。此种方法无法把握持续经营企业价值的整体性，亦难以把握各个单项资产对企业的贡献。对企业各单项资产间的工艺匹配和有机组合因素产生的整合效应，即不可确指的无形资产，无法进行有效衡量。因此，在一般情况下，不宜单独运用加和法评估一个在持续经营假设前提下的企业价值。在特殊情况下，评估人员采用加和法对持续经营企业价值进行评估，应予以充分的说明。

在正常情况下，运用加和法评估持续经营的企业应同时运用收益法进行验证。特别是在我国目前的条件下，企业的社会负担和非正常费用较多，企业的财务数据难以真实反映企业的盈利能力，影响了基于企业财务数据进行的企业预期收益预测的可靠性。因此，将加和法与收益法配合使用，可以起到互补的作用，既便于评估人员对企业盈利能力的把握，又可使企业的预期收益预测建立在较为坚实的基础上。

总之，在运用加和法评估持续经营企业时，在对构成企业的各单项资产进行评估时，不能只见树木不见森林。下面列举了对企业某些单项资产评估时应注意的问题：

1. 现金

除对现金进行点钞核数外，还要通过对现金及企业运营的分析判断企业的资金流动能力和短期偿债能力。

2. 应收账款及预付款

从企业财务的角度看，应收账款及预付款都构成企业的资产；而从企业资金周转的角度看，企业的应收账款必须保持一个合理的比例。企业应收账款占销售收入的比例，以及账龄的长短大致可以反映一个企业的销售情况、企业产品的市场需求及企业的经营能力等，并为预期收益的预测提供参考。

3. 存货

存货本身的评估并不复杂，但通过对存货进行评估，可以了解企业的经营状况，至少可以了解企业产品在市场中的竞争地位。畅销产品、正常销售产品、滞销产品和积压产品的比重将直接反映企业在市场上的竞争地位，并为企业预期收益预测提供基础。

4. 机器设备与建筑物

机器设备和建筑物是企业进行生产经营和保持盈利能力的基本物质基础。设备的新旧程度、技术含量、维修保养状况、利用率等，不仅决定机器设备本身的价值，同时还对企业未来的盈利能力产生重大影响。按照机器设备及建筑物对企业盈利能力的贡献评估其现时价值，是持续经营假设前提下运用加和法评估企业单项资产的主要特点。

5. 无形资产

企业拥有无形资产的多寡以及研制开发无形资产的能力，是决定企业市场竞争能力及盈利能力的决定性因素。在评估过程中，要弄清每一种无形资产的盈利潜力，以便为企业收益预测打下坚实基础。

在对以上单项资产实施评估并将评估值加和后，再运用收益法评估企业价值，而后将两种评估思路下的评估结果进行分析比较，以判断企业是否存在商誉或经济性贬值，并确定企业的最终评估价值。

第九章

资源性资产评估

第一节　资源性资产评估概述

一、自然资源及其分类

自然资源按照不同的标准可以有以下分类：

（一）可再生资源与不可再生资源

可再生的自然资源是指那些具有很强生命力的生物资源，如森林。它们的生长依靠吸收太阳能和水资源、消耗土壤里的养分，需要一定的环境。在太阳能量一定，生物繁殖能力一定，以及人类自我约束的条件下，这种资源是可以再生的。不可再生资源是在一定的范围内无法再生的自然资源。例如，矿产资源受地质作用及生成空间的限制，数量是有限的，人类利用和开采它，使它的数量逐渐减少，最终耗竭，在人类生命期间内，是无法恢复的。

（二）耗竭性资源与非耗竭性资源

对于人类社会而言，可以被用尽的自然资源称为耗竭性资源，如矿产资源；可以永续利用的自然资源是非耗竭性资源，如土地，无论人类如何利用它，土地都会永远存在。但是，人类如不能合理地利用它，土地就会沙化或盐碱化，变成不能被利用的资源。如果人类加强治理，沙化、盐碱化了的土地便可恢复利用。所以，土地是可恢复的非耗竭性资源。

（三）现时可利用资源与潜在资源

有些自然资源在现时技术经济条件下可以开发利用，并在经济效益、社会效益和生态效益上是有利的，称为现时可利用资源，反之则称为潜在资源。可利用资源与潜在资源是相对的，随着科学技术的发展，提取有用成分的技术会日渐提高，现时不可利用的潜在资源将来也会变成可利用资源。不是所有的自然资源都能成为资产，能够成为资源的资产必须具备一定的条件。资源资产是为特定主体所拥有和控制的，能够用现代科学技术取得，已经被开发利用，并且能用实物量度和货币计量，能够给特定主体的未来经营带来收益的自然资源。

根据自然资源的不同属性，可将自然资源划分若干种类，不同的自然特性必然导致其社会使用和管理的不同，在法律上、经济上的表现方式也不相同。在评估时，评估师应当注意到不同的资源资产特性，选择适当的方法和参数，相对合理地估算被评估对象的价值。

二、资源资产的基本性质和特征

资源资产是为特定主体所拥有和控制，在现行技术经济条件下，能够进入社会生产过程并能带来经济效益的自然资源。资源资产评估与资源资产的性质和特征有着密切的关系。资源资产的基本性质和特征如下：

1. 天然性。天然性是指资源资产完全由自然物质组成，并处于自然状态。

2. 有用性。有用性是指资源资产所存在的天然物质的使用价值。这里需要指出的是，能成为资源资产的天然物质必须具有使用价值，不能使用的自然资源不能为其拥有者带来经济利益，不能作为评估对象。但是，具有使用价值的天然物质未必都能成为资源资产。例如，太阳能资源有使用价值，如果太阳能不能变成贮存的资源，就不能成为资源资产；没有开发利用的原始森林，因其不能进入社会生产过程，不处于使用状态而不能成为资产。由于技术经济条件限制，不是所有的有用成分都能得到充分利用。如矿产资源资产的共生、伴生，矿物的回收，矿量的回采程度，都不可避免地会丢弃一部分。因此，评估资源资产必须充分考虑综合利用程度和最佳利用量度。

3. 稀缺性。人类认识自然、利用和改造自然是有阶段性和渐进性的。能够使用的自然资源在一定时期或一定时点上是有限的，如矿产资源。对于森林资源，如果人们不进行培植补充，长期无节制地利用，也会逐渐耗竭。稀缺性资源必须按照合理、充分、节约原则进行利用。如果评估资源资产时，违背这些资产的自然规律，必然会降低资源资产的价值。

4. 定量性。定量性是指资源资产可以用实物量指标和货币量指标进行定量。资源在自然状态下既无实物量，也无法以货币进行计量，所以，它只能是自然资源而不是资产。只有当资源被查明了蕴藏量，计算出潜在的实物量时，才可以用特殊方法计算出以货币量反映的价值量，资源才成为资产。但是，由于受时间、空间的制约，对资源资产质量的判断和数量的计算很难做到完全明确，加之自然因素的不可确定性，使资源资产的计量复杂化。因此，在评估资源资产时，要用多种手段测量资产的质量和数量。

5. 可取性。可取性是指资源资产的自然物质能够用现代科学技术取得。已经探明了的矿产资源，若由于矿物组合成分复杂，选冶性能差，不能用现代科学技术取得，就不能成为人类的财富。相反，现代科学技术越先进，取得可供使用的矿产资源就越多。所以，只有能用现代科学技术取得的自然资源，才能称为资源资产。

6. 价值与价格无关性。资源性资产在现实情况下有偿取用的价格，与一般商品价格的基本含义不同。资源性资产本身不存在任何物化劳动，它的价格只是形式上的价格，不是社会劳动度量的真正本意。

7. 价值差异性。资源资产处于一定的区位，具有区位固定性。不同区位经济环境和地理环境上的差异，导致不同资源资产使用价值和价值的不同。例如，不同矿区的矿品差异。

8. 必须能为特定主体所拥有和控制。资源资产必须是为特定主体所拥有和控制的。主体凡是能被拥有和控制的自然资源，一定是处于静态的存置空间和可以使用的状态，任何产权主体都不会拥有没有被控制的自然资源。只有能为特定主体所拥有和控制的资源资产，才能够给权利人带来经济利益。

三、资源资产评估的概念和范围

资源资产评估是在现时条件下，对资源资产在某一时点上的有偿使用价值进行估算和评定。资源资产包括资源的实体（有形）资产和由所有权派生出来的使用权（无形）资产。资源资产评估是按开发利用实体所获得的收益和产权权属关系来进行的。

资源资产实体权属为国家所有或集体所有，《中华人民共和国宪法》第九条规定："矿藏、水流、森林、山岭、草原、荒地、滩涂等自然资源，都属于国家所有，即全民所有；由法律规定属于集体所有的森林和山岭、草原、荒地、滩涂除外。"按照我国《土地法》规定，任何单位和个人不得侵占、买卖或者以其他形式非法转让土地。《矿产资源法》也规定，矿产资源属于国家所有，由国务院行使国家对矿产资源的所有权。地表或者地下的矿产资源的国家所有权，不因其所依附的土地的所有权或者使用权的不同而改变。《中华人民共和国森林法》规定："森林资源属于国家所有，由法律规定属于集体所有的除外。"《中华人民共和国对外合作开采陆上石油资源条例》规定："中华人民共和国境内的石油资源属于中华人民共和国国家所有。"按照这些法规的规定，我国资源资产的所有权归国家所有，是不能转让的。

为了合理开发利用资源资产，并且使国家的所有权的权益真正得到实现，我国实行所有权与使用权分离的原则，通过使用权在市场上流转，促进资源资产按照市场经济规律合理配置。国家通过征收资源占用租金或资源补偿费、探矿权价款、采矿权价款来维护所有者权益。所以，资源资产评估通常是对资源资产使用权的估算和评定。但是，由于资源资产使用权是依附于资源资产实体存在的，因此，资源资产评估就不能脱离资源资产实体而存在，而要结合资源资产的数量、质量、市场供求关系、资源产品的价格、资源政策等各种影响因素进行评估。

资源资产评估对象是使用权无形资产及其所依托的实物资源资产。资源资产所涉及的无形资产包括资源资产调查成果、资源资产经营权（如矿业权、土地使用权），还包括资源资产作为环境的组成元素、生态环境平衡不可缺少的生态效益资产（如森林的水源涵养、防风固沙、水土保持能力等）、自然景观旅游资源资产等。由于有些资产计量手段不够，没有开展评估。目前开展评估的主要有矿产资源资产和森林资源资产，因此，本章仅介绍这两种资源资产的评估。

四、资源资产评估的特点

和其他资产项目的评估相比，资源资产评估具有以下特点：

1. 评估对象的无形性。资源资产评估是对使用权的权益价值进行评定估算。按照法律的规定，土地、森林、草原等自然资源是不能买卖的，只有资源资产的使用权才能在市场上流转，因而评估的不是实物，而是资源资产的权益。

2. 评估内容的复杂性。资源资产评估中要考虑很多的影响因素。首先，资源资产实物量是价值量评估的基础，评估其价值前，必须核查其实物量，因此，资源资产评估既要评估有形资产，还要评估无形资产。其次，在评估价值时还要考虑区位、品位等多种差异因素。另外，资源资产的使用往往要追加一定的劳动，例如天然草原防灾治虫、森林防火、矿产资源勘探等，这些劳动耗费要求在资源资产的使用权转让中得到补偿。因此，资源资产评估还应包括对其追加的劳动成本、资源再生费用和补偿费用的评估。

3. 评估方法和结果体现在资源资产使用的阶段性上。对同一种资源资产在不同阶段进行评估，会产生不同的评估结果。例如，对同一矿种的评估，在普查、详查、勘探阶段是探矿权评估，而在勘探阶段之后是采矿权的评估，评估途径不同，评估结果也不相同。再如，同一个林木资源资产要根据幼年期、成年期去评定估算。因此，在评估过程中，必须依靠对自然资源的科学的方法确认资源资产的质和量，不能通过简单的市场调查来确定，必须依靠对自然资源的科学认识，按照科学的程序、方法来调查和测算。

五、资源资产评估的目的和原则

资源资产大多是生态资源，其开发利用会改变生态环境，而生态环境的变化又会反过来影响资源资产。对破坏了的生态环境进行补偿，或者确定资源资产的利用价值，都需要进行资源资产评估。具体来讲，资源资产出让、转让、合资、合作、股份经营、联合租赁经营、担保、拍卖等都需要进行评估。不管出于何种目的，在进行资源资产评估时必须遵循以下原则：

1. 基本原则。资源资产评估必须遵循公平性原则、科学性原则、客观性原则、独立性原则、可行性原则等基本原则。

2. 前提性原则。资源资产评估要遵循产权利益主体变动原则，即以被评估资源资产的产权利益主体变动为前提或假设前提，确定被评估资产基准日时点上的现行公允价值。产权利益主体变动包括利益主体的全部改变和部分改变及假设改变。

3. 操作性原则。资源资产评估要遵循资产持续经营原则、替代性原则和公开市场原则等操作性原则。

除遵循以上评估原则外，针对资源资产的特点，资源资产评估还应遵循各种假设条件，要尊重自然科学及客观规律的原则。例如，矿产资源评估要遵循地质规范、收益递减等原则，森林资源评估要遵循变动原则等。

第二节　矿产资源评估

一、矿产资源评估的概念和范围

矿产资源资产是经勘查探明的具有一定储量，在现有技术条件下，人们可以完全控制它，使之进入社会生产过程，并能以货币计量的矿产资源。矿产资源资产包括能源矿产资源资产，有色金属矿产资源资产，黑色金属矿产资源资产，贵金属矿产资源资产，冶金辅助矿产资源资产，化工矿产资源资产，建筑材料和稀有、稀土、稀散矿产资源资产。矿产资源具有不可再生的、耗竭的特点。

矿产资源评估是根据特定的目的，遵循社会客观经济规律和公允的原则，按照国家法定的标准和程序，运用科学可行的方法，以统一的货币单位，对具有资产特性的矿产资源实体以及预期收益进行的评定估算。

矿产资源的全部价值根据其价值构成理论应考虑四大部分：一是权益价值。包括所有者权益价值、使用者采矿权益价值两个部分。权益价值是根据地租理论，以地租形式表示出来的价格。二是资源枯竭补偿价值。即根据国家认定的补偿标准直接计算或按资源价值间接计算的矿产资源补偿费。三是勘探的补偿价值。即确定为矿产资源性资产过程中的各种勘查费用。四是生态环境遭到破坏的补偿价值。即根据土地复垦预算费计算的补偿费。

矿产资源资产评估范围包括矿产资源实物资产、矿业权、地质勘查成果专有权，而主要评估对象为矿业权。矿业权分为探矿权、采矿权和矿产发现权。

1. 探矿权和采矿权。探矿权、采矿权是矿产资源资产所有权派生出来的他物权，是所有者特许勘查出资人勘查矿产资源的权利。勘查出资人成为矿业权人，其法律文件是勘查许可证、采矿许可证。勘查许可证、采矿许可证又是行为产权，当矿业权发生租赁、抵押行为时，"两证"即成为独立的评估对象。采矿权价值是采矿人从开发矿产资源的超额收益中取得的超额收益；探矿权价值是探矿人勘查矿产资源而获得的劳务价值。需要注意的是，探矿权和采矿权评估必须依托矿产资源实物资产，而矿产资源实物资产评估，在特定的评估目的下，可以不依托矿业权，而成为独立的评估对象。

2. 矿产发现权。矿产发现权属于知识产权。地质勘查是对地质规律和地质科学的具体运用，其发现对象可能是某种矿产，或者是某种成因类型的矿床，或者是某个成矿区带。这些对象都是客观自然现象的具体体现。所以，对发现主体应给予享有矿产发现权的权益，从而使矿产发现权成为独立的评估对象。

二、矿业权评估目的

在矿产资源经营中有以下经济行为时必须进行评估：

1. 矿业权出让。
2. 矿业权转让。
3. 矿业权抵押。
4. 矿业权出租。
5. 法律事务和咨询服务。

三、矿业权评估特点

1. 要从实物量和价值量两方面进行评估。资源资产的实物量是价值量评估的基础，评估机构在评估矿产资源之前必须对矿山资源的储量、品位等进行落实。

2. 要从有形资产和无形资产两方面进行评估。矿业权评估是无形资产评估，其基础是矿产资源实物资产的价值。因此，评估矿业权价值首先要评估矿产资源的获利能力等。

3. 要遵循矿产资源开发规范。矿产资源资产之间的品质、储量、经济和地质环境，以及开发技术等有很大差异，这些差异会导致评估值的不同。进行矿产资源资产评估时，要遵循矿产资源开发规范，评估出在最佳利用状态下的矿产资源资产价值。

四、矿业权评估程序

1. 评估委托、项目接洽与业务受理。

2. 评定估算。

（1）评估的前期工作。

（2）确定评估方法、进行评定估算。

（3）编写并提交评估报告。

（4）评估工作底稿的编制及归档。

3. 结果确认。在评估结果确认阶段，主导者为评估结果确认机关。

（1）评估结果确认程序。包括以下几个步骤：

第一，申请：由评估委托人（出让评估的委托人——矿业权管理机关，转让评估的委托人——矿业权人）向评估结果确认机关正式提出评估结果确认申请。

第二，受理、审查：评估结果确认机关根据《探矿权采矿权评估管理暂行办法》清点送审的材料、报告及附件，符合规定的予以受理。

第三，签批：审查人再次审阅修改补充后的评估报告，写出审查意见。确认机关的有关领导对评估确认申请、评估报告及审查人意见进行审核、复核，最后签批。

第四，通知：根据签批结果，确认机关向确认申请人发出评估结果确认通知书或不予确认通知书。

（2）评估结果确认机关。国务院关于矿业权管理的两个法规已明确授权国务院地质矿产主管部门为国家出资形成的矿业权的评估结果确认机关，即国土资源部是评估结果确认机关。鉴于国务院、财政部和国土资源部共同发布的文件将"国家出资"界定为包括中央财政出资和地方财政出资，并考虑到实际工作的需要，国土资源部在《矿业权出让转让管理暂行规定》中委托省级矿业权管理机关为地方财政出资形成矿业权的评估结果的确认机关。地方财政和中央财政共同出资的，由省级确认机关提出确认意见，最后由国土资源部确认。

五、矿业权评估方法

矿产资源资产评估需求很广，但主要需求是产权交易和经营活动，其评估对象多是探矿权和采矿权。适合探矿权、采矿权的评估方法目前有八种：其中适合采矿权评估的有贴现现金流量法、收益法和可比销售法；适合高精度勘查阶段探矿权评估的有约当投资贴现现金流量法、前景系数法、地勘加和法；适合低精度勘查阶段探矿权评估的有地质要素评序法、联合风险勘查协议法、粗估法。本章只介绍采矿权评估的贴现现金流量法、收益法和可比销售法。

（一）贴现现金流量法

1. 现金流量法概述。贴现现金流量法，是通过预测矿业权被实施后各年的现金收支（现金流入和现金流出），计算净现金流量，经贴现后求出现值之和作为矿业权价值的一种方法。

现金流量财务模型是把矿业权实施作为一个独立系统，在这个系统中，现金流量的基本内容是：（1）现金流入量，包括销售收入、固定资产残余、流动资金回收。（2）现金流出量，包括固定资产投资（含新增投资）、流动资金、经营成本、销售税金及附加、所得税。（3）净现金流量。净现金流量＝现金流入量－现金流出量。

把这三方面内容综合起来就构成贴现现金流量法的评估模型，它的主要要素包括：可采储量、生产规模、矿山服务年限、固定资产投资、生产成本或制造成本、总成本费用、经营成本、采矿回收率、矿石贫化率、选矿回收率（或产出率）、矿产品销售收入、税金等。

贴现现金流量法的基本原理是，矿业权人对其矿业权所指向的矿产资源在投资开发后能够获得收益。在保证了开发投资的合理收益之后的超额收益现值之和，即为矿业权的评估价值。

运用贴现现金流量法时要注意以下几个要点：

（1）公正的分割超额收益。贴现现金流量法是基于：无论谁占有该项资产，都能获得一定的期望收益；在交易中无论是买者还是卖者，所获得或支付的货币量都不会超过该项资产的期望收益的折现值；在未来经营中谁都应获得风险以外的超额收益，但都不能获得全部风险外的超额收益。这就意味着交易价值是各种资产共同的超额收益的一部分。在此方法中，我们采用反算的方法，即把对方应该获得的超额收益，全部分割出去，剩余的净收益（或净利润）即是采矿权的价值。分割比例以社会平均收益率为准，一般采用行业销售收入利润率，或者行业的投资利润率、资金利润率。

（2）选择最佳效益的生产规模。矿产资源资产的资源丰度是自然形成的，而资源丰度的高低决定着生产规模的大小，生产规模的大小来决定未来经营效益的好坏。那么，选择最佳效益的生产规模就成为评估的关键。

（3）贴现率的确定。贴现率是贴现现金流量法的重要参数。因为矿产资源资产价值的实现，要依靠勘查、采、选、冶行业的投入，又由于不同矿种分布在不同的行业，而不同行业的收益率千差万别，所以，一般不管企业与行业的收益率如何，贴现率以不低于银行存款利率（或国家债券利率）加风险溢价为准则。

（4）不能混淆坑采、露采两种采矿方式的参数。特别是同一种经济矿床，同时采用坑采、露采时，要采用两种参数同时计算。

（5）注意新老固体矿产资源储量的应用。矿产资源储量是矿业权评估中十分重要的参数，它关系到生产规模和生产年限的确定。固体矿产资源储量分为储量、基础储量、资源量三类十六种类型采矿权评估中，采用的储量是当前经济的可采储量。

贴现现金流量法适用于拟建、在建矿山采矿权评估，勘查程度高的详查、勘探的探矿权评估。在使用此方法时必须具备以下条件：①具有审批机构批准的地质勘探报告；②具有储量审批机构批准的矿产储量报告；③已开采的矿山，还应具有储量审批机构核准的矿产保有储量报告；④初建矿山应具备矿山建设项目可行性研究报告；⑤具有完备的探矿权人、采矿权人投资财务决算报告资料。

2. 计算公式

$$P = \sum_{t=1}^{n} \left[(W_{at} - W_{bt}) \cdot \frac{1}{(1+r)^t} \right]$$

式中：P——采矿权价值；

W_{at}——年剩余利润额；

W_{bt}——社会平均收益额；

r——折现率；

W_{at} = 年销售收入 - 年经营成本 - 年资源补偿费 - 资源税金 - 其他税金；

W_{bt} = 年销售收入 × 社会销售收入平均利润率。

（二）收益法

收益法是在估算被评估资产的未来预期净利润的基础上扣除社会平均收益，并折算成现值，借以确定资产价值的一种评估方法。一般适用于生产期的矿山采矿权评估。收益法的一般表达式为

$$P = \sum_{t=1}^{n} \left[(W_{at} - W_{bt}) \times \frac{1}{(1+r)^t} \right]$$

式中：P——采矿权价值；

W_{at}——年剩余利润额；

W_{bt}——社会平均收益额；

r——折现率；

W_{at} = 年销售收入 - 年经营成本 - 年资源补偿费 - 资源税金 - 其他税金；

W_{bt} = 年销售收入 × 社会销售收入平均利润率。

应用收益法时需注意以下几个问题：

（1）采用收益法评估的采矿权不存在基建期，但总资产仍然在经营中运行。因此，在评定估算及参数选取时要考虑这个特点。

（2）生产矿山的采矿权，储量有较大变化。原探明储量已有消耗，矿产勘探还会增加或减少储量。所以，储量必须核实。

（3）总成本费用中的折旧费应按评估基准日时的固定资产净值和各类资产服务年限计提。

（4）生产矿山评估采用的表式：在时间轴上只限设置生产期（必要时可区分正常生产期和减产期），不可模拟基建期。

【例 9-1】　某煤炭生产矿山，原占有的焦煤地质储量 99 万吨，已经生产 5年，实际生产能力 5 万吨/年。采矿回收率按照 50% 计算，储量备用系数按照 1.4计算，焦煤市场价为 300 元/吨，贴现率为 10%，矿业权权益系数为 2%，销售收入现值如表 9-1。

表 9-1　　　　　　　　　销售收入现值统计表　　　　　　　　　单位：万元

项目	合计	1	2	3	4	5	6	7
销售收入	8 500	1 500	1 500	1 500	1 500	1 500	1 500	1 500
折现系数 r = 10%		1.0000	0.9091	0.8264	0.7513	0.6830	0.6209	0.5645
销售收入现值	8 032.8	1 500	1 363.65	1 239.6	1 126.95	1 024.5	931.35	846.75

剩余保有可采储量 = 可采储量 - 累计消耗量 = 99 - (5 × 5) ÷ 50% = 49（万吨）

$$生产年限 = 49 \div (5 \times 1.4) = 7(年)$$
$$年销售收入 = 300 \times 5 = 1\,500(万元)$$
$$采矿权评估值 = 8\,032.8 \times 2\% = 160.656(万元)$$

(三) 可比销售法

可比销售法是利用已知转让的采矿权成交价及可比的技术经济参数,与被评估的采矿权相对应的参数进行对比,从而评定被评估采矿权转让价的一种方法。

可比销售法的原理是:在评估某一矿业权的价值时,根据替代原则,将待估矿业权与在近期完成交易的、类似环境和类似地质特征的矿业权的地质、采、选等各项技术、经济参数进行对照比较,分析其差异,对参照矿业权价值进行调整,将调整后的价值作为待评估矿业权的价值。

根据可比销售法的原理,只要符合方法所要求的条件,它既适用于采矿权的评估,也可用于探矿权的评估。

可比销售法应用的前提条件是:

1. 要有一个发育的活跃的矿业权市场。参照采矿权成交价是在正常交易下形成的,成交时间、成交地点、使用情况、预期效果以及有关资料完备、可靠。

2. 类似参照物是可以找到的。市场上能够找到两个以上近期的、相邻的、可比的参照物。所谓近期,是指距评估基准日 1~2 年内交易或评估的矿业权,在此期间社会和行业内经济条件变化不大。在现时矿业权市场不发育的情况下,如果物价波动不大,时间可以在 2~3 年内。所谓相邻,是区位条件不能有大的差异,地理位置不能相距过远。所谓可比,是应该在地质条件、类型、规模、交易形式和类型等各方面,具有可比性。要坚持寻找矿种相同、自然成因类型相同、工业类型大致相似的参照采矿权,规模可以不要求一致。

3. 参照物与待评估矿业权可比较的指标、资料是可以搜集到的。在有关资料信息不详时,不能采用该方法。可比销售法的一般表达式为

$$P = P_x \times \mu \times \varepsilon \times \varphi \times \theta$$

式中: P ——待评估矿业权价值;

   P_x ——参照的矿业权成交价格;

   μ ——可采储量调整系数;

   ε ——品位调整系数;

   φ ——价格调整系数;

   θ ——成本调整系数。

成本调整系数和差异调整系数不能在同一个公式中使用;差异调整系数中的每项差异要素,除待评估采矿权和参照的采矿权都不存在的要素外,都必须赋值,如果待评估采矿权和参照的采矿权有一项缺项,则该项要素赋值为零。

利用可比销售法进行矿业权评估,需要调整的因素很多,如果各个因素都调整,会使该方法变得复杂化,因而需要选择主要的影响因素进行调整。在影响矿业权价值的诸多因素中,我们选择最主要的矿产储量、矿石品位、价格、成本或差异要素作为该方法的基本调整参数,在实际应用中还应根据矿种的不同具体分析和选取调整参数。

评估报告中应论证性地陈述确定或增减调整参数的理由。评估时是将被评估的采矿权所具备的经济的、地质的、采选矿的各类信息差异要素，与参照的采矿权上述信息差异要素进行对比，由专家评判，得出差异要素评判值，通过加权平均，最后得出差异要素调整系数，再计算被评估的采矿权价值。

第三节　森林资源评估

一、森林资源评估的概念和范围

森林资源资产是林地上各种资源资产的总称，包括林地资产、林木资产、森林野生动植物资产、森林景观资产以及林地经营权、林木采伐权等无形资产。

林木资产是指林地内所有的林木，包括幼龄林、中龄林和未成林造林地上的幼树。按林木的用途又可分为用材林、经济林、薪炭林、防护林、特种用途林和竹林。人工林和天然林统一纳入林木资产评估。

林地资产是森林生长的承载体，林地资产是指国家法律确认的用于林业用地中具有货币表现属性的资产。包括林地、疏林地、未成林造林地、灌木林地、采伐迹地、火烧迹地、苗圃地和国家规划的宜林地。

森林景观资产是指风景林（含森林公园）、森林游览地、部分名胜古迹和革命纪念林、古树名木等。森林资源资产具有多样性和多效性，有时对它们很难确切地定量评估实际价值。但森林资源资产的大部分经济效益是从林地资产和林木资产中产生的，因而森林资源资产评估通常是对林地资产和林木资产的评估。

森林资源资产评估是社会资产评估行业的重要组成部分，它是根据特定的目的，遵循社会客观经济规律和公允原则，按照国家法定的标准和程序，运用科学可行的方法，以统一的货币单位，对具有资产特性的森林资源实体以及预期收益进行的评定估算。它是评估者根据被评估森林资源资产的实际情况、所掌握的市场动态资料和对现在与未来进行多因素分析的基础上，对森林资源资产所具有的市场价值进行的评定估算。

森林资源资产评估的复杂性、森林资源资产的可再生性、森林资源资产效益的多样性以及森林资源资产经营的长期性，决定了森林资源资产评估的专业要求高。森林资源资产评估应由具备森林资源资产评估条件的专职评估机构或综合评估机构进行。

森林资源资产专职评估机构，需具备一定数量能胜任工作的森林资源资产评估专职人员，其中林学、森林资源调查及管理等专业人员分别不少2~4人；从事森林资源资产评估的从业人员，必须经过由国家林业局和国务院国有资产监督管理委员会共同组织的专业培训，并取得合格证书。

国务院有关部门和地方各级申请成立森林资源资产专职评估机构的，应分别由国家林业局和省级林业行政主管部门审核同意，报同级国有资产管理行政主管部门组织审批。其他从事森林资源资产评估业务的，必须是已取得资产评估资格证书的评估机构，并按上述要求配备或聘请专业人员，评估人员须经过国家林业局和国务院国有资产监督管理委员会共同组织的专业培训。同时将以上有关材料报经省以上林业行政主管部门审查同意后，报国有资产管理行政主管部门认定。

本章主要介绍林木资产评估。

二、森林资源评估目的

根据有关规定，有以下经济行为的必须进行资产评估：

1. 出让或转让森林资源资产。
2. 以森林资源资产作价出资进行中外合资、合作。
3. 以森林资源资产作价出资进行股份经营或联营。
4. 以森林资源资产从事租赁经营。
5. 以森林资源资产作抵押或进行拍卖。
6. 出让、转让或出租林地使用权。
7. 同时出让、转让森林、林木与林地使用权。
8. 需要进行森林资源资产评估的其他情形。

三、森林资源评估程序

1. 评估立项。
2. 评估委托。
3. 资产核查。
4. 资料搜集。
5. 评定估算。
6. 提交评估报告书。
7. 验证确认。
8. 建立项目档案森林资源资产的评估依据。

四、森林资源资产核查

森林资源资产的实物量是价值量评估的基础，按照《森林资源资产评估技术规范（试行）》的规定，森林资源资产评估的委托方必须提供有效的森林资源资产清单。该清单要根据森林资源规划设计调查（二类调查）、作业设计调查（三类调查）成果或者森林资源档案资料来编制。评估机构在森林资源资产价值量评定估算前，必须对委托单位提交的有效森林资源资产清单上所列示资产的数量和质量进行认真的核查。要求账面、图面、实地三者一致。

（一）核查内容

森林资源资产的核查内容主要包括权属、林地或森林类型的数量、质量和空间位置等。具体项目如下。

1. 林地。包括林地所有权、使用权、地类、面积、立地质量等级、地利等级等。

2. 林木。包括：

（1）用材林。包括：①幼龄林：权属、树种组成、林龄、平均树高、单位面积株用材林数。②中龄林：权属、树种组成、林龄、平均胸径、平均树高、单位面积活立木蓄积。③近、成、过熟林：权属、树种组成、林龄、平均胸径、平均树高、立木蓄积、材种出材率等级。

（2）经济林。包括权属、种类及品种、年龄、单位面积产量。

（3）薪炭林。包括权属、林龄、树种组成、单位面积立木蓄积量。

（4）竹林。包括权属、平均胸径、立竹度、均匀度、整齐度、年龄结构、产笋量。

（5）防护林。防护林除核查与用材林相应的项目外，还要增加与评估目的有关的项目。

（6）特种用途林。特种用途林除核查与其他林种相应的项目外，还要增加与评估目的有关的项目。

（7）未成林造林地上的幼树。包括权属、树种组成、造林时间、平均高、造林成活率、造林保存率。

（二）核查方法

森林资源资产的核查分为抽样控制法、小班抽查法和全面核查法。评估机构可按照不同的评估目的、评估种类、具体评估对象的特点和委托方的要求选择使用。

1. 抽样控制法。本方法以评估对象为抽样总体，以 95% 的可靠性，布设一定数量的样本进行林地的核查，要求总体蓄积量抽样精度达到 90% 以上。首先依据具有法定效力的资料，核对其境界线是否正确；然后在林业基本图或林相图上直接量算或采用成数抽样的办法核查各类土地和森林类型的面积，主要地类的抽样精度要求达到 95% 以上（可靠性 95%）。

如委托方提交的资产清单中各类土地、森林类型的面积和森林蓄积量在估测区间范围内，则按照资产清单所列的实物数量、质量进行评估。若超出估测区间，则该资产清单不符合评估要求，应通知委托方另行提交新的森林资源资产清单。

2. 小班抽查法。本方法采用随机抽样或典型选样的方法区分林地及森林类型、林龄等因子，抽出若干比例小班进行核查。核查的小班个数依据评估目的、林分结构等因素来确定。对抽中小班的各项按规定必须进行核查的因子进行实地调查，以每个小班中 80% 的核查项目误差不超出允许值视为合格。小班核查因子的允许误差范围采用国家林业局《森林资源规划设计调查主要技术规定》的 A 级标准。若核查小班合格率低于 90%，则该资产清单不能用做资产评估，应通知委托方另行提交资产清单。

五、林木资产评估方法

林木资产评估要根据不同的林种，选择适用的评估方法和林分质量调整系数进行评定估算。评估方法主要有以下几种：市场价倒算法、现行市价法、收益净现值法、收获现值法、年金资本化法、序列需工数法、重置成本法等。

（一）林木资产的评估方法

1. 市场价倒算法。市场价倒算法是用被评估林木采伐后所得木材的市场销售总收入，扣除木材经营所消耗的成本（含有关税费）及应得的利润后，将剩余的部分

作为林木资产评估价值。其计算公式为

$$P = W - C - F + S$$

式中：P——林木资产评估值；

W——销售总收入；

C——木材经营成本（包括采运成本、销售费用、管理费用、财务费用及有关税费）；

F——木材经营合理利润；

S——林木资源的再生价值。

上述计算公式中所需要的技术经济资料都可以依据现行标准或者有关规定取得，计算简单，结果易于被所有者和购买者接受。因此，市场价倒算法是成熟林木资产评估的首选方法。但是，因为树种、树形、材质差异、作业水平差异和地区差异，使用此方法时需要注意以下问题：准确确定木材的出材率；合理确定木材价格；合理计算生产成本、费用和税金。

2. 现行市价法。现行市价法是以相同或类似林木资产的现行市价作为比较基础，估算被评估林木资产价值的方法。其计算公式为

$$P = K \times K_b \times G \times Q$$

式中：P——林木资产评估值；

K——林分质量调整系数；

G——参照物单位蓄积的交易价格（元/m^3）；

Q——被评估林木资产的蓄积量。

市场法是应用最广泛的资产评估方法，其应用前提是存在一个活跃的资产交易市场，在此市场中，评估时可以取得 3 个以上可作为参照物的交易案例。但是，因为森林资产之间较大的差异性，评估时必须对参照物资产和被评估资产的差异进行调整。林分质量调整系数（K）和物价指数调整系数（K_b）的正确确定是评估值是否合理的关键。

3. 收益净现值法。收益净现值法是将被评估林木资产在未来经营期内各年的净收益按一定的折现率折为现值，然后累计求和得出林木资产评估价值的方法。其计算公式为

$$P = \sum_{t=1}^{N} \frac{(A_t - C_t)}{(1 + r)^t}$$

式中：P——林木资产评估值；

A_t——第 t 年的年收入；

C_t——第 t 年的年成本支出；

N——经营期；

r——折现率（根据当地营林平均投资收益状况具体确定）。

收益净现值法用于经常有收益的经济林、竹林的评估。此方法的难点在于收益和成本支出预测的准确性以及贴现率的确定上。因此，往往是在其他方法不能使用时采用此法。

4. 重置成本法。重置成本法是按现时工价及生产水平，重新营造一块与被评估

林木资产相类似的林分所需的成本费用，作为被评估林木资产评估价值的方法。其计算公式为

$$P = K \times \sum_{t=1}^{n} C_t \times (1 + r)^{n-t}$$

式中：P——林木资产评估值；

  K——林分质量调整系数；

  C_t——第 t 年以现时工价及生产水平为标准计算的生产成本，主要包括各年投入的工资、物质消耗、地租等；

  n——林分年龄；

  r——折现率。

林木资产不同于一般的资产，运用重置成本法时不存在成新率问题。另外，因为林木资产的建造期长达数十年，资金占用时间过长，在计算成本时必须计算复利。同时，用材林林分差异比较大，评估时是以当地的平均林分质量为标准的，其重置成本是指社会劳动的平均重置值，因此，各块林分的价值必须用林分质量调整系数进行调整。

（二）林木资产评估方法的适用性

1. 用材林（含薪炭林）林木资产评估。用材林林木资产评估一般按森林经营类型分龄组进行：

（1）幼龄林一般选用现行市价法、重置成本法。

（2）中龄林一般选用现行市价法、收获现值法。在使用收获现值法时必须要有能反映当地生长过程的生长过程表或收获表。在没有这些数表时，也可利用当地的调查材料，拟合当地的林木平均生长过程，以取得预测值。

（3）近、成、过熟林主要选用现行市价法中的市场价倒算法。

用材林林木资产评估时，要充分注意各龄组评估值之间的衔接。

2. 经济林林木资产评估。经济林林木资产评估一般选用现行市价法、收益现值法和重置成本法。在选用收益现值法时应考虑经济林经营的经济寿命期、各生长发育阶段的经济林产品的产量和成本的差异、经济寿命期末的林木残值。在选用重置成本法时应以盛产期前为重置期确定重置成本，进入盛产期后，还应根据收获年数确定调整系数（折耗系数）。

3. 防护林林木资产评估。防护林是以国土保安、防风固沙、改善农业生产条件等防护功能为主要目的的森林。防护林资产评估包括林木的价值和生态防护效益的评定估算，林木价值评估一般选用市价法、收益现值法和重置成本法。在选用收益现值法进行评估时必须以按防护林经营时所能获得的实际经济收益为基础。生态防护效益要通过实际调查确定标准和参数。

4. 竹林林木资产评估。竹林是由各类竹子构成的森林。竹林林木资产由地上立竹和地下竹鞭构成。

竹林林木资产评估一般选用现行市价法、年金资本化法，新造未成熟的竹林可采用重置成本法。在采用年金资本化法时必须考虑大小年对竹材和竹笋产量及经济收入的影响。

5. 特种用途林林木资产评估。特种用途林是以保存物种资源、保护生态环境、国防、森林旅游、科学实验等为主要经营目的的森林。特种用途林资产主要指能带来经济收益的风景林、实验林、母树林、名胜古迹和革命纪念林等。

实验林是以提供教学或科学研究实验场所为主要目的的森林。实验林资产评估一般选用现行市价法、收获现值法和收益净现值法。在采用收获现值法和收益净现值法时，收益的预测必须在满足原经营目的条件下进行。

母树林是以培育优良种子为主要目的的森林。母树林林木资产评估一般参照经济林林木资产评估的方法进行。在估算时应充分考虑母树木材价值较高的特点。

风景林、名胜古迹和革命纪念林的资产评估按照森林景观资产评估。

（三）林木资产评估实务中的评估模式介绍

在评估实务中，针对评估的基础数据的详尽程度及评估范围与精度的不同要求，有三种常用的评估模式，即小班评估法、总体平均评估法、现行林价评估法。

1. 小班评估法。小班评估法是在用材林资产评估中以小班为单位，充分应用二类清查、三类调查等小班调查资料，收集有关的小班经营类型、经营措施及小班林分生长经营状况，结合当时当地的技术经济指标，分小班按不同的经营类型对森林资源进行评估。

小班评估法的适用条件是各种资料与数据的收集应较齐全，主要包括：营林生产技术标准、定额及有关成本费用资料；木材生产、销售等定额及有关成本费用资料；评估基准日各种规格的木材、林副产品市场价格，及其销售过程中税、费征收标准；当地及附近地区的林地使用权出让、转让和出租的价格资料；当地及附近地区的林业生产投资收益率，各树种的生长过程表、生长模型、收获预测等资料；使用的立木材积表、原木材积表、材种出材率表、立地指数表等有关测树经营数表资料；其他与评估有关的资料。

小班评估法的基础数据是小班二类清查数据库或三类调查数据，由于二类数据是每十年更新一次，故在这十年间隔期内的评估必须将二类数据更新至评估当年。这些数据是按规定由具有相应级别调查设计资格证书的森林资源调查规划设计单位根据当年调查的森林资源数据，或林业资源管理部门建立并逐年更新的森林资源数据。

小班评估法按小班不仅分树种、分龄组（或分龄段），而且按各小班的经营类型进行评估，其优点在于与二、三类调查相结合，使资源数据更具有合理性与规范性。对木材价格与平均出材率分径阶予以确定，采伐经营成本以各小班实际地理条件判定，从其评估结果上看，由于它立足于现实林分小班的经营状况及地理条件，使得各项经营成本、木材价格更趋于市场状况，故其评估结果精度较高，结果更合理。但是涉及的工作范围广泛且林业的专业性强、涉及面广，因此工作量较常规评估要大上几倍。

2. 总体平均评估法。总体平均评估模块主要用于总体资产评估，以待评估用材林资产分树种或分经营类型按总体的平均生长水平、平均价格、平均的技术经济指标等分龄段或龄组对森林资产进行评估。对成熟林采用市场价倒算法进行，对中龄林、近熟林采用收获现值法，对幼龄林采用重置成本法，并选择合适的修正系数加以修正。

总体平均评估法一般用于评估精度要求不是很高，短期内难以提供各小班详细的资源数据，同一地区或经营管理单位的森林资产评估。在大宗项目评估时，可以省时省力。但是，木材平均价格、平均出材率及各项平均经济技术指标都必须在广泛收集当地各经营单位及市场交易状态信息并结合各林分的实际情况予以确定，而这种对总体评估平均水平确定的尺度是评估人员比较难以掌握的。

3. 现行林价评估法。在现行林价评估模块中，以现行林价代替按总体进行评估时，以市场价格及各种营林及采伐成本对林价的倒算，其立木价是法定的值，其前提在于必须以有现行林价为基础。根据各龄组的统计资料，采用市场价倒算法（评估成熟林）或收获现值法（评估中、近熟林）进行资产评估。幼龄林资产评估仍然使用完全重置成本法。现行林价评估按现行林价进行评估，是以现行林价制度为依据，其评估过程大大简化，不必为木材价格、经营成本的确定而大费周折。其评估结果常作为粗略估价或作为其他评估方式的参考价格，其优点在于评估过程简化、工作量小，而且符合现行政策制度。特别是在林业资源管理与市场行为不规范的情况下，其评估结果也可为买卖双方及行政主管部门所接受。

第十章

资产评估报告

第一节 资产评估报告概述

一、资产评估报告的概念

资产评估报告是资产评估机构按照评估工作制度的有关规定，在完成评估工作后向委托方和有关方面提交的说明评估过程和结果的书面文件。是按照一定格式和内容反映评估目的、程序、标准、依据、方法、结果及适用条件等基本情况的报告书。

资产评估报告既是注册资产评估师对被评估资产在特定条件下的价值提出的专家意见，也是评估机构履行评估委托协议情况进行的总结，并据以界定评估机构与注册资产评估师应承担的相应法律责任；资产评估报告还是资产评估行业管理部门对资产评估机构的职业道德、执业能力和水平进行检查监督的依据。

二、资产评估报告的作用

1. 资产评估报告为被委托评估的资产提供价值意见。资产评估报告是经具有资产评估资格的机构根据委托评估资产的特点和要求组织评估师及相应的专业人员组成的评估队伍，遵循评估原则和标准、按照法定的程序、运用科学的方法对被评估资产价值进行评定和估算后，通过报告书的形式提出的作价意见，该作价意见不代表任何当事人一方的利益，是一种独立的专家估价意见，具有较强的公正性与客观性，因而成为被委托评估资产作价的重要参考依据。

2. 资产评估报告是反映和体现资产评估工作情况，明确委托方、受托方及有关方面责任的依据。资产评估报告书对受托资产评估业务的目的、背景、范围、依据、程序、方法等过程和评定的结果进行说明和总结，体现了评估机构的工作成果。同时，资产评估报告书也反映和体现受托的资产评估机构与执业人员的权利与义务，并以此来明确委托方、受托方等有关方面的法律责任。在资产评估现场工作取得有关资料和估算数据，撰写评估结果报告书，向委托方报告。负责评估项目的评估师也同时在报告书上行使签字的权利，并提出报告使用的范围和评估结果实现的前提等具体条款。当然，资产评估报告书也是评估机构履行评估协议和向委托方或有关方面收取评估费的依据。

3. 对资产评估报告进行审核，是管理部门完善资产评估管理的重要手段。资产评估报告是反映评估机构和评估管理人员职业道德、执业能力水平、评估质量高低和机构内部管理机制完善程度的重要依据。有关管理部门通过审核资产评估报告书，可以有效地对评估机构的业务开展情况进行监督和管理。

4. 资产评估报告是建立评估档案、归集评估档案资料的重要来源。评估机构和评估人员在完成资产评估任务之后，都必须按照档案管理的有关规定，将评估过程中搜集的资料、工作记录以及有关工作底稿进行归档，以便进行评估档案的管理和使用。由于资产评估过程的各个具体环节和各有关资料的主要内容，而且还包括撰写资产评估报告过程采用到的各种数据、各个依据、工作底稿和按资产评估制度要求形成的有关文字记录等都是资产评估档案的重要信息来源。

三、资产评估报告的种类

国际上对资产评估报告有不同的分类，例如美国专业评估执业统一准则将评估报告分为完整型评估报告、简明型评估报告、限制型评估报告、评估复核。当评估报告的使用者包括客户以外的其他方时，报告类型必须采用完整型评估报告或简明型评估报告，当评估报告的使用者不包括评估客户以外的其他方时，则报告类型可以选择限制性评估报告。三种评估报告类型的显著区别在于报告所提供的内容和数据的繁简。

目前较为常见的资产评估报告书分类有以下几种：

1. 按资产评估的对象划分，资产评估报告书可分为整体资产评估报告书和单项资产评估报告书。凡是对整体资产进行评估所出具的资产评估报告书称为整体资产评估报告书。凡是仅对某一部分、某一项资产进行评估所出具的资产评估报告书称为单项资产评估报告书。

2. 按资产评估工作的内容划分，可以分为正常评估、评估复核和评估咨询，相应地，资产评估报告也可以分为正常的资产评估报告书、评估复核报告和评估咨询报告。

3. 按评估报告书所提供信息资料的内容详细程度划分，资产评估报告分为完整评估报告、简明评估报告和限制性评估报告。

4. 评估生效日根据评估项目的目的和作用不同，资产评估可以划分为追溯性评估、现值性评估和预期性评估，评估报告也相应地可以划分为追溯性评估报告、现值性评估报告和预期性评估报告。

四、资产评估报告书的基本要素

资产评估报告书一般应包括以下基本要素：

（1）评估报告类型；

（2）委托方、资产占有方及其他评估报告使用者；

（3）评估范围和评估对象基本情况；

（4）评估目的；

（5）价值类型及定义；

（6）评估基准日；

（7）评估假设和基本条件；

（8）评估依据；

（9）评估方法；

（10）评估程序实施过程和情况；

（11）评估结论；

（12）声明；

（13）评估报告日；

（14）评估机构和注册资产评估师签章；

（15）附件等。

按我国现行的有关规定，资产评估报告书应该包括资产评估报告书正文、资产评估说明、资产评估明细表及相关附件，而对资产评估报告书的基本内容和格式也有明确的规范要求。

第二节 资产评估报告的基本内容与格式

一、资产评估报告书的基本内容

资产评估报告书的基本内容包括评估报告书封面、评估报告书摘要、评估报告书正文及备查文件等。

（一）资产评估报告书封面基本内容

资产评估报告封面须载明下列内容：资产评估项目名称、资产评估机构出具评估报告的编号，资产评估机构全称和评估报告提交日期等。

有服务商标的评估机构可以在报告封面载明其图形标志。

（二）资产评估报告书摘要的基本内容

每份资产评估报告书的正文之前应有表达该报告关键内容的摘要，用来让各有关方面了解评估报告书的主要信息。该摘要与资产评估报告书正文具有同等法律效力，由注册资产评估师、评估机构法定代表人及评估机构等签字盖章并写明提交日期。该摘要还必须与评估报告书揭示的结果一致。不得有误导性内容，并应当采用提醒文字提醒报告使用者阅读全文。

（三）资产评估报告书正文的基本内容

1. 首部。评估报告书正文的首部应包括标题和报告书序号，标题应简练清晰，含有"×××（评估）项目资产评估报告书"字样。

2. 绪言。报告书正文的绪言应写明该报告书为委托方全称、受托方评估事项及评估工作整体情况。

3. 委托方与资产占有方简介。报告书正文的委托方与资产占有方简介应较为详细地分别介绍委托方、资产占有方的情况，也要写明委托方与资产占有方之间的隶属关系或经济关系。无隶属关系或经济关系的，应写明发生评估的原因，当资产占有方为多家企业时，还须逐一介绍。

4. 评估目的。报告书正文的评估目的应写明本次资产评估是为了满足委托方的何种需要，及其所对应的经济行为类型，并要说明该经济行为是否经过批准。若已获批准，应将批准文件的名称、批准单位、批准日期及文号写出。

5. 评估范围和对象。这部分应写明纳入评估范围的资产及其类型，并列出评估前的账面金额。评估资产为多家占有，应说明各自的份额及对应资产的类型。

6. 评估基准日。这部分应写明评估基准日的具体日期，确定评估基准日的理由或成立条件，揭示确定基准日对评估结果影响程度。另外，还应对采用非基准日价格标准作出说明。评估基准日应根据经济行为的性质确立，评估基准日应尽可能地与评估目的接近。

7. 评估原则。应在这部分写明评估工作过程中遵循的各类原则和本次评估遵循国家及行业规定的公认原则。对所遵循的特殊原则应做相应适当披露。

8. 评估依据。应在这部分中列示评估依据，包括行为依据、法律法规依据、产权依据和取价依据等。对评估中采用的特殊依据应做相应的披露。

9. 评估方法。应在这部分中说明评估过程中所选择、使用的评估方法和选择评估方法的依据或原因。对某项资产评估采用一种以上评估方法的，还应说明原因并说明该资产价值的确定方法；对选择特殊评估方法的，还应介绍其原理与适用范围。

10. 评估过程。这部分应反映评估机构自接受评估项目委托起至提交评估报告的工作全过程。包括：接受委托过程中确定评估目的、对象及范围、基准日和拟定评估方案的过程；资产清查中的指导资产占有方清查与收集准备资料、检查核实资产与验证资料的过程；评估估算中的现场检测与鉴定、选择评估方法、收集市场信息、具体分析计算的过程；评估汇总中的评估结果汇总、评估结论分析、撰写报告与说明、内部复核的过程；提交评估报告等过程。

11. 评估结论。这部分是报告正文的重要部分。应使用表述性文字完整地叙述评估机构对评估结果发表的结论，对资产、负债、净资产的账面价值、调整后的账面价值、评估价值及其增减幅度进行表述，还应单独列示不纳入评估汇总表的评估结果。

12. 特殊事项说明。应说明在评估过程中已发现可能影响评估结论，但属非评估人员执业水平和能力所能评定估算的有关事项，此外应提示报告使用者注意特别事项对评估结论的影响，还应揭示评估人员认为需要说明的其他事项。

13. 评估报告基准日期后重大事项。应揭示评估基准日期后至评估报告提出日期之间发生的重要事项，以及评估基准日期后事项对评估结论的影响，还应说明发生在评估基准日期后不能直接使用评估结论的事项。

14. 评估报告法律效力、使用范围和有效期。应具体写明评估报告成立的前提条件和假设条件，并写明评估报告依照法律、法规的有关规定发生法律效力和评估结果的有效使用期限。还应写明评估结论仅供委托方作为评估目的使用和送交财产评估主管机关审查使用，并申明评估报告书的使用权归委托方所有，未经委托方许可评估机构不得随意向他人提供或公开。

15. 评估报告提出日期。在这部分中应写明评估报告书提交委托方的具体日期。

16. 尾部。应写明出具评估报告书的机构名称并加盖公章，还要由评估机构法定代表人和至少两名负责评估的注册资产评估师签名盖章。

（四）备查文件的内容

资产评估报告的附报文件至少要包括以下基本内容。

1. 有关经济行为文件；

2. 被评估企业前三年度包括资产负债表和损益表在内的会计报表（非企业或经济组织除外）；

3. 委托方与资产占有方营业执照复印件；

4. 产权证明文件复印件；

5. 委托方、资产占有方的承诺函；

6. 资产评估人员和评估机构的承诺函；

7. 资产评估机构资格证书复印件；

8. 资产评估机构营业执照复印件；

9. 参加本评估项目的人员名单及资格证书复印件；

10. 资产评估业务约定合同；

11. 重要合同和其他文件。

这部分附报文件的格式没有具体要求，但必须按统一规格装订。

（五）资产评估说明的基本内容

资产评估说明描述评估师和评估机构对其评估目的、评估程序、方法、依据、参数选取和计算过程，充分揭示对资产评估行为和结果构成重大影响的事项，说明评估操作符合相关法规、行政法规和行业规范要求。资产评估说明也是资产评估报告书的组成部分，在一定程度上决定评估结果的公允性，保护评估行为相关各方的合法利益。

按有关规定，评估说明中所揭示的内容应同评估报告正文所阐述的内容一致。评估机构、注册资产评估师及委托方、资产占有方应保证其撰写或提供的构成评估说明各组成部分的内容真实完整，未做虚假陈述，也未遗漏重大事项。

1. 资产评估说明撰写的顺序

（1）"评估说明封面及目录"的基本内容。评估说明封面应载明该评估项目名称，该评估报告书的编号、评估机构名称、评估报告提出日期。若需要分册装订的评估说明，应在封面上注明共几册及该册的序号。

（2）"关于评估说明使用范围的声明"的基本内容。这部分应声明评估报告仅供资产管理部门、企业主管部门、资产评估行业协会在审查资产评估报告书和检查评估机构工作之用，除法律、行政法规规定外，材料的全部或部分内容不得提供给其他任何单位和个人，不得见诸公开媒体。

（3）"关于进行资产评估有关事项的说明"基本内容。这部分是由委托方与资产占有方共同撰写并写由负责人签字，加盖公章，签署日期。

这部分内容应包括以下几个方面：

委托方与资产占有方概况；

关于评估目的的说明；

关于评估范围的说明；

可能影响评估工作的重大事项说明；

资产及负债清查情况说明；

列示资产委托方、资产占有方提供的资产评估资料清单。

2. 资产清查核实情况的基本内容

该部分主要用来说明评估机构对委托评估的企业所占有的资产和评估相关的负债进行清查核实的有关情况及清查结论。具体包括以下基本内容：

（1）资产清查核实的内容。应写明评估人员对委托评估声明中确定的评估范围进行抽查复核，写明对资产及负债类型、账面金额、形成及产权状况的清查，对实物资产的数量、品质、存放地点的清查，以及对可能影响资产评估的重大事项的了解情况。

（2）实物资产的分布情况及特点。应简要说明待评估实物资产的分布情况、特点。对于影响生产经营的重大资产项目应指明地点及特征。

（3）影响资产清查的事项。应简要说明可能影响资产清查核实的有关事项，例如资产性能的限制、存放地点的限制、诉讼保全限制、技术性能的局限、所涉及的商业秘密和国家秘密等。对于不能直接进行清查的资产，应说明原因及涉及的范围，并逐一列示。

（4）资产清查核实的过程与方法。应说明资产清查的主要过程和所使用的方法。清查过程应反映清查工作的组织安排、时间计划、实施方案；清查方法应反映对主要资产清查核实所采取的措施，对待修理、待报废、高、精、尖、重要设备和特殊房屋建筑物进行检测的技术，对变质的存货进行鉴定的手段。

（5）资产清查结论。应概括说明资产清查结论，说明资产清查结果是否与账面记录存在差异，如存在差异，应说明差异程度和原因。对于产权不清晰的资产应逐一列示，说明原因并载明委托方与资产占有方应承担的责任。对于是否存在无形资产应特别说明，包括是否折股或纳入投资范围的有关情况。

（6）资产清查调整说明。主要说明根据有关会计政策等规定应予调整的处理事项。如有调整事项，应列明调整前后比较表。调整事项应说明与资产占有方取得一致意见，对于双方有差异的事项，应具体说明调整的原因。

（六）评估依据说明的基本内容

1. 主要法律法规。应列示国家公布的与资产评估相关的主要法律、法规、规章、制度及国家政策。

2. 经济行为文件。说明实施经济行为所必须取得的有关部门批件。

3. 重大合同协议及产权证明文件。应列示由委托方与资产占有方提供的与资产评估相关的重大合同、协议、产权证明文件等。

4. 采用的取价标准。主要列示由评估人员所选取的确定资产评估价值的技术标准，包括国家各部委、地方政府及有关部门颁发的技术标准、规范文件等。

5. 参考资料及其他。主要列示由评估人员所选取的确定资产评估价值的参考资料，包括经验数据、研究成果、统计资料、行业惯例及国际惯例等，以及评估人员认为需要列示的其他评估依据。

（七）各项资产及负债的评估技术说明的基本内容

该部分主要是对各项资产及负债进行评定估算和估价过程的详细说明，具体反映评估中选定的评估方法和采用的技术思路及实施的评估工作。评估技术说明应按评估项目涉及的会计科目分类逐一撰写，并至少含有以下基本内容。

1. 委托评估资产及负债的账面情况，包括账面金额、发生日期等；

2. 委托评估资产及负债的主要业务内容，对清查中发现账外资产应分别单独列示；

3. 评估实施的工作，即评估过程中做了哪些工作；

4. 评估价值确定的方法、依据、计算过程；

5. 涉及的计算公式；

6. 涉及的评估价值构成等式；

7. 评估值与调整后账面值的差异及其原因；

8. 评估举例，举例应选择典型的、价值量大的资产，应有详细的评估过程，推导评估结论的每一参数都应说明来源或依据；

9. 外币资金折算为人民币时所选取的汇率；

10. 对于选用特殊方法进行评估的，应详细介绍选用该方法的原因及其科学性、合理性。

评估技术说明可以根据项目具体情况适当分类，但采用成本加和法评估企业整体资产的至少应分为流动资产、长期投资、机器设备、房屋建筑物、在建工程、土地使用权、无形资产、其他资产、流动负债和长期负债等。

（八）整体资产评估收益现值法评估验证说明的基本内容

该部分主要说明采用收益法对企业整体资产进行评估，来验证前面采用成本法的评估结果。主要包括如下基本内容。

1. 收益法的应用简介。主要介绍本评估项目收益法应用的技术思路及适用的前提条件，列示收益法的计算公式，并对公式中涉及的参数进行解释与说明。写明收益法评估的验证作用，如不仅仅起验证作用，应说明选取收益法直接确定资产评估值的科学性、合理性。对于不是常用的收益法评估公式，应详细说明评估公式的形成过程和理论依据。

2. 企业的生产经营业绩与企业的经营优势。主要写明企业生产经营的历史情况，并反映企业生产经营的特点、企业在行业中的地位与优势，同时要说明有关国家产业政策的支持程度，包括国家税收、信贷、资源、用工等方面的优惠政策。一般应列表反映企业前若干年（一般至少 3 年）的历史经营情况，包括收入、费用、投资收益、税金及利润。对于受国家有关规定约束或禁止的情况应予以揭示。对于企业关联交易应做适当说明。

3. 企业的经营计划。主要介绍企业在生产经营方面的年度计划、中长期计划以及经营策略，特别说明企业的产品更新与开发计划、销售计划、成本控制计划、资金筹措计划、投资计划。

4. 企业的各项财务指标。主要介绍企业的各项财务指标，以此说明企业的财务状况，财务指标主要包括偿债能力指标、营运能力指标、盈利能力指标。偿债能力指标至少含有资产负债率、流动比率、速动比率。营运能力指标至少含有应收账款周转率、存货周转率，盈利能力指标至少含有销售利润率、净资产利润率、成本费用利润率。

5. 评估依据。包括行为依据、法规依据、产权依据和取价依据等。

企业营业收入预测。分析企业历史营业收入的构成及变化趋势，并说明依据和原因。成本费用的预测应说明方法，并与被评估资产的范围配比。对于可能发生的土地使用权、商标、专利技术等租赁应特别提示说明。

企业长期投资收益预测。分析企业长期投资收益的构成及变化趋势并进行预测。分析和预测应说明依据和原因。长期投资收益应按投资项目分别说明。

折现率的选取。说明折现率的组成内容，对每一组成内容说明确定方法和依据。折现率的选取一般应考虑社会平均报酬率、行业报酬率、经营风险、财务风险、行业风险，并与预期收益相配比。

评估值的计算过程。列示评估值计算公式和计算过程，列表说明公式中的各个参数值，计算公式中各个参数应相配比。未来收益一般应至少预测 5 年，对于未来收益有特殊变化的应考虑并说明。要注意计算公式中的各个参数应配比。

评估结论。主要概括说明运用收益法验证评估的结果，说明评估结果对应的资产范围，分析评估结果的科学性、可行性、合理性及存在问题，写明本评估结果仅仅是一种对其他评估方法的验证。

（九）评估结论及分析的基本内容

总体概括说明评估结论，包括评估结论、评估结果与调整后账面值比较变动情况及原因、评估结论成立的条件、评估结论的瑕疵事项、评估基准日期后事项说明及对评估结论的影响、评估结论的效力、适用范围与有效期等内容。

评估结论。应用文字叙述资产、负债、净资产的账面价值、调整后账面价值、评估价值，并单独叙述评估整体资产时运用收益法评估的结果，并含有评估结论详细情况，评估明细表和评估结论根据以上评估工作得出的字样。

对于存在多家资产占有方的情况应分别说明评估结果。对于不纳入评估汇总表的评估结果应单独列示。

评估结果与调整后账面值比较情况及原因。说明评估结果与调整后账面值比较变动情况，包括绝对变动额和相对变动率，分析评估结果与调整后账面值比较变动的原因。

说明评估整体资产时运用收益法评估验证的情况，并解释差异产生的原因。

评估结论成立的条件。写明评估结论系根据上述原则、依据、前提、方法、程序得出的，评估结论仅为本评估目的服务，评估结论系对评估基准日资产公允价值的反映，评估结论只有在上述原则、依据、前提条件下才能成立；写明是否考虑国家宏观经济政策发生的重大变化以及自然力和其他不可抗力的影响，是否考虑特殊交易方式对评估结论的影响；写明评估结论是本评估机构出具的，受本机构评估人员的执业水平和能力的影响。

评估结论的瑕疵事项。主要叙述评估人员在评估过程中已发现的、可能影响评估结论但非评估人员执业水平和能力所能评定估算的事项。

评估基准日期后事项说明及对评估结论的影响。特别提示评估基准日期后事项对评估结论的影响，说明评估基准日后、出具评估报告前发生的重大事项，说明评估基准日之后发生的重大事项对评估结论的影响程度，说明发生评估基准日期后事项时，不能直接使用评估结论。

评估结论的效力、使用范围与有效期。写明评估结论系评估人员依据国家有关

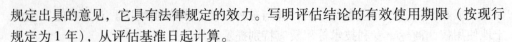

规定出具的意见，它具有法律规定的效力。写明评估结论的有效使用期限（按现行规定为 1 年），从评估基准日起计算。

（十）资产评估明细表的基本内容

资产评估明细表是反映被评估的各项资产评估前后的资产负债明细情况的表格，是资产评估报告书的组成部分，它反映了评估结果的详细情况，是评估结果得到认可、评估目的经济行为是先后作为调整会计账目的主要依据之一。其基本内容包括以下几个方面。

1. 资产和负债的名称、发生日期、账面价值、调整后账面价值、评估价值等；

2. 反映资产及负债特征的项目，如实物资产的数量；

3. 反映评估增减值情况的栏目和备注栏目；

4. 反映被评估资产及负债会计科目名称、资产占有单位、评估基准日、表号、金额单位、页码内容的资产评估明细表表头；

5. 写明清查人员、评估人员的资产评估明细表表尾；

6. 资产评估明细表当页的最后一行应是该页的"本页小计"行，评估明细表的最后一页还应在"本页小计"行后添加"合计"行。

资产评估明细表应逐级汇总。第一级是明细表总计，如机器设备清查评估明细表；第二级是按资产及负债大类单独汇总，如流动资产清查评估明细表、长期投资清查评估汇总表、固定资产清查评估汇总表、流动负债清查评估明细表、长期负债清查评估汇总表等；第三级是资产负债表式汇总，即资产评估结果分类汇总表；第四级是以资产及负债大类为主栏项目且以人民币万元为金额单位的汇总，即资产评估结果汇总表。

资产占有方为一家以上时，评估明细表应按资产占有方各家情况分别自成体系。

二、资产评估报告的格式

每份书面评估报告必须采用以下三种格式之一，并在报告中明确表示采用哪种格式：完整型评估报告、概述型评估报告或限制使用型评估报告。

当预期的使用者是除了客户以外的其他方时，评估人员必须提供完整型评估报告或者概述型评估报告；当预期的使用者不是除了客户以外的其他方时，评估人员必须提供限制使用型评估报告。

三种评估意见的根本区别在于报告所提供信息资料的内容和详细程度。

评估人员在完成某项评估业务之后给评估报告以及报告所传递的信息详细程度划分类型时必须小心谨慎。美国准则所要求的评估报告的内容和信息详细程度是对于每一种类型报告的最低要求。评估人员必须在必要的时候补充完善报告的形式内容，保证对报告的预期使用者不产生误导，并且保证所提供的报告遵守专业评估执业统一准则提出的要求。

为了满足披露的要求，接受完整型评估报告、概述型评估报告或者限制使用型评估报告副本的人员不能成为评估结果的预期使用人员，除非评估委托人明确表示其是评估结果的预期的使用人员。

（一）完整型评估报告的格式要求

完整型评估报告的内容必须与报告的预期用途相一致，并且至少包括以下内容。

1. 明确说明客户和预期使用者的身份，包括姓名和类型，评估人员在明确客户的身份时必须小心谨慎，既要清楚明确，又要遵守职业道德条款的保密性规定。在这种非常特别的情况下，当客户要求保持匿名时，评估人员仍然要在工作文档描述确定客户的身份，但可以在评估报告中删除对客户身份的描述。评估报告的预期使用者可能包括出借人、政府机构的职员、客户的合伙人、客户的律师和客户的会计人员。

2. 明确评估的预期用途。

3. 明确并用充分的信息资料描述被评估的不动产，这种描述包括与评估业务有关的财产的物理和经济方面的特性。说明评估中不动产的实体可通过以下的任何组合来完成，包括法律描述、地址、参考地图、测量或地图的复印件、财产的草图和（或）照片，以及其他类似的证据。除了书面描述可以对与评估报告的预期用途和目的相关的不动产的物理、法律和经济特征进行说明外，财产的草图和照片也可以对被评估的不动产进行一定的说明和描述。

4. 明确说明被评估的不动产权益。如果需要的话，对被评估的不动产权益的说明必须用对不动产具有约束力的权益的描述文件或者其他已知的文件的概述或者复印件来进行实质性的证明。

5. 明确说明评估的目的，包括对被评估的价值定义和类型以及它的来源的说明。对被评估的价值进行定义需要采用适当的相关定义，并且就定义如何运用向评估报告阅读者进行必要的解释。

6. 说明评估生效日和报告日期。评估生效日建立了评估的基础，而评估报告日表明评估人员基于评估生效日市场状况的观点是未来的、现行的还是历史的。

当评估报告日的市场状况不同于评估生效日的市场状况时，在评估报告的不同阶段多次同时强调说明评估生效日和评估报告日，对评估报告的阅读者正确理解是十分重要的。

7. 明确叙述足以向评估客户和评估结果使用者说明评估的工作范畴的信息。评估客户和评估结果使用者期望得到的评估结果会受到评估人员调查研究工作范畴的影响。评估师应恪尽职守，使评估客户和评估使用者了解评估人员的工作范畴，从而对其工作不产生误解。评估人员应负有确定工作范畴和评估报告信息传递量的责任。

8. 明确说明影响评估分析、意见和结论的所有假设、逆向假设和限制性条件。典型的或一般的假设和限制性条件可以一并置于评估报告的某一确定部分，美国准则要求特别假设或逆向假设应当连同对受其影响的意见和结论所进行的说明一同披露。

9. 明确描述评估中所考虑的信息，所采用的程序和支持其分析、意见和结论的推理过程。评估人员应确信评估报告已提供足够的信息，以使客户和评估报告的期望使用者能够理解评估结果或者结论的合理性。

10. 明确描述评估基准日现存不动产的用途、在评估报告中反映出来的不动产的用途，以及当评估业务的目的是要得出市场价值时，评估人员对不动产最佳用途的分析意见的合理性和推理过程所用的论据。此款要求评估报告需包含评估人员关于被评估不动产最佳用途的意见，除非关于最佳用途的意见是不必要的，如保险目的的评估或"使用价值"目的的评估。如果评估的目的是要得出市场价值，那么，评估报告就必须描述评估人员对不动产最佳用途分析意见合理性和推理过程所用的论据。对评估人员支持该意见的推理必须进行适当的详细描述。

11. 经评估人员签署的证明文件。

（二）简明型评估报告的格式要求

概述型评估报告的内容必须与评估的预期用途相一致，并且至少包括以下内容。

1. 明确说明客户和预期使用者的身份，包括姓名和类型。

2. 明确评估的预期用途。

3. 明确并用充分的信息资料概述被评估的不动产，这种概述包括与评估业务有关的财产的物理和经济方面的特性。

4. 明确说明被评估的不动产权益。

5. 说明评估的目的，包括对被评估的价值定义和类型以及它的来源的说明。

6. 说明评估生效日和报告日期。

7. 概述足以向评估客户和评估结果使用者说明评估的工作范畴的信息。

8. 说明影响评估分析、意见和结论的所有假设、逆向假设和限制性条件。

9. 概述评估中所考虑的信息，所采用的程序和支持其分析、意见和结论的推理过程。

10. 明确描述评估基准日现存不动产的用途，在评估报告中反映出来的不动产的用途，以及当评估业务的目的是要得出市场价值时，评估人员对不动产最佳用途分析意见合理性和推理过程所用的论据。

11. 经评估人员签署的证明文件。

（三）限制使用型评估报告的格式要求

限制使用型评估报告的内容必须与评估的预期用途相一致，并且至少包括以下内容。

1. 明确说明客户和预期使用者的身份，包括姓名和类型。

2. 明确评估的预期用途。

3. 明确并用充分的信息资料描述被评估的不动产，这种描述包括与评估业务有关的财产的物理和经济方面的特性。

4. 明确说明被评估的不动产权益。

5. 说明评估的目的，包括对被评估的价值定义和类型，并参考与评估目的相关的价值的定义。

6. 说明评估生效日和报告日期。

7. 说明数据的收集、检验和报告过程的范围，或者摘引保存在评估人员的工作文档中的评估合同对评估工作范围的叙述。

8. 说明影响评估分析、意见和结论的所有假设、逆向假设和限制性条件。

9. 描述评估中所采用的评估程序、评估结果分析和结论，以及参考工作文档的内容。

10. 明确描述评估基准日现存不动产的用途，在评估报告中反映出来的不动产的用途，以及当评估业务的目的是要得出市场价值时，评估人员对不动产最佳用途的分析意见的合理性和推理过程所用的论据。

11. 经评估人员签署的证明文件。

第三节　资产评估报告的编制

一、资产评估报告的编写要求

资产评估报告书制作的技术要点是指在资产评估报告制作过程中的主要技能要求，它具体包括了文字表达、格式与内容方面。

（一）文字表达方面的基本要求

资产评估报告书既是一份对被评估资产价值有咨询性和公正性作用的文字，又是一份用来明确资产评估机构和评估人员工作责任的文字依据，所以它的文字表达要求既清楚、准确，又能提供充分的依据说明，还能全面地叙述整个资产评估的具体过程。其文字表达不得使用模棱两可的措辞，既要简明扼要，又要把有关问题说明清楚，不得带有任何诱导、恭维和推荐性的陈述。同时，也不能用大包大揽的语句，尤其是涉及承担责任条款的部分。

（二）格式和内容方面的基本要求

对资产评估报告格式和内容方面的基本要求，必须严格遵循财政部颁发的《资产评估报告基本内容与格式的暂行规定》行事。

（三）评估报告书的复核及反馈方面的技能要求

资产评估报告书的复核与反馈也是资产评估报告书制作的具体要求。通过对工作底稿、评估说明、评估明细表和报告书正文的文字、格式及内容的复核与反馈，可以使有关错误、遗漏等问题在出具正式报告书之前得到修正。对评估人员来说，资产评估工作是一项必须由多个评估人员同时作业的中介业务，每个评估人员都有可能因能力、水平、经验、阅历及理论方法的限制而产生工作盲点和疏忽，所以，对资产评估报告书初稿进行复核就十分必要。对资产评估的情况熟悉程度来说，大多数资产委托方和占有方对委托评估资产的分布、结构、成新等具体情况总是会比评估机构和评估人员更熟悉，所以，在出具正式报告之前征求委托方的意见，收集反馈意见也很重要。

对资产评估报告书必须建立起多极复核和交叉复核的制度，明确复核人的职责，防止流于形式的复核。搜集反馈意见主要是通过委托方或占有方熟悉资产具体情况的人员。对委托方或占有方意见的反馈，应谨慎对待，应本着独立、客观、公正的态度去接受反馈意见。

二、撰写报告书应注意的事项

（一）实事求是，切忌出具虚假报告

报告书必须建立在真实、客观的基础上，不能脱离实际情况，更不能无中生有。报告拟定人应是参与该项目并全面了解该项目情况的主要评估人员。

（二）坚持一致性原则做法，切忌出现表里不一

报告书的文字、内容前后要一致，摘要、正文、评估说明、评估明细表内容与格式、数据要一致。

（三）提交报告书要及时、齐全和保密

在正式完成资产评估工作后，应按业务约定书的约定时间及时将报告书送交委托方。送交报告书时，报告书及有关文件要送交齐全。涉及外商投资项目的对中方资产评估的评估报告，必须严格按照有关规定办理。此外，要做好客户保密工作，尤其是对评估涉及的商业秘密和技术秘密，更要加强保密工作。

三、编写资产评估报告的基本步骤

资产评估报告书的制作是评估机构完成评估工作的最后一道工序，也是资产评估工作中的一个重要环节。编写资产评估报告的基本步骤如下。

（一）整理工作底稿和归集有关资料

资产评估现场工作结束后，有关评估人员必须对现场工作底稿进行整理，按资产的性质进行分类。同时对有关询证函、被评估资产背景材料、技术鉴定情况和价格取证等有关资料进行归集和登记。对现场未予确定的事项，还须进一步落实和核查。这些现场工作底稿和有关资料都是编制资产评估报告的基础。

（二）评估明细表的数字汇总

细表的数字汇总应根据明细表的不同级次先明细表汇总，然后分类汇总，再到资产负债表式的汇总。不具备采用电脑软件汇总的评估机构，在数字汇总过程中应反复核对各有关表格数字的关联性和各表各栏目之间的数字关系，防止出错。

（三）评估初步数据的分析和讨论

在完成评估明细表的数字汇总，得出初步的评估数据后，应召集参与评估过程的有关人员，对评估报告的初步数据结论进行分析和讨论，比较各有关评估数据，复核记录估算结果的工作底稿，对存在作价不合理的部分评估数据进行调整。

（四）编写评估报告书

编写评估报告书分为两步。

首先，在完成资产评估初步数据的分析和讨论，对有关部分的数据进行调整后，由具体参加评估的人员草拟出资产评估报告书，然后对评估报告中存在的疏忽、遗漏和错误之处进行修正，待修改完毕即可撰写资产评估正式报告书。

其次，将评估基本情况和评估报告书初稿的初步结论与委托方交换意见，听取委托方的反馈意见后，在坚持独立、客观、科学的原则上，对评估报告书中存在的疏忽、遗漏和错误之处进行修正，待修改完毕即可撰写资产评估正式报告书。

（五）资产评估报告书的签发与送交

评估机构撰写出资产评估正式报告书后，经审核无误，按以下程序进行签名盖章：先由负责该项目的注册评估师签章（两名或两名以上），再送交复核人审核签章，最后送评估机构负责人审定签章并加盖机构公章。

第四节　资产评估报告的使用

资产评估报告书由评估机构出具后，资产评估委托方、资产评估管理方和有关部门对资产评估报告书及有关资料要根据需要进行应用。

资产评估报告书由评估机构出具后，资产评估有关各方对资产评估报告及其有关资料应根据需要进行使用。充分利用资产评估报告，对提出估价要求的客户、评估管理机构、有关政府管理部门、资产评估机构自身及其他有关者都是十分重要的。由于目的不同，利用的方式也有所不同。

一、委托方对资产评估报告的使用

委托方在收到受托评估机构送交的正式评估报告书及有关资料后，可以依据评估报告书所揭示的评估目的和评估结论，合理使用资产评估结果。

委托方应该是资产评估报告的主要使用者。委托方在收到受托评估机构送交的正式评估报告书及有关资料后，可以根据评估报告书所揭示的评估目的和结论，合理使用资产评估结果。根据有关规定，委托方依据评估报告书所揭示的评估目的及评估结论，可以将其作为以下几种具体的用途进行使用。

（一）根据评估目的，作为资产交易作价的基础材料

评估目的涉及的经济行为主要有以下几种。

1. 整体或者部分改建为有限责任公司或者股份有限公司；
2. 以非货币资产对外投资；
3. 合并、分立、破产、解散；
4. 非上市公司国有股东股权比例变动；
5. 产权转让；
6. 资产转让、置换；
7. 整体资产或者部分资产租赁给非国有单位；
8. 以非货币资产偿还债务；
9. 资产涉讼；
10. 收购非国有单位的资产；
11. 接受非国有单位以非货币资产出资。

（二）作为企业进行会计记录或调整账项的依据

委托方在根据评估报告书所揭示的资产评估目的使用资产评估报告资料的同时，还可依照有关规定，根据资产评估报告书资料进行会计记录或调整有关财务账项。

（三）作为履行委托协议和支付评估费的主要依据

当委托方收到评估机构的正式评估报告书有关资料后，在没有异议的情况下，

应根据委托协议，将评估结果作为计算支付评估费用的主要依据，履行支付评估费用的承诺及其他有关承诺的协议。

此外，资产评估报告书及有关资料也是有关当事人因资产评估纠纷向纠纷调处部门申请调处的申诉资料之一。

当然委托方在使用资产评估报告书及有关资料时也必须注意以下几个方面。

1. 只能按报告书所揭示的评估目的使用报告，一份评估报告只允许按一个用途使用。

2. 只能在报告书的有效期内使用报告，超过报告书的有效期，原资产评估结果无效。

3. 在报告书有效期内，资产评估数量发生较大变化时，应由原评估机构或者说资产占有单位按原评估方法做相应调整后才能使用。

4. 涉及国有资产产权变动的评估报告书及有关资料必须经国有资产管理部门或授权部门核准或备案后方可使用。

5. 作为企业会计记录和调整企业账项使用的资产评估报告书及有关资料，必须由有关机关批准或认可后方可生效。

二、资产评估管理机构对资产评估报告书的运用

资产评估管理机构主要是指对资产评估行政管理的主管机关和对资产评估行业自律管理的行业协会。对资产评估报告书的运用是资产评估管理机构实现对评估机构的行政管理和行业自律管理的重要过程。

资产评估管理机构通过对评估机构出具的资产评估报告书有关资料的运用，能大体了解评估机构从事评估工作过程的工作报告，通过对资产评估报告书资料的检查与分析，评估管理机构能大致判断该机构的业务能力和组织管理水平。另一方面，它也是对资产评估结果质量进行评价的依据。资产评估管理机构通过对资产评估报告书进行核准或备案，能够对评估机构的评估结果质量好坏作出客观的评价，从而能够有效实现对评估机构和评估人员的管理。再一方面，它能为国有资产管理提供重要的数据资料。通过对资产评估报告书的统计与分析，可以及时了解国有资产的占有和使用状况以及增减值变动情况，进一步为加强国有资产管理服务。

三、其他有关部门对资产评估报告书的运用

除了资产评估管理机构可运用资产评估报告书资料外，还有些政府管理部门也需要运用资产评估报告书，它们主要包括证券监督管理部门、保险监督管理部门、工商行政管理部门，税务、金融和法院等有关部门也需要运用资产评估报告书。

证券监督管理部门对资产评估报告书的运用，主要表现在对申请上市的公司有关申报材料招股说明书的审核过程，以及对上市公司的股东配售发行股票时申报材料配股说明书的审核过程。根据有关规定，公开发行股票公司信息披露至少要列示以下各项资产评估情况。

1. 按资产负债表大类划分的公司各类资产评估前账面价值及固定资产净值；

2. 公司各类资产评估净值；

3. 各类资产增减值的主要原因。

此外，还应简单介绍资产评估时采用的主要评估方法。

公开发行股票的公司采用非现金方式配股，其配股说明书的备查文件必须附上资产评估报告书。

当然，证券监督管理部门还可以运用资产评估报告书和有关资料加强对取得证券业务评估资格的评估机构及有关人员的业务管理。

保险监督管理部门、工商行政管理、税务、金融和法院等有关部门也能通过对资产评估报告书的运用来达到实现其管理职能的目的。

第五节　资产评估报告书示例

下面以百川科技汇通生物制药股份有限公司资产评估报告书为例。

资产评估报告书摘要
重要提示

以下内容摘自资产评估报告书，欲了解本评估项目的全面情况，应认真阅读资产评估报告书全文。

海南瑞利信资产评估有限公司接受百川科技汇通生物制药股份有限公司的委托，根据国家关于国有资产评估的有关规定，本着独立、公正、科学、客观的原则，按照公认的资产评估方法，对百川科技汇通生物制药股份有限公司进行出资之目的而委托评估的资产进行了实地察看与核对，并做了必要的市场调查与征询，履行了公认的其他必要评估程序。据此，我们对百川科技汇通生物制药股份有限公司委估资产在评估基准日的公平市值采用了成本法、市场比较法进行评估，为其委估资产提供价值参考依据。目前我们的资产评估工作已结束，现谨将资产评估结果报告如下。

经评估，截至评估基准日 2006 年 8 月 31 日，在持续使用前提下，百川科技汇通生物制药股份有限公司委托评估的下属分支机构衡阳中药厂部分资产账面值为 219 724 861.59 元，调整后账面值为 227 060 817.97 元，评估值 229 888 220.66 元，评估增值2 827 402.69元；全部负债账面值为 122 299 899.93 元，调整后账面值为 131 689 939.38 元，评估值为 131 689 939.38 元；净资产账面值为 97 424 961.66 元，在继续使用和拥有完全权利的前提下评估值为 98 198 281.28 元，评估增值 2 827 402.69元。本报告仅供委托方为本报告所列明的评估目的以及报送资产评估主管机关审查而做，评估报告使用权归委托方所有，未经委托方同意，不得向他人提供或公开，除依据法律需公开的情形外，报告的全部或部分内容不得发表于任何公开媒体上。本报告评估结论的有效期为一年，从评估基准日起计算。超过一年，需重新进行资产评估。

（此页为百川科技汇通生物制药股份有限公司评估项目报告书之重要组成部分）

海南瑞利信资产评估有限公司

2006 年 11 月 25 日

法人代表：×××

中国注册资产评估师：×××
中国注册资产评估师：×××
名称：海南瑞利信资产评估有限公司
地址：海南省海口市金贸区奥维斯大厦 A 座 1102 室
电话：66533173、66545196 传真：66533173 邮编：570125

百川科技汇通生物制药股份有限公司
资产评估报告书

海瑞利信资评报字（2006）第 156 号

一、绪言

海南瑞利信资产评估有限公司接受百川科技汇通生物制药股份有限公司的委托，根据国家有关资产评估的规定，本着独立、公正、科学、客观的原则，按照公认的资产评估方法，为满足百川科技汇通生物制药股份有限公司进行出资之需要所涉及的下属分支机构衡阳中药厂的资产和负债进行了评估。本所评估人员按照必要的评估程序对委托评估的资产实施了实地查勘、市场调查与询证，对委估资产在 2006 年 8 月 31 日所表现的市场价值作出了公允反映。现将资产评估情况及评估结果报告如下。

二、委托方及资产占有方

（1）委托方名称：百川科技汇通生物制药股份有限公司
住所：湖南省衡阳市先锋路 54 号
法定代表人：×××
注册资本：20 305 万元
企业类型：股份有限公司（上市）
经营范围：研制、开发、生产、销售（限自产产品）口服液、片剂、丸剂、颗粒剂、栓剂、大容量注射剂（含抗肿瘤化学药）、小容量注射剂。原料药、糖浆剂、软膏剂、口服溶液剂、凝胶剂、酊剂、乳膏剂、小容量注射剂（血液制品）、冻干粉针剂、粉针剂、片剂、胶囊剂、颗粒剂、酒剂；生产销售食品、副食品、保健品、饮料、饮用水；生产、销售精细化工产品（不含危险品及监控化学品）并提供相关技术转让服务；经营进出口业务（以上涉及行政许可项目的，凭本企业有效文件经营）。

（2）百川科技汇通生物制药股份有限公司下属分支机构衡阳中药厂位于衡阳市雁峰区罗金桥 1 号，负责人曹和平，经营范围：研制、开发、生产口服液、片剂、丸剂、冲剂、酒剂、食品、副食品、保健品、饮料、饮用水及进料加工和"三来一补"业务。

三、评估目的

本次评估的目的是为百川科技汇通生物制药股份有限公司进行出资组建子公司之需要，而对其委估的下属分支机构衡阳中药厂的部分资产和负债提供现行公允价值的参考依据。

四、评估范围和对象

评估的具体对象以百川科技汇通生物制药股份有限公司提供的其下属分支机构衡阳中药厂的评估明细表为基础，凡列入表内并经核实的资产和负债均在本次评估范围之内。评估对象包括：流动资产、固定资产、无形资产和各种负债。

本次评估范围的资产和负债账面情况如下。

资产和负债的账面情况表

单位：人民币元

项目	账面净值	项目	账面净值
流动资产	186 431 173.64	流动负债	122 299 899.93
固定资产	28 861 386.28	长期负债	0
无形资产及递延资产	4 432 304.67	负债总计	122 299 899.93
资产总计	219 724 861.59	净资产	97 424 961.66

五、评估基准日

根据我所与委托方的约定，本项目资产评估基准日定为 2006 年 8 月 31 日。本项目资产评估基准日是由海南瑞利信资产评估有限公司与百川科技汇通生物制药股份有限公司在充分考虑了经济行为的性质，在有利于保证评估结论有效地服务于评估目的，准确地划定评估范围和合理选取评估依据等前提下商定的。本次资产评估工作中，资产评估范围的界定、评估价格的确定、评估参数的选取等，均以该日之外部经济环境以及市场情况而定。本报告书中一切取价标准均为评估基准日有效的价格标准。

六、评估原则

根据国家国有资产管理及评估的有关法规，我们遵循以下原则。
（1）独立性、客观性、科学性、公正性资产评估工作原则；
（2）贡献原则、替代原则、预期原则的资产评估经济原则；
（3）资产持续经营、公开市场的原则，以及其他一般公认的评估原则。

七、评估依据

我们在本次资产评估工作中所遵循的国家、湖南省人民政府和有关部门的法律法规，以及在评估中参考的文件资料主要有以下几种。
1. 评估行为依据
我所与百川科技汇通生物制药股份有限公司签订的资产评估委托约定书。

2. 评估法规依据

（1）国务院1991年第91号令《国有资产评估管理办法》；

（2）原国家国有资产管理局国资办发〔1992〕36号文《国有资产评估管理办法施行细则》；

（3）国家财政部财评字〔1999〕91号《关于印发〈资产评估报告基本内容与格式的暂行规定〉的通知》；

（4）中国资产评估协会《资产评估操作规范意见（试行）》；

（5）其他相关的法律法规文件。

3. 评估产权依据

（1）资产委托方填报的《资产清查评估明细表》；

（2）委托方出具的原始付款凭证等。

4. 评估取价依据

（1）2006年《中国机电产品报价手册》；

（2）衡阳市车辆交易中心价格动态信息；

（3）《湖南省1999年建筑工程预算定额》；

（4）《湖南省1999年建筑工程预算定额汇总表》；

（5）《湖南省2002年统一安装工程基价表》；

（6）评估人员通过市场调查和询价取得的资料。

八、评估方法

根据国家国有资产管理与评估的有关法规，遵循资产评估的工作原则、经济原则及其他一般公认的评估原则，我们对百川科技汇通生物制药股份有限公司委托评估的资产进行了必要的核查及产权界定，查阅了有关文件合同等，实施了我们认为必要的其他程序，在此基础上，根据本次评估目的需要，对流动资产、固定资产、无形资产根据具体情况分别采用成本法和现行市价法进行评估；对负债则在核实账面值的基础上确定评估值。

九、评估过程

我所接受百川科技汇通生物制药股份有限公司评估委托后，我所评估人员配合和指导委托方进行资产评估前期准备工作，制订资产评估工作计划。随后进行现场勘察，开展资产评估工作。

本次评估于2006年11月8日开始进行前期工作，2006年11月11日进驻现场，最终于2006年11月25日出具正式资产评估报告。我所根据国有资产评估的有关原则和规定，对评估范围内的资产进行了评估和产权界定，整个评估工作分4个阶段进行。

1. 评估前期准备工作阶段

本阶段的主要工作是：根据我所资产评估工作的需要，向百川科技汇通生物制药股份有限公司发送资产评估清查明细表，协助企业进行资产申报工作，同时收集资产评估所需文件资料，制订资产评估工作计划。

2. 现场评估阶段

根据国有资产评估的有关原则和规定，对评估范围内的资产进行了评估和产权界定，具体步骤如下。

（1）听取企业有关人员对企业情况以及委估资产历史和现状的介绍；

（2）对企业填报的资产清查评估明细表进行征询、鉴别，并与企业有关财务原始账簿进行核定；

（3）根据资产清查评估明细表的内容到现场进行实物核实，并对资产状况进行察看、记录、标定和拍摄；

（4）查阅委估资产的产权证明文件以及财务会计资料等；

（5）开展市场调研、询价工作，走访有关设计、施工、管理等单位，了解资产使用、维护保养等情况；

（6）收集和查询委估资产市场价格等。

3. 评估汇总阶段

评估人员对资产的初步评估结果，进行汇总分析对比工作，确认评估工作中没有发生重评和漏评的情况，根据汇总分析，对资产评估结果进行调整、完善。

4. 提交报告阶段

根据评估工作情况，起草资产评估报告书，向委托方提交资产评估报告书初稿，根据委托方意见，进行必要的修改，在经委托方确认无误后，向委托方提交正式资产评估报告书。

十、评估结论

在实施了上述资产评估程序和方法后，截至评估基准日 2006 年 8 月 31 日百川科技汇通生物制药股份有限公司下属分支机构衡阳中药厂纳入本次评估范围的全部资产账面值为 219 724 861.59 元，调整后账面值为 227 060 817.97 元，评估值为 229 888 220.66 元，评估增值 2 827 402.69 元；全部负债账面值为 122 299 899.93 元，调整后账面值为 131 689 939.38 元，评估值为 131 689 939.38 元；净资产账面值为 97 424 961.66 元，在继续使用和拥有完全权利的前提下评估值为 98 198 281.28 元，评估增值 2 827 402.69 元。

资产评估结果汇总表 单位：人民币元

资产项目	账面净值	调整后净值	评估值	评估增减值
流动资产	186 431 173.64	193 767 130.02	193 754 689.80	− 12 440.22
固定资产	28 861 386.28	28 861 386.28	30 905 367.19	+ 2 043 980.91
无形资产及递延资产	4 432 301.67	4 432 301.67	5 228 163.67	+ 795 862.00
流动负债	122 299 899.93	131 689 939.38	131 689 939.38	0.00
负债总计	122 299 899.93	131 689 939.38	131 689 939.38	0.00
净资产	97 424 961.66	95 370 878.59	98 198 281.28	+ 2 827 402.69

在评估基准日之状况和外部经济环境前提下，为本报告书所列明的目的而提出的评估结论详细情况请见资产清查评估明细表。

十一、特别事项说明

（1）本报告所称"评估价值"系指我们对所评估资产在现有用途不变并持续经营的情况下出具的公允估值意见。

（2）受百川科技汇通生物制药股份有限公司的委托，本次评估范围只以委托方申报的资产为限。

（3）本项评估是在独立、公正、客观、科学的原则下作出的，我所及参加评估工作的全体人员与资产委托方及占有方之间无任何特殊利害关系，评估人员在评估过程中恪守职业道德和规范，并进行了充分努力。

（4）本报告是在委托方及资产占有方提供的业经会计师事务所审计后报表等基础文件数据资料的基础上作出的。资产委托方对所提供会计记录、会计凭证以及相关数据的真实性和可靠性负责；本报告评估结论是对 2006 年 8 月 31 日这一基准日所评估企业资产价值的客观公允反映，我所对这一基准日以后该资产价值发生的重大变化不负任何责任。

（5）在此次评估时，委托方委估的房屋、土地使用权和机器设备已设定抵押，评估中未考虑此因素可能影响其价值的任何限制，同时也未对资产评估增值额做任何纳税准备。

（6）本报告所涉及的有关法律证明文件，由委托方及资产占有方提供，其真实性由委托方及资产占有方负责。

（7）本报告含有若干备查文件，备查文件构成本报告之重要组成部分，与本报告正文具有同等法律效力。

十二、评估报告评估基准日期后的重大事项

本项目评估基准日至评估报告提出日之间评估人员未发现对评估结论有重大影响的事项发生，资产价格亦未发生明显变化。在评估基准日后有效期以内，资产数量发生的变化应根据原评估方法对资产额进行相应调整。当评估方法为重置成本法时，应按实际发生额进行调整；若资产价格标准发生变化并对资产评估价格已产生了明显影响时，委托方应及时聘请评估机构重新确定评估价。由于评估基准日后资产数量、价格标准的变化，委托方在资产实际作价时应给予充分考虑，并进行相应调整。

十三、评估报告法律效力

（1）本次评估结论是反映评估对象在本次评估目的下，根据公开市场的原则确定的现行公允市价，没有考虑特殊的交易方可能追加付出的价格等对评估价格的影响，同时，本报告也未考虑国家和湖南省宏观经济政策发生变化以及遇有自然力和其他不可抗力对资产价格的影响。当前述条件以及评估中遵循的持续经营原则等其他情况发生变化时，评估结论一般会失效。

（2）本评估报告的作用依照法律法规的有关规定发生法律效力。

（3）评估结论的有效使用期限根据国家现行规定，本资产评估报告有效期为一

年，自评估基准日 2006 年 8 月 31 日起计算，至 2007 年 8 月 30 日止。

（4）资产评估报告的使用范围。本报告评估结论仅供委托方为评估目的之用和送交资产评估主管机关审查使用。评估报告书的使用权归委托方所有，未经委托方同意，本报告不得向他人提供或公开。

十四、评估报告提出日期

本评估报告提出日期为 2006 年 11 月 25 日。

谨此报告！

（此页为百川科技汇通生物制药股份有限公司评估项目报告书之重要组成部分）

海南瑞利信资产评估有限公司

中国 海南 海口

2006 年 11 月 25 日

法定代表人：×××

中国注册资产评估师：×××

中国注册资产评估师：×××

名称：海南瑞利信资产评估有限公司

地址：海南省海口市金贸区奥维斯大厦 A 座 1102 室

电话：66533173、66545196 传真：66533173 邮编：570125

第十一章

资产评估的相关知识

第一节　资产评估准则

一、资产评估准则的内容及其框架体系

（一）资产评估准则的内容

资产评估准则是一国评估理论和专业经验的集中反映和高度浓缩，我国的资产评估准则制定工作是在总结研究我国评估理论和实践经验的同时，系统引进国际和国外资产评估准则，对各国准则赖以存在的理论基础和实践经验进行比较研究，了解各国准则制定的经验教训的基础上逐步发展起来的。目前，国外资产评估准则中影响最大的是《国际评估准则》（IVS）和美国的《专业评估执业统一准则》（US-PAP）。

准则是一公共职业为获取社会公众的信任和提高执业的工作质量而制定成延溯的、得到全行业公认的、通过行业的内在约束力来贯彻实施的行为规范。《辞海》中对准则的注释为"法式、标准"等含义，意为有约束力的行为规范。所有的职业均受着各自从业人员所公认的准则的指导。

中国资产评估准则总体上来说，包括业务准则和职业道德准则两方面的内容。

业务准则是指资产评估业务活动中涉及的评估对象、评估依据、评估方法、评估程序等一系列规范的总称。

职业道德准则是指与人们的职业活动紧密联系的并具有自身职业特征的道德准则和规范。职业道德是与职业分工联系在一起的，是在相应的职业环境和职业实践中形成和发展起来的，是对人们从事某种特定职业时各种活动和行为的规范标准，是一般社会道德在职业活动中的体现。资产评估职业道德是指人们在从事资产评估职业时应当遵循的道德准则和规范。它应当体现资产评估的职业特征，反映对资产评估人员的特殊要求，其基本作用是调整资产评估行业内部、外部的各种社会关系。评估师的专业水平和职业道德决定了社会公众的信赖和认可程度。因此，资产评估准则体系中，除了包括制约资产评估业务行为的内容外，还应包括资产评估职业道德准则。中国资产评估协会制定资产评估准则，就是将职业道德准则作为其重要组成部分。在国外的资产评估准则中，最典型的是《国际评估准则》和美国的《专业评估执业统一准则》。《国际评估准则》中关于职业道德方面的规定很多，虽然没有制定单独的职业道德准则，实际上关于职业道德方面的规定贯穿整个《国际评估准则》始终。美国的《专业评估执业统一准则》中，更是有专门的职业道德条款，具体包括行为、管理、保密和档案管理四个部分的内容。

（二）资产评估准则的作用

资产评估准则对评估理论研究和评估实践都具有十分重要的作用，具体体现在以下几个方面。

1. 规范资产评估师的执业行为，保持和提高行业公信力

资产评估准则对资产评估师及其他从业人员的业务素质、业务能力、工作操守和执业态度进行了严格的规定。其中明确规定了资产评估师在执业过程中，哪些工作必须做，哪些工作可以做，哪些工作不能做，并明确要求资产评估师在执业时，不得出具虚假、不实的评估报告。只要资产评估师按照资产评估准则的要求进行资产评估活动，就能得出科学合理的评估结果，保证执业行为的独立客观公正，保持和提高公众对资产评估业的信任水平。

2. 作为阅读评估报告的指南，使用户对评估报告有普遍一致的理解

由于资产评估师的资产评估活动是按照资产评估准则的要求进行的，评估报告也是按照资产评估准则要求编制的，那么当用户以资产评估准则为指南阅读评估报告时，就能正确理解评估报告，并且不同用户对评估报告的理解将是相同一致的。因此资产评估准则有助于用户正确理解资产评估报告。

3. 维护资产评估师的合法权益

由于资产评估准则中规定了资产评估师的工作范围和规则，明确了资产评估师的执业责任以及委托方和相关当事方的责任，因此对资产评估师承接资产评估业务、调查了解资产状况、选择评估方法以及具体方法的运用等诸方面都提出了明确的要求，只要资产评估师按照资产评估准则的要求执业，就能保证评估活动的公正合理，最大限度地降低执业风险。当资产评估师受到不公正的指责和控告时，可以充分利用评估准则保护其正当权益。

4. 有助于资产评估理论水平的提高

资产评估准则来源于评估实践，是资产评估理论研究成果和实践经验的高度浓缩，反过来又用于指导评估实践活动。资产评估准则是资产评估实践的总结和升华，是资产评估理论的重要组成部分。资产评估准则的实施，有助于促进评估理论水平的提高。而且，通过各国间评估准则的协调，便于推动各国评估经验的交流，促进全球评估业的共同发展。

（三）资产评估准则的框架体系

中国的资产评估准则包括下列四个层次：

第一层次为资产评估基本准则。资产评估基本准则是注册资产评估师执行各种资产类型、各种评估目的资产评估业务的基本规范。其规范内容应不区分所评估资产的类别和评估目的，而是各类资产评估业务中所应当共同遵守的基本规则。资产评估基本准则对于各具体准则和评估指南具有指导作用，但并不与各具体准则和评估指南一一对应。

第二层次为资产评估具体准则。资产评估具体准则分为程序性准则和专业性准则两个部分。

程序性准则是关于注册资产评估师通过履行一定的专业程序完成评估业务、保证评估质量的规范，包括评估业务约定书、评估计划、评估工作底稿、评估报告等。

专业性准则是针对不同资产类别的特点，分别对不同类资产评估业务中的评估师执业行为进行规范。专业性准则主要包括企业价值评估准则、无形资产评估准则、不动产评估准则、机器设备评估准则、珠宝首饰艺术品评估准则等。

第三层次为资产评估指南。资产评估指南包括对特定评估目的、特定资产类别（细化）评估业务以及对评估中某些重要事项的规范。资产评估指南主要对中国资产评估行业中涉及主要评估目的的业务进行规范，如公司注册、公司股份经营、关联交易、抵押贷款、不良资产处置、法律诉讼等。资产评估指南也将涉及一些具体的资产类别评估业务，如专利、商标等。此外，资产评估指南还将包括一些对资产评估工作中重要特定事项的规范，如评估师在关注评估对象法律权属方面的责任等。

第四层次为资产评估指导意见。资产评估指导意见是针对资产评估业务中的某些具体问题的指导性文件。该层次较为灵活，针对评估业务中新出现的问题及时提出指导意见，某些尚不成熟的评估指南或具体评估准则也可以先作为指导意见发布，成熟后再上升为具体准则或指南。

从 1996 年起，中国资产评估协会开始研究、制定资产评估准则。2001 年 7 月，颁布了《资产评估准则——无形资产》，这是我国颁布的第一个资产评估准则。2004 年 2 月 25 日，财政部颁布《资产评估准则——基本准则》和《资产评估准则——职业道德准则》，这两个准则的颁布标志着我国资产评估准则体系的初步形成。伴随着资产评估业务的开展和研究的不断深化，资产评估准则体系将会日益完善。

二、制定中国资产评估准则的必要性

（一）制定资产评估准则，有利于实现资产评估行业的统一管理

制定统一的资产评估准则，是资产评估行业统一管理的基础。如前所述，尽管最近几年来，各部门、协会（学会）制定了许多适合本专业特点的评估方法和准则，但由于评估方法、评估准则不统一，引致执业不规范。因此，实现评估行业统一管理的基础是制定统一的评估方法和评估准则。

西方发达国家的评估团体经过多年鼎足而立，正在走向联合与统一。而联合和统一的标志之一，就是形成统一的资产评估准则标准。例如，英国有关评估的协会有三家，其中影响最大的是英国皇家特许测量师学会（RICS），另外两家分别是估价师与拍卖师联合会（ISVA）和税收评估协会（IRRV）。三家协会正在寻求合并和统一之路，并于 1995 年共同制定和发布了"红皮书"《皇家特许测量师协会评估与估价手册》。具有 100 多年历史的美国资产评估业在发展过程中，自发地成立了许多综合和专业性的民间自律性组织，这些组织均有自己的规范。1987 年，美国成立了评估促进委员会（Appraisal Foundation），并制定了统一的行业标准 USPAP。1995 年已有 16 个评估协会成为促进会会员，统一遵守行业标准。在澳大利亚，尽管有许多评估行业团体，但澳大利亚资产学会（API）是唯一真正的专业化评估团体。为了统一执业标准，学会每年出版称之为"专业实务手册"的年度出版物，"专业实务手册"的出版为从业人员提供了统一的执业规范。出版的目的不仅要唤起民众的意识、推动专业化的实践以及追求高标准，而且还要保持连续性。该手册每年 9 月份

颁布，下一年执行。由于"专业实务手册"的许多要素都已按同一方式撰写，因此，不管用户从事何种业务，都可以很快地熟悉其内容。无论是在实务准则还是在指导性说明，这种固定的应用方式在每一要素组合中都具有某种程度的重要性。西方国家各类资产评估协会、组织形成的动因、环境、条件等与我国有很大差异，但其为实现行业统一管理实施的思路对我们不无借鉴意义。

（二）制定资产评估准则，有利于实现政府行政管理向行业自律管理转变

从评估准则的制定和形成来说，虽然在1991年国务院就颁布了指导中国资产评估业发展的《国有资产评估管理办法》，但它只是政府法规，重在管理方面。而1996年发布实施的《资产评估操作规范意见》具有过渡性，近几年先后颁布了一系列行业法规、规范，在具体的规范上具备针对性，从总体上来说，还不能从根本上规范资产评估业务行为。由于评估准则体系尚未形成，就难以规范业务活动和评估师的道德行为，形成不了行业自律体系，强化评估管理只能依靠行政管理的加强。因此，制定资产评估准则并形成评估准则体系，可以逐渐淡化政府行政管理，实现行业自律管理。

（三）制定资产评估准则，有利于资产评估行业执业水平的提高

衡量一个国家评估业务水平的标志之一是其准则体系形成情况。评估准则是资产评估业务发展过程中产生的客观需求，资产评估越发展，对评估准则的要求越强烈；同时，评估准则体系越完善，资产评估业务越规范。相比较而言，国外发达国家的资产评估准则制定较早，也比较完善，新兴国家评估准则形成较晚，而且亟须完善。但无论怎样，发达国家也好，新兴国家也好，为了促进资产评估业发展，都把制定资产评估准则作为行业发展中的重要任务来完成。

三、资产评估管理模式及其选择

（一）资产评估业管理模式

资产评估业发展过程中，如何加强管理是评估理论界和实务界一直研究和亟待解决的问题。资产评估业发展过程也是不断强化资产评估业管理的过程。比较和研究我国和西方主要资产评估业发达国家的管理制度，资产评估业的管理模式主要有三种：

1. 政府管理模式；
2. 行业自律管理模式；
3. 政府监管下的行业自律管理模式。

资产评估政府管理模式是指资产评估业务活动，包括人员资格、机构、项目均由政府行政管理部门进行。政府行政管理在我国资产评估业发展初期作用非常明显。我国长期以来实行计划经济，我国资产评估行业的建立与发展，虽然产生于市场经济，但是由政府推动而建立起来的。在资产评估发展初期，资产评估管理是纯粹的政府管理，国有资产监督管理机关是资产评估的行政主管部门。政府管理模式适合于由计划经济向市场经济转换过程中的国家。在法律不完善、行业准则未建立的情况下，这种管理模式有其客观必要性。但政府管理模式在资产评估日益发展后，其局限性和弊端就显露出来了。它容易造成政府部门直接干预评估业务，使评估行业

有失公正、公允；政府部门出于本位利益设立本部门的评估体系，导致多头管理、评估市场条块分割，等等。

行业自律管理模式是指资产评估行业置于社会自发形成的行业协会管理之下，资产评估业的发展依赖于评估业内形成的准则和规范进行。行业自律管理适合于资产评估业是依市场需求自发形成的国家和资产评估业日益发展成熟的阶段。市场经济发达国家如美国、英国等在行业自律管理方面积累了丰富的经验，我国资产评估业也将行业自律管理作为其发展方向。行业自律管理有利于行业业务水平提高，但行业自律管理有时会因与政府缺乏沟通、缺乏政府制约而对社会经济产生不利影响。

政府监管下的行业自律模式是资产评估管理较为理想的模式。

美国是奉行自由经济的国家，长期以来，评估业与律师业、会计师业等被视为自由职业者，政府除了在税收等方面对评估业进行与其他行业共性的管理外，对评估业不进行任何干预，主要是通过评估协会等非政府性质的评估行业专业组织进行自律性管理。20 世纪 80 年代美国经济遭受泡沫经济的严重冲击，在事后的研究与分析中，不当的评估行为被作为导致泡沫经济原因之一受到广泛指责。许多经济学家指出，由于政府放任资产评估业的管理和监督，直接损害了银行等金融机构的利益和资产质量，在一定意义上促进了泡沫经济的形成。这种观点被经济界和管理部门广为接受。为规范评估执业行为，保护国家和公共利益，在综合各方面因素的基础上，1989 年美国国会通过了《金融机构改革、复原和强制执行法令》（FIRREA）。这是美国关于评估管理方面的重要立法，也是政府干预、管理评估业的开始和最直接体现。这一立法结束了美国对评估业的自由放任管理，认为美国不动产评估，尤其是涉及联邦权益和社会公共利益的评估行为，政府必须对其进行依法监管。

中国香港特别行政区政府一般不存在对测量师行的领导问题，评估结果也无须由政府部门确认。但对一些重大的评估项目涉及众多投资者利益时，评估人员资格需得到政府的认可。如对上市公司进行资产评估时，政府就作出规定：过去规定评估人员必须是一个专业学会的成员，才能做上市公司评估；现在则改为必须是香港测量师学会的成员，才能做上市公司评估。

对美国以及中国香港地区资产评估管理模式分析表明，政府监管下的行业自律模式已成为较为理想的模式。我国在总结资产评估业发展，借鉴国外资产评估行业管理经验基础上，明确了政府监管下行业自律的管理模式，对于促进资产评估行业发展具有重要作用。

（二）资产评估管理必须明确的基本问题

针对我国资产评估管理的状况，加强资产评估管理，必须明确和澄清下列几个基本问题：

一是资产评估管理与国有资产评估管理。我国的资产评估是作为加强国有资产管理的一项重要手段兴起的。国有资产总量的巨大以及它在社会总资产中占有相当比例，表明国有资产评估在资产评估中占有相当大的比重。但是，从管理学角度，资产评估作为一个行业，单独强调国有资产评估管理难免以偏概全，是欠妥当的。

二是资产评估管理与资产管理。资产评估管理不同于资产管理，不能将评估管理职能按资产类别划归于各类资产所属的主管部门。各类专业资产部门具有对部门资产性能、特点熟悉和了解的优势，可以在这些资产评估过程中发挥其专业特长，但不能以此作为支离资产评估的理由。资产评估管理是对资产评估业业务行为的管理，而不是对某一属性资产的管理。尽管资产种类千差万别，评估办法和技巧有所不同，但资产评估最根本的方法、原则都是一致的，评估师及评估机构所应遵循的职业道德和基本准则也应当是一致的。

三是评估管理与评估项目管理。资产评估管理是对评估行业的管理，并非只是评估项目管理，并不是说，某一项目不经有关部门验证确认就不属于评估管理范围了，资产评估管理应由过去主要项目的直接管理过渡到以人员管理和机构管理为主，通过制定资产评估标准、准则、指导评估过程的间接管理上。

（三）我国资产评估业管理的历史沿革

为了促进资产评估业的发展，必须加强资产评估管理。资产评估发展的历史也是资产评估管理的历史。资产评估业发展十多年来，资产评估管理的手段、方法多种多样，在不同历史阶段各有差异，但总体来说，可以归纳为：

1. 1991 年 11 月，国务院以 91 号令的形式发布了《国有资产评估管理办法》，它是我国第一部对全国的资产评估行业进行政府管理的最高法规。国务院 91 号令的发布标志着我国评估业走上政府法制化管理的轨道。它具体明确规定了全国资产评估管理的政府职能部门是国有资产管理部门，同时还规定了将审批评估机构纳入国有资产管理部门的管理，规定了被评估资产的管理范围、评估遵循的程序、评估的方法及法律责任等。由于国有资产占全社会资产的绝对优势，国务院第 91 号令的颁布为发展统一的评估行业奠定了基础，保证了全国资产评估业务的健康有序发展。

2. 1993 年 12 月，中国资产评估协会成立，标志着我国资产评估管理由政府管理向行业自律化管理过渡。资产评估行业的特点决定了资产评估业应实行行业自律管理。植根于传统经济下的中国资产评估业，虽然发展伊始得到政府的扶持、干预，但行业自律管理作为其方向，应逐步实现。中国资产评估协会就是这样一个组织，它既受政府的管理和监督，又协助政府贯彻执行有关资产评估的法规政策。它作为独立的社团组织，具有跨地区、跨部门、跨行业、跨所有制的特点，使资产评估管理工作覆盖整个行业。

之所以说中国资产评估协会的成立，标志着我国资产评估管理由政府管理向行业自律化管理过渡，是因为：从其发展轨迹来看，首先是独立的资产评估协会与资产评估行政管理部门并存（1993 年）；然后是资产评估协会与评估行政管理部门合二为一，即"两块牌子，一套人马"（1994 年）；1998 年国务院机构改革以后，中国资产评估协会再一次成为一个真正独立的行业自律组织，从理论上说，无疑是一项历史性的进步。从中国资产评估协会职能角度分析，尽管从构架上具有了行业自律管理的特征，但在我国经济管理体制改革尚未完成的条件下，其行业自律管理的本质特征并没有真正具备。通过资产评估行业协会实现行业自律化管理，不仅需要形式上的，更需要实质内容的变化。

3. 1995 年开始，我国实行注册资产评估师制度，标志着我国资产评估管理由过去的重视机构管理、项目管理向注重资产评估人员管理转变。这一制度的建立，一是有利于促进资产评估人员的执业准入控制，规范资产评估行业人员管理，为资产评估机构和人员摆脱政府行政部门干预，独立、客观、公正地执业打下良好基础。二是有利于提高资产评估人员素质和执业水平，从而推进我国评估行业的发展。注册资产评估师制度的建立，引进了资产评估人员的竞争机制。资产评估人员经过统一考试、公平竞争，合格者才能进入评估行业，具有执业的法律资格。这种竞争方式将逐步改进评估队伍的知识结构、年龄结构，淘汰不合格人员。三是强化了注册资产评估师的责任，增强其风险意识。特别是从1998年6月1日开始实行注册资产评估师签字制度，使评估师责权利有机结合起来，进一步规范了评估师的行为。四是有利于与国际惯例接轨，通过与其他国家对评估师资格的对等管理等加强与国际评估市场的联系。1999年10月国际评估准则委员会在北京举行年会，2000年7月中国注册资产评估师赴美国参加世界评估师大会等，进一步加强中外评估师的联系和交流。

4. 1996年5月，《资产评估操作规范意见（试行）》颁布实施，使我国资产评估业从此走上科学化、规范化操作的新阶段。长时期以来，由于缺乏统一的评估操作规程和操作标准，各个评估机构自行拟定评估操作方法和规程，对于同一类资产评估，各个评估机构的评估程序、评估规则各不相同，不利于评估质量提高，也不利于行业水平的提高。同时，经过若干年的积累，资产评估理论研究取得了进展，评估理论日渐成熟，评估操作积累了丰富的经验，因此，制定《资产评估操作规范意见（试行）》并颁布实施，有利于提高评估业务水平，有利于规范评估业务，同时也为以后制定行业统一评估准则奠定了基础。

5. 2001年12月31日，国务院批转财政部《关于改革国有资产评估行政管理方式，加强资产评估监督管理工作意见》的通知（以下简称《通知》），取消政府部门对国有资产评估项目的立项确认审批制度，实行核准制和备案制。

第二节　资产评估中的经济分析简述

一、资产评估中的经济分析的理论基础

（一）商品价值决定论

长期以来商品价值一直是经济学研究的核心问题之一，并由此形成了一般的成本价值理论、效用价值理论和新古典经济学价值理论等不同学派的理论体系。这些基础理论从不同的角度对资产评估活动产生了重要的影响并起到了概念支持的作用。

1. 成本价值理论

成本价值理论包括劳动价值论和要素价值论。劳动价值论认为商品的价值由生产该商品的社会必要劳动时间决定并随社会技术水平和劳动者技能的提高而下降；要素价值论则是从生产费用角度认为商品的价值取决于在生产过程中投入的各种要素的贡献。这两个理论观点和角度虽有不同，但都为确定资产的功能性贬值奠定了理论基础。其中，劳动价值论关于生产同一商品的社会必要劳动时间会随着社会经济和技术水平的提高而下降的观点，揭示了各种资产所以能发生功能性贬值和经济

性贬值的重要原因。

2. 效用价值理论

效用价值理论认为，商品的价值由其为占有者带来的效用所决定，效用的大小决定了资产价值的高低。效用价值理论为判断资产的有效性提供了分析基础。

3. 新古典经济学价值理论

新古典经济学价值理论认为，商品的价值就是其均衡价格。它由商品的供给和需求双方共同决定。当市场供给等于市场需求时，市场即实现了一种相对均衡，并形成一个相对均衡的市场均衡价格。新古典经济学价值理论通过对市场供求机制的分析，揭示了资产价格的形成机理。

（二）资产补偿理论

1. 资产补偿理论的基本内容

资产补偿是企业为维持正常的生产而及时、足额地对消耗掉的生产要素进行补偿的活动。根据补偿规模的不同，企业的资产补偿可分为简单再生产条件下的资产补偿、扩大再生产条件下的资产补偿、衰退再生产条件下的资产补偿。

固定资产的资产补偿分为价值补偿和实物补偿。从时间上看，价值补偿是一个发生在前的连续过程，实物补偿是一个发生在后的瞬时过程，价值补偿为实物补偿创造了条件。资产补偿与一般会计折旧不同。资产评估中的资产补偿是指资产的有效补偿，需考虑资产的功能性贬值和经济性贬值。而会计折旧是从会计核算的角度对固定资产原始价值的逐期分摊。

2. 资产补偿理论与资产评估的关系

关于资产是否具备有效补偿的判断是资产评估价值的重要依据。资产能否获得有效补偿，取决于对企业持续盈利能力的判断。需考虑：第一，对资产补偿的规模进行判断；第二，对资产补偿的效率进行判断。如果资产不能得到有效补偿，则会影响企业的持续经营，从而削弱企业的盈利能力，并降低其价值。

（三）货币时间价值理论

1. 货币时间价值的概念

货币的时间价值是指货币经历一定时间的投资和再投资所增加的价值。货币随着时间的延续而增值，不同时间单位上货币的价值不相同，所以不同时间的货币价值不宜直接进行比较，需将它们换算到相同的时间点上，才能进行大小比较和比率分析计算。货币的时间价值有两种表现形式：绝对值形式（利息）和相对值形式（利率）。现实中，一般用相对值形式表示货币的时间价值。

2. 货币时间价值的计算

（1）单利的计算。单利的计算是一种最简单的计息方法。单利计息是指各期的利息均以"本金"为基础计息，累计连成。"本金"是指贷出的以收取利息的原始金额，亦称为母金。

①单利利息的计算。

单利利息的计算公式为

$$I = P \times i \times t$$

式中：I——利息；

P——本金或现值；

i——利率；

t——计息期。

【例11 –1】 某人于年初存入银行 10 000 元，存款期两年第二年年底到期，年利率为 2.3% ，求到期利息。

$$I = 10\,000 \times 2.3\% \times 2 = 460(元)$$

②单利终值的计算。

单利终值的计算公式为

$$S = P(1 + i \times t)$$

式中：S——本金与利息之和，也称本利和或终值。

如上例，到期后，银行应付存款的单利终值为

$$S = 10\,000 \times (1 + 2.3\% \times 2) = 10\,460(元)$$

③单利现值的计算。现值指一定期间后，一定量货币（终值）在期初的价值。

单利现值的计算公式为

$$P = S/(1 + i \times t)$$

假设上例存款人计划两年后拥有 10 460 元，则当前应该在银行存款的现值为

$$P = 10\,460 \div (1 + 2.3\% \times 2) = 10\,000(元)$$

（2）复利的计算。复利是指根据前期利息和本金之和共同计息的思路，即不仅要计算本金的利息，还要计算利息的利息，即所谓"利滚利"。

①复利利息的计算。

复利利息的计算公式为

$$I = \sum_{t=1}^{n} P \times i^{t}$$

式中：n——计息期。

依复利计算法，【例11 –1】的利息应为

第一年的利息：$I_1 = 10\,000 \times 2.3\% = 230(元)$

第二年的利息：$I_2 = 10\,000 \times (1 + 2.3\%) \times 2.3\% = 235.29(元)$

②复利终值的计算。

复利终值的计算公式为

$$P = S \times (1 + i)^{n}$$

式中：$(1 + i)^{n}$ 被称为复利终值系数，或 1 元的复利终值，亦可用符号 $(S/P, i, n)$ 来表示。

例如：$(S/P, 2.3\%, 2)$ 表示年利率为 2.3% ，2 年期的复利终值系数。

【例11 –1】的复利终值为

$$S = 10\,000 \times (1 + 2.3\%)^{2} = 10\,465.29(元)$$

根据上述关系，我们也可以在已知终值的情况下求得期数或利率。

③复利现值的计算。

复利现值是指在未来一定时间里的资金按复利计算的现时（初始）价值，或是为在将来取得一定本利和价值现在所应付出的本金。

复利现值的计算公式为

$$P = S \times (1 + i)^{-n}$$

式中：$(1 + i)^{-n}$ 被称为复利现值系数，或1元的复利现值，亦用符号 $(P/S, i, n)$ 表示。例如，$(P/S, 2.3\%, 2)$ 表示年利率为2.3%，2年期的复利现值系数。

【例11－2】 某人欲在2年后得到总收益20 000元的资本回报，以这期间银行利率2%为投资回报率，那么他现时的投资应为多少?

$P = S(P/S, 2\%, 2) = 20\ 000 \times (1 + 2\%)^{-2} = 20\ 000 \times 0.9612 = 19\ 224(元)$

即该项投资的初始资本不少于19 224元才是可行的。

3. 货币时间价值理论与资产评估的关系

（1）必要的理论基础。货币时间价值理论是确定资产评估中资产价值的理论基础之一，特别是对未来收益进行现时价值的折现时，比照的理论基础即是货币会随时间的推移而增值，因此，未来的收益可以看做是现时的一种投资，并可以用折现率将其等同起来，即所谓折现价值，那么货币时间价值的概念和理论就使这种"折现"成为可能和必要。

（2）重要的确定依据。资产评估中一个重要的技术线路是对资产进行收益分析，货币时间价值理论为了解资产的未来收益提供了重要的分析路径，从而也形成分析资产现时价值的重要方法和思路。货币时间价值理论对于影响货币时间价值的因素分析，是判断并分析资产未来收益的重要依据。

二、资产评估中的微观经济分析

微观经济分析是资产评估的基本理论基础。

（一）微观经济分析的基本含义

1. 研究对象

微观经济的研究是对"稀缺性"的研究。所谓稀缺性是指相对于人类无限增长的有效需求而言，经济资源总是不足的，并由此产生作为微观经济中"经济人"之一的厂商面对有限资源如何满足无限需求的"选择"问题。

2. 基本概念

微观经济学是通过对单个经济单位的经济行为的研究，解释市场经济的运行机制，探讨优化这种机制的途径，进而说明市场机制条件下价格的形成原理和价格均衡机理。所以价格分析是微观经济分析的核心，价格理论亦被称为微观经济学的中心理论。

"经济人"被视为经济活动中一般人的一种抽象，是指能作出独立的消费或生产决策的个人、企业或其他经济单位。

厂商亦称生产者，是指能够作出统一生产决策的个人、合伙制或公司制的经济组织。在微观经济分析中，厂商被假定为是合乎理性的经济人，厂商向社会提供产品的目的在于追求最大的利润。

3. 基本思路

微观经济分析是分三个层次逐步深入的。首先，分析单个消费者和生产者的经济行为，有两个重要的分析路径，即单个消费者如何进行最优的消费决策以获得最大的消费效用，单个生产者如何进行最优的生产决策以获得最大的生产利润。其次，分析单个市场价格均衡的决定机理，并说明该均衡价格是单个市场中所有消费者和所有生产者最优且最理智的经济行为共同作用的结果。最后，分析不同类型的市场状态下价格均衡的问题，即分析所有单个市场均衡价格的同时决定，它是所有单个市场相互作用的结果。

4. 基本假设

微观经济学同其他学科一样，其建立也是以一定假设条件为前提的。在微观经济分析中，根据所研究的问题和所要建立的模型的不同需要，假设条件也有很大差异，但在众多假设条件中，主要有三个基本的假设条件：第一，合乎理性的人的假设。这一假设也被称为"经济人"的假设。"经济人"的本性被假设为是利己的，同时"经济人"在一切经济活动中的行为都是合乎理性的，即都是以利己为动机，力图以最小的经济代价去追逐和获得自身最大的经济利益。第二，完全信息的假设。即假设市场上每一个从事经济活动的个体（买者和卖者）都对有关的经济情况（或经济变量）具有完全的信息。例如，每一个消费者对商品性能和特点的了解、对商品满足程度的准确判断、对商品价格变化的掌握等都是肯定的，从而能确定最优的商品购买决策；同样，每一个生产者也都能准确地掌握产量和生产要素投入量之间的技术关系，了解商品价格和生产要素价格的变化，在每一个商品价格水平上消费者对商品的需求量等，从而能确定最优的生产决策。第三，市场出清的假设。即假设市场上一切经济行为者（任何消费者和生产者）的经济决策（生产和消费决策）都是独立的，不受或没有任何干扰。也就是说，假设无任何形式的垄断和干预存在。

（二）与资产评估密切相关的微观经济分析理论

1. 供求分析

供求分析是微观经济分析中最基本的分析。供给与需求的概念及供求定理是供求理论中最基本的原理。

（1）需求理论与需求函数。需求是消费者在某一特定时间内按既定价格对一种商品愿意而且有能力购买的数量。一种商品的需求量受多种因素影响，主要有：

①商品自身的价格。一般情况下，某种商品的价格越高，对该种商品的需求就越低；反之则相反。

②相关商品的价格。替代商品之间，一种商品价格的上升会引起对另一种替代商品需求量的增加；互补商品之间，一种商品价格的上升会引起对另一种互补商品需求量的减少。

③消费者的收入。一般而言，消费者收入的增加，会导致对商品需求量的增加。

④消费者的偏好。在价格相当甚至有差异（偏好商品价格较高）的情况下，消费者会因偏好选择商品，从而使某种受消费者青睐的商品（即使价格较高）需求量较大（如某些名牌商品）。

⑤消费者预期。如果消费者根据政府政策、市场变化等各种信息预计在不久的未来某种商品的价格会上升，则会增加这种商品的购买，从而引起对这种商品需求量的增加。

综合以上几种因素，可以归纳出一个说明商品需求量与其决定因素之间的关系

的函数式，即需求函数可表示为

$$Dx = f(Px, Py, Pz, \cdots, M, F, E)$$

式中：Dx 表示消费者对 x 商品的需求；Px 是商品 x 的价格；Py，Pz，$\cdots$ 是其他商品的价格；M 是消费者的收入；F 是消费者的偏好；E 是消费者预期。

（2）供给理论与供给函数。供给是厂商在某一特定时期内按既定价格对一种商品愿意而且有能力生产和出售的数量。某个厂商的供给量也是受多种因素的影响并共同作用的结果，主要有：

①厂商出售的商品的价格。厂商出售的商品的价格在市场上越高，厂商对该商品的供应量就越大，反之则越小。

②生产要素的成本。在商品价格不变的条件下，厂商投入的生产要素的成本越高，厂商愿意提供的商品供给量越小。

③其他相关商品的价格。互补品价格上升，则该商品供给量减少；替代品价格上升，则该商品供给量增加。

④厂商的技术状况。厂商的技术越先进，供给量越大。

⑤厂商对商品未来价格的预期。厂商对商品的未来价格预期越高，则愿意提供的商品数量越大；反之则越少。

综合以上各种因素，同样可以归纳出一个说明商品供给量与其决定因素之间的关系的函数式，即供给函数：

$$Qx = f(Px, C, T, P_1, P_2, \cdots, P_n; Pe)$$

式中：Qx 表示厂商对商品 x 的供给量；C 是生产商品 X 的生产要素成本；T 是厂商的技术状况；P_i（$i=1$，2，$\cdots$，n）是第 i 种商品的价格；Pe 是厂商对商品未来价格的预期。

（3）供求定理。供求定理是描述需求与价格、供给与价格关系及规律的定理，即需求量与价格呈反方向变化，供给量与价格呈同方向变化。

（4）弹性理论。弹性理论是从量的角度说明供求与价格的关系。弹性理论主要讨论需求弹性和供给弹性。

①需求弹性。需求弹性是测定某种商品或劳务的需求量在它自身的价格、其他商品的价格和消费者收入发生变化时的变化程度，或者说是某种商品或劳务的需求量对以上各因素之一变化的反应程度，一般用变动百分比来表示，因而有三种需求弹性：需求价格弹性、需求交叉弹性和需求收入弹性。

②供给弹性。供给弹性是测定某种商品或劳务的供给量在它自身的价格、其他商品的价格或生产成本发生变化时的变化程度，或者说是某种商品或劳务的需求量对以上各因素之一变化的反应程度，一般用变动百分比来表示，因而有三种供给弹性：供给价格弹性、供给交叉弹性和供给成本弹性。

（5）供需分析与资产评估的关系。

①供需分析阐述了商品价格与其需求量和供给量之间的有机联系，是分析影响资产价值的市场供需因素的理论基础。

②弹性理论分析了商品的需求量和供给量的变化情况与商品自身的价格变化、其他商品的价格变化、消费者收入变化和生产成本变化之间的关系，是资产评估中

进行相关资产或企业产品的供需数量预测的重要依据。

2. 替代分析

（1）替代分析理论。一种商品价格变动所引起的该商品需求量变动的总效应可以分解为收入效应和替代效应。收入效应表示消费者的效用水平发生的变化，替代效应则不改变消费者的效用水平。

（2）替代分析与资产评估的关系。

①经济学上的替代效应是资产评估中的替代原理的理论依据。资产评估中的替代原理说明在一组效用相同的资产中，买方会购买价格最低的资产，这实际上是替代效应的体现，进而也会引起对该资产需求量的变动，所以在资产效用相同的情况下，相对价格较低的资产其需求量也会较大。

②替代分析是对资产的市场供需状况进行分析，进而成为评估资产价值的重要参考依据。

3. 预期分析

（1）预期和预期理论。所谓"预期"，是指决策者对于与其决策相关的不确定的经济变量所作的预测。它直接取决于未来的不确定，即人们不能知道或肯定的未来经济变动的情况。如何把握此种不确定性，存在主观和客观两方面因素。首先，预期是决策者主观上对未来经济发展情势的一种判断，因此，决策者主观的因素是影响预期的首要因素；其次，预期的客观依据是经济信息，预期的准确程度就取决于人们掌握经济信息的多寡及真实可信的程度，可以说，经济信息决定了经济预测。因此，预测的问题可以归结为人们能否取得充分完全的经济信息。

关于预期，主要有三种理论：外推性理论、适应性理论和理性预期。

预期的基本认知是：合理的预期并不是指能完全把握未来的不确定性的预期，而是在充分利用现有信息的基础上作出的合乎逻辑的、客观的和现实的预期。

（2）预期分析与资产评估的关系。

①预期理论是预测资产未来收益的重要理论基础，对资产的未来收益进行预期是一种典型的经济预期，必须在预期理论的基础上遵守相应的预期假设和分析原则。

②预期理论中关于不确定性的分析为评估资产价值时把握市场变化的原则性分析提供了依据和参考思路。

三、资产评估中的产业经济分析

在资产评估中进行产业经济的分析，主要基于以下两点考虑：第一，企业价值的评估是基于对其盈利能力的判断和预测，因而需要对其所处的产业状况、变动因素及发展前景进行分析。第二，资产价值的变动同时也受到宏观经济环境和产业经济环境变化的影响，评估人员需要通过产业经济分析来预测变动的趋势，进而正确揭示被估资产的价值。

1. 产业组织分析

（1）市场结构。市场结构是指对某一特定产业内部竞争程度和价格形成产生战略性影响的市场组织形式。在理论上，根据竞争与垄断的程度将市场结构划分为四种基本类型：完全竞争、垄断竞争、寡头垄断和完全垄断。在完全竞争的市场上，存在大量的相互独立的买者和卖者，市场价格由整个市场的供求关系决定；在完全垄断的市场上，只有一家厂商独自垄断市场，并提供几乎整个行业的产销量，同时可以独自决定其商品的市场价格；在垄断竞争的市场上，存在许多厂商，它们出售相近但非同质的具有差异的商品，该市场上既存在垄断的特征，也存在竞争的特征；在寡头垄断的市场上，存在少数几家规模相当的垄断厂商，其出售的商品价格不仅受市场的供求关系决定，而且受其相互间的博弈行为影响，甚至是"勾结"决定。在不同的市场类型中，资产的价格存在不同的决定机制。决定市场结构的主要因素有：集中度、产品差别化和新企业的进入壁垒。

（2）企业行为和市场绩效。企业行为是指企业在根据市场供求条件并充分考虑与其他企业的关系的基础上所采取的各种决策行为。企业所采取的行为受到市场结构状况和特征的制约。

同时，企业行为也会反作用于市场，影响市场结构的状况和特征。因此，这里所讨论的企业行为特指寡头垄断市场条件下的企业行为，而不是在完全竞争或垄断竞争及完全垄断市场条件下的企业行为。企业行为主要包括价格策略、产品策略等。

市场绩效是指在一定的市场结构条件下，由一定的企业行为所形成的价格、产量、成本、利润、质量、品种以及在技术进步等方面的最终经济成果。它反映出市场运行的效率。市场绩效主要包括资源的配置效率、生产的相对效率、销售费用和技术进步等。

（3）"市场结构——企业行为——市场绩效"分析模式。要对企业所处的产业及市场环境作出判断，不仅要对企业所处的市场结构、企业行为和市场绩效分别进行分析，还需要将这三者结合起来进行分析，并从短期和长期两个角度进行考察。

在短期内，市场结构不会发生很大变化，可以将其看成是既定的，在既定的市场结构条件下，企业必须采取与外部环境相适应的经济策略，即市场结构决定企业行为。而市场绩效取决于产业内全体企业的生产经营状况，即企业行为决定市场绩效。因此，就短期而言，决定市场绩效的直接因素是企业行为，而制约企业行为的根本因素是市场结构。

在长期内，市场结构是变化的，这种变化往往是企业行为变化的结果，有时市场绩效的变化也会导致市场结构发生变化。所以，在长期内，市场结构、企业行为和市场绩效之间不是单向的因果关系，而是双向和互动的因果关系。

（4）产业组织分析与资产评估的联系。

①产业及市场上垄断和竞争的关系与企业的赢利直接相关，借助产业组织分析工具，可以对被评估企业所处市场的垄断和竞争关系及企业在市场中的地位作出判断，进而说明企业赢利能力和揭示企业价值。

②通过产业组织分析可知，处于同一产业和同一市场的不同企业，其赢利能力由于结构的原因而不同。因此，第一，在运用收益法对企业价值进行评估时，应谨慎使用行业平均比率确定相关参数；第二，在运用市场法对企业价值进行评估时，对可比企业的选择不能以行业的相同为唯一标准，应尽量进行调整以减少被评估企业与可比企业之间的差异。

③在资产评估，尤其是企业价值评估中，理清企业所处产业和细分市场的市场

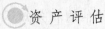

结构、企业行为和市场绩效的关系，有助于进一步了解影响企业赢利能力的因素及其相互关系，从而合理预期企业发展和揭示企业价值。

2. 产业结构及产业关联分析

（1）产业结构分析。产业结构分析涉及产业分类、产业结构演进、产业发展等诸多内容。与资产评估关系密切的概念主要有以下两个：

①产业生命周期。同一般商品一样，每个产业都有自己的产生、发展和衰亡的过程，即产业也有自己的生命周期。产业生命周期分为四个阶段：形成期、成长期、成熟期和衰退期。对于产业生命周期阶段的确定一般可依据该产业在全部产业中比重的增长速度来划分，即产业的发展速度不同，其所处的生命阶段就不同。

②产业结构演进。从产业结构演进的角度将产业结构划分为新兴产业、支柱产业和衰退产业。新兴产业是指正处于产业生命周期中成长期的产业。一般而言，新兴产业代表市场对产业结构作为一个经济系统整体产生的新需求，代表着产业结构转换的新方向。支柱产业是指在当前的产业结构中具有举足轻重地位的产业。支柱产业一般是处于成熟期的产业。衰退产业是指在当前正处于产业生命周期中衰退期的产业。

（2）产业关联理论。产业关联是指在经济活动过程中，各产业之间存在的广泛、复杂和密切的技术经济联系。其中，与资产评估密切相关的主要有：产业关联基本方式、产业投入—产出分析。

①产业关联基本方式。依各产业在产业链中的位置确定其相互间的联系方式有：

前向关联关系，即通过供给联系与其他产业部门发生的关联。

后向关联关系，即通过需求联系与其他产业部门发生的关联。

环向关联关系，经济活动中各产业依据前向、后向的关联关系组成产业链，产业链又会通过复杂的技术联系形成一个"环"，从而使其中的产业之间形成环向关联关系。

②产业投入—产出分析。每个产业都有可能向其他产业提供投入品（如原料、半成品等），同时又可能从其他产业得到投入品，它们之间必然存在一种内在的联系和数量比例关系，将这种关系用表格的形式表示出来即投入—产出表。它揭示了经济中各产业之间的相互依赖关系。

（3）产业结构及产业关联分析与资产评估的联系。

①在资产评估中依据产业结构相关理论对评估对象的产业背景进行分析，判断其所处产业的生命周期阶段和产业类型，有助于企业发展前景的预测和资产价值变动趋势的把握。

②通过产业关联分析，可以分析被估企业所处产业与其他产业的关联并判断当宏观经济变动时对该产业及被估企业的影响，并在此基础上进行相关预期。

③产业关联理论对产业之间关联关系的分析是资产评估中进行相应预期必须考虑的因素。产业之间的关联决定了当某一产业发生变动时，其关联产业的市场供求必然发生相应变动。否则，当某一产业的关联产业不能与之同步发展时，势必会制约该产业的发展。

3. 产业政策分析

（1）产业结构政策。所谓产业结构政策，是指国家或政府为实现某种经济和社会目的，以整个产业为直接对象，通过对整个产业的保护、扶持、调整与完善，或直接及间接干预商品、服务、金融等市场形成和市场机制的政策的总称。产业结构政策主要包括主导产业的选择政策和幼稚产业的扶持政策。

（2）产业组织政策。产业组织政策，是指为获得理想的市场绩效，由政府制定的干预和调整产业的市场结构和市场行为的政策。其实质是政府通过协调竞争与规模经济的关系，建立正常的市场秩序。

（3）产业政策分析与资产评估的联系。

①在资产评估中，对于可能影响评估对象的有关产业结构政策进行了解和分析，有助于对影响被评估资产价值的宏观经济环境和企业的发展前景作出分析和预期。

②政府实行的产业组织政策对企业所处产业的市场结构、市场行为和市场绩效均存在直接或间接的影响，进而对企业的价值产生影响。产业组织政策是进行企业价值评估的相关预期时应该考虑的重要因素。

四、资产评估中的宏观经济分析

在资产评估中进行宏观经济分析，主要目的有：第一，通过宏观经济分析，为确定资产评估中的相关参数提供参考依据；第二，通过对相关宏观经济政策和因素的分析，为资产定价的经济环境和企业经营的预期提供参考。

（一）宏观经济分析的基本概念

宏观经济学是以整个国民经济为独立的研究对象，研究全社会的就业、物价水平、经济增长速度、经济周期波动等全局性的问题。宏观经济分析又称总量分析。宏观经济学中的最基本概念是总供给和总需求。宏观经济分析是在两个逐步深入的层次上进行的。第一，分析在一国封闭经济条件下社会总供给和社会总需求的均衡问题。第二，分析在开放经济条件下社会总供给和社会总需求的均衡问题。

（二）利率和通货膨胀

利率和通货膨胀是宏观经济学中两个重要的基本概念，它们对资产价值的真实揭示具有极为重要的影响。

1. 利率

宏观经济学认为利率是一种价格，是市场上可贷资金的价格，因此，作为资金的市场价格的市场利率是由资本市场上资金的供需情况决定的。结合市场上资金的供需情况，可以得出均衡的市场利率和与之相应的可贷资金的均衡数量。市场上的均衡利率只是一种理想的抽象，实际上，由于不同资产的经营风险不同，使资本市场上对应有不同的利率，因此，在经济运行中，政府会根据对资本市场的认识，不断对利率进行调整。同时，也使之成为政府对经济运行有效干预的手段。在资产评估中，评估人员除了要根据被估资产的对应风险确定相应的风险利率，还要对政府调整利率的行为进行分析。

2. 通货膨胀

通货膨胀是指价格水平的持续上升，它是一个长期的概念。在资产评估中，通过对通货膨胀的分析，不仅可以为在通货膨胀中确定不同资产的价值变动情况和对应利率提供参考，而且，通货膨胀还是判断宏观经济运行是否稳定及作出相关预期

的重要参考信号。

（三）宏观经济政策

宏观经济政策是政府对宏观经济干预的重要手段。通过干预达到宏观经济目标，即充分就业、物价稳定、经济增长和国际收支平衡。宏观经济政策对资产价格形成的经济环境产生直接的影响，也对资产价值的相关预期产生直接影响。最常见的宏观经济政策是货币政策和财政政策。货币政策包括调整银行的法定存款准备金率，调整利率，调整中央银行的贴现率，调整公开市场政策和调整货币供给量等。财政政策包括税收政策和政府支出政策。进行开放条件下的宏观经济分析还要涉及汇率、关税等问题。

附　录

一、复利终值系数表

期数	1%	2%	3%	4%	5%	6%	7%	8%	9%	10%
1	1.0100	1.0200	1.0300	1.0400	1.0500	1.0600	1.0700	1.0800	1.0900	1.1000
2	1.0201	1.0404	1.0609	1.0816	1.1025	1.1236	1.449	1.1664	1.1881	1.2100
3	1.0303	1.0612	1.0927	1.1249	1.1576	1.1910	1.2250	1.2597	1.0950	1.3310
4	1.0406	1.0824	1.1255	1.1699	1.2155	1.2625	1.3108	1.3605	1.4116	1.4641
5	1.0510	1.1041	1.1593	1.2167	1.2763	1.3382	1.4026	1.4693	1.5386	1.6105
6	1.0615	1.1262	1.1941	1.2653	1.3401	1.4185	1.5007	1.5809	1.6771	1.7716
7	1.0721	1.1487	1.2299	1.3159	1.4071	1.5036	1.6058	1.7138	1.8280	1.9487
8	1.0829	1.1717	1.2668	1.3686	1.4775	1.5938	1.7182	1.8509	1.9926	2.1436
9	1.0937	1.1951	1.3048	1.4233	1.5513	1.6895	1.8385	1.9990	2.1719	2.3579
10	1.1046	1.2190	1.3439	1.4802	1.6289	1.7908	1.9672	2.1589	2.3674	2.5937
11	1.1157	1.2434	1.3842	1.5395	1.7103	1.8983	2.1049	2.3316	2.5804	2.8531
12	1.1268	1.2682	1.4258	1.6010	1.7959	2.0122	2.2522	2.5182	2.8127	3.1384
13	1.1381	1.2936	1.4685	1.6651	1.8856	2.1329	2.4098	2.7196	3.0658	3.4523
14	1.1495	1.3195	1.5126	1.7317	1.9799	2.2609	2.5785	2.9372	3.3417	3.7975
15	1.1610	1.3459	1.5580	1.8009	2.0789	2.3966	2.7590	3.1722	3.6425	4.1722
16	1.1726	1.3728	1.6047	1.8730	2.1829	2.5404	2.9522	3.4259	3.9703	4.5950
17	1.1843	1.4002	1.6528	1.9479	2.2920	2.6928	3.1588	3.7000	4.3276	5.0545
18	1.1961	1.4282	1.7024	2.0258	2.4066	2.8543	3.3799	3.9960	4.7171	5.5599
19	1.2081	1.4568	1.7535	2.1068	2.5270	3.0256	3.6165	4.3157	5.1417	6.1159
20	1.2202	1.4859	1.8061	2.1911	2.6533	3.2071	3.8697	4.6610	5.6044	6.7275
21	1.2324	1.5157	1.8603	2.2788	2.7860	3.3996	4.1406	5.0338	6.1088	7.4002
22	1.2447	1.5460	1.9161	2.3699	2.8253	3.6035	4.4304	5.4365	6.6586	8.1403
23	1.2572	1.5769	1.9736	2.4647	3.0715	3.8197	4.7405	5.8715	7.2579	8.2543
24	1.2697	1.6084	2.0328	2.5633	3.2251	4.0489	5.0724	6.3412	7.9111	9.8497
25	1.2824	1.6406	2.0938	2.6658	3.3864	4.2919	5.4274	6.8485	8.6231	10.835
26	1.2953	1.6734	2.1566	2.7725	3.5557	4.5494	5.8074	7.3964	9.3992	11.918
27	1.3082	1.7069	2.2213	2.8834	3.7335	4.8823	6.2139	7.9881	10.245	13.110
28	1.3213	1.7410	2.2879	2.9987	3.9201	5.1117	6.6488	8.6271	11.167	14.421
29	1.3345	1.7758	2.3566	3.1187	4.1161	5.4184	7.1143	9.3137	12.172	15.863
30	1.3478	1.8114	2.4273	3.2434	4.3219	5.7435	7.6123	10.063	13.268	17.449
40	1.4889	2.2080	3.2620	4.8010	7.0400	10.286	14.974	21.725	31.409	45.259
45	1.5648	2.4379	3.7816	5.8412	8.9850	13.765	21.002	31.920	48.327	72.890
50	1.6446	2.6916	4.3839	7.1067	11.467	18.420	29.457	46.902	74.358	117.39
55	1.7285	2.9717	5.0821	8.6464	14.636	24.650	41.315	68.914	114.41	189.06
60	1.8167	3.2810	5.8916	10.520	18.679	32.988	57.946	101.26	176.03	304.48

续表

期数	12%	14%	16%	18%	20%	24%	28%	32%	36%
1	1.1200	1.1400	1.1600	1.1800	1.2000	1.2400	1.2800	1.3200	1.3600
2	1.2544	1.2996	1.3456	1.3924	1.4400	1.5376	1.6384	1.7424	1.8496
3	1.4049	1.4815	1.5609	1.6430	1.7280	1.9066	2.0972	2.3000	2.5155
4	1.5735	1.6890	1.8106	1.9388	2.0736	2.3642	2.6844	3.0360	3.4210
5	1.7623	1.9254	2.1003	2.2878	2.4883	2.9316	3.4360	4.0075	4.6526
6	1.9738	2.1950	2.4364	2.6996	2.9860	3.6352	4.3980	5.2899	6.3275
7	2.2107	2.5023	2.8262	3.1855	3.5832	4.5077	5.6295	6.9826	8.6054
8	2.4760	2.8526	3.2784	3.7589	4.2998	5.5895	7.2058	9.2170	11.703
9	2.7731	3.2519	3.8030	4.4355	5.1598	6.9310	9.2234	12.167	15.917
10	3.1058	3.7072	4.4114	5.2338	6.1917	8.5944	11.806	16.060	21.647
11	3.4785	4.2262	5.1173	6.1759	7.4301	10.657	15.112	21.199	29.439
12	3.8960	4.8179	5.9360	7.2876	8.9161	13.215	19.343	27.983	40.037
13	4.3635	5.4924	6.8858	8.5994	10.699	16.386	24.759	36.937	54.451
14	4.8871	6.2613	7.9875	10.147	12.839	20.319	31.691	48.757	74.053
15	5.4736	7.1379	9.2655	11.974	15.407	25.196	40.565	64.359	100.71
16	6.1304	8.1372	10.748	14.129	18.488	31.243	51.923	84.954	136.97
17	6.8660	9.2765	12.468	16.672	22.186	38.741	66.461	112.14	186.28
18	7.6900	10.575	14.463	19.673	26.623	48.039	85.071	148.02	253.34
19	8.6128	12.056	16.777	23.214	31.948	59.568	108.89	195.39	344.54
20	9.6463	13.743	19.461	27.393	38.338	73.864	139.38	257.92	468.57
21	10.804	15.668	22.574	32.324	46.005	91.592	178.41	340.45	637.26
22	12.100	17.861	26.186	38.142	55.206	113.57	228.36	449.39	866.67
23	13.552	20.362	30.376	45.008	66.247	140.83	292.30	593.20	1 178.7
24	15.179	23.212	35.236	53.109	79.497	174.63	374.14	783.02	1 603.0
25	17.000	26.462	40.874	62.669	95.396	216.54	478.90	1 033.6	2 180.1
26	19.040	30.167	47.414	73.949	114.48	268.51	613.00	1 364.3	2 964.9
27	21.325	34.390	55.000	87.260	137.37	332.95	784.64	1 800.9	4 032.3
28	23.884	39.204	63.800	102.97	164.84	412.86	1 004.3	2 377.2	5 483.9
29	26.750	44.693	74.009	121.50	197.81	511.95	1 285.6	3 137.9	7 458.1
30	29.960	50.950	85.850	143.37	237.38	634.82	1 645.5	4 142.1	10 143
40	93.051	188.88	378.72	750.38	1469.8	5455.9	19 427	66 521	219 562
45	163.99	363.68	795.44	1 716.7	3657.3	15 995	66 750	*	*
50	289.00	700.23	1 670.7	3 927.4	9100.4	46 890	*	*	*
55	509.32	1 348.2	3 509.0	8 984.8	22 645	*	*	*	*
60	897.60	2 595.9	7 370.2	20 555	56 348	*	*	*	*

二、复利现值系数表

期数	1%	2%	3%	4%	5%	6%	7%	8%	9%	10%
1	0.9901	0.9804	0.9709	0.9615	0.9524	0.9434	0.9346	0.9259	0.9174	0.9091
2	0.9803	0.9612	0.9426	0.9246	0.9070	0.8900	0.8734	0.8573	0.8417	0.8264
3	0.9706	0.9423	0.9151	0.8890	0.8638	0.8396	0.8163	0.7938	0.7722	0.7513
4	0.9610	0.9238	0.8885	0.8548	0.8227	0.7921	0.7629	0.7350	0.7084	0.6830
5	0.9515	0.9057	0.8626	0.8219	0.7835	0.7473	0.7130	0.6806	0.6499	0.6209
6	0.9420	0.8880	0.8375	0.7903	0.7462	0.7050	0.6663	0.6302	0.5963	0.5645
7	0.9327	0.8706	0.8131	0.7599	0.7107	0.6651	0.6227	0.5835	0.5470	0.5132
8	0.9235	0.8535	0.7894	0.7307	0.6768	0.6274	0.5820	0.5403	0.5019	0.4665
9	0.9143	0.8368	0.7664	0.7026	0.6446	0.5919	0.5439	0.5002	0.4604	0.4241
10	0.9053	0.8203	0.7441	0.6756	0.6139	0.5584	0.5083	0.4632	0.4224	0.3855
11	0.8963	0.8043	0.7224	0.6496	0.5847	0.5268	0.4751	0.4289	0.3875	0.3505
12	0.8874	0.7885	0.7014	0.6246	0.5568	0.4970	0.4440	0.3971	0.3555	0.3186
13	0.8787	0.7730	0.6810	0.6006	0.5303	0.4688	0.4150	0.3677	0.3262	0.2897
14	0.8700	0.7579	0.6611	0.5775	0.5051	0.4423	0.3878	0.3405	0.2992	0.2633
15	0.8613	0.7430	0.6419	0.5553	0.4810	0.4173	0.3624	0.3152	0.2745	0.2394
16	0.8528	0.7284	0.6232	0.5339	0.4581	0.3936	0.3387	0.2919	0.2519	0.2176
17	0.8444	0.7142	0.6050	0.5134	0.4363	0.3714	0.3166	0.2703	0.2311	0.1978
18	0.8360	0.7002	0.5874	0.4936	0.4155	0.3503	0.2959	0.2502	0.2120	0.1799
19	0.8277	0.6864	0.5703	0.4746	0.3957	0.3305	0.2765	0.2317	0.1945	0.1635
20	0.8195	0.6730	0.5537	0.4564	0.3769	0.3118	0.2584	0.2145	0.1784	0.1486
21	0.8114	0.6598	0.5375	0.4388	0.3589	0.2942	0.2415	0.1987	0.1637	0.1351
22	0.8034	0.6468	0.5219	0.4220	0.3418	0.2775	0.2257	0.1839	0.1502	0.1228
23	0.7954	0.6342	0.5067	0.4057	0.3256	0.2618	0.2109	0.1703	0.1378	0.1117
24	0.7876	0.6217	0.4919	0.3901	0.3101	0.2470	0.1971	0.1577	0.1264	0.1015
25	0.7798	0.6095	0.4776	0.3751	0.2953	0.2330	0.1842	0.1460	0.1160	0.0923
26	0.7720	0.5976	0.4637	0.3607	0.2812	0.2198	0.1722	0.1352	0.1064	0.0839
27	0.7644	0.5859	0.4502	0.3468	0.2678	0.2074	0.1609	0.1252	0.0976	0.0763
28	0.7568	0.5744	0.4371	0.3335	0.2551	0.1956	0.1504	0.1159	0.0895	0.0693
29	0.7493	0.5631	0.4243	0.3207	0.2429	0.1846	0.1406	0.1073	0.0822	0.0630
30	0.7419	0.5521	0.4120	0.3083	0.2314	0.1741	0.1314	0.0994	0.0754	0.0573
40	0.6717	0.4529	0.3066	0.2083	0.1420	0.0972	0.0668	0.0460	0.0318	0.0221
45	0.6391	0.4102	0.2644	0.1712	0.1113	0.0727	0.0476	0.0313	0.0207	0.0137
50	0.6080	0.3715	0.2281	0.1407	0.0872	0.0543	0.0339	0.0213	0.0134	0.0085
55	0.5785	0.3365	0.1968	0.1157	0.0683	0.0406	0.0242	0.0145	0.0087	0.0053
60	0.5504	0.3048	0.1697	0.0951	0.0535	0.0303	0.0173	0.0099	0.0057	0.0033

续表

期数	12%	14%	16%	18%	20%	4%	28%	2%	36%
1	0.8929	0.8772	0.8621	0.8475	0.8333	0.8065	0.7813	0.7576	0.7353
2	0.7972	0.7695	0.7432	0.7182	0.6944	0.6504	0.6104	0.5739	0.5407
3	0.7118	0.6750	0.6407	0.6086	0.5787	0.5245	0.4768	0.4348	0.3975
4	0.6355	0.5921	0.5523	0.5158	0.4823	0.4230	0.3725	0.3294	0.2923
5	0.5674	0.5194	0.4761	0.4371	0.4019	0.3411	0.2910	0.2495	0.2149
6	0.5066	0.4556	0.4104	0.3704	0.3349	0.2751	0.2274	0.1890	0.1580
7	0.4523	0.3996	0.3538	0.3139	0.2791	0.2218	0.1776	0.1432	0.1162
8	0.4039	0.3506	0.3050	0.2660	0.2326	0.1789	0.1388	0.1085	0.0854
9	0.3606	0.3075	0.2630	0.2255	0.1938	0.1443	0.1084	0.0822	0.0628
10	0.3220	0.2697	0.2267	0.1911	0.1615	0.1164	0.0847	0.0623	0.0462
11	0.2875	0.2366	0.1954	0.1619	0.1346	0.0938	0.0662	0.0472	0.0340
12	0.2567	0.2076	0.1685	0.1372	0.1122	0.0757	0.0517	0.0357	0.0250
13	0.2292	0.1821	0.1452	0.1163	0.0935	0.0610	0.0404	0.0271	0.0184
14	0.2046	0.1597	0.1252	0.0985	0.0779	0.0492	0.0316	0.0205	0.0135
15	0.1827	0.1401	0.1079	0.0825	0.0649	0.0397	0.0247	0.0155	0.0099
16	0.1631	0.1229	0.0930	0.0708	0.0540	0.0320	0.0193	0.0118	0.0073
17	0.1456	0.1078	0.0802	0.0600	0.0451	0.0258	0.0150	0.0089	0.0054
18	0.1300	0.0946	0.0691	0.0508	0.0376	0.0208	0.0118	0.0068	0.0039
19	0.1161	0.0829	0.0596	0.0431	0.0313	0.0168	0.0092	0.0051	0.0029
20	0.1037	0.0728	0.0514	0.0365	0.0261	0.0135	0.0072	0.0039	0.0021
21	0.0926	0.0638	0.0443	0.0309	0.0217	0.0109	0.0056	0.0029	0.0016
22	0.0826	0.0560	0.0382	0.0262	0.0181	0.0088	0.0044	0.0022	0.0012
23	0.0738	0.0491	0.0329	0.0222	0.0151	0.0071	0.0034	0.0017	0.0008
24	0.0659	0.0431	0.0284	0.0188	0.0126	0.0057	0.0027	0.0013	0.0006
25	0.0588	0.0378	0.0245	0.0160	0.0105	0.0046	0.0021	0.0010	0.0005
26	0.0525	0.0331	0.0211	0.0135	0.0087	0.0037	0.0016	0.0007	0.0003
27	0.0469	0.0291	0.0182	0.0115	0.0073	0.0030	0.0013	0.0006	0.0002
28	0.0419	0.0255	0.0157	0.0097	0.0061	0.0024	0.0010	0.0004	0.0002
29	0.0374	0.0224	0.0135	0.0082	0.0051	0.0020	0.0008	0.0003	0.0001
30	0.0334	0.0196	0.0116	0.0070	0.0042	0.0016	0.0006	0.0002	0.0001
40	0.0107	0.0053	0.0026	0.0013	0.0007	0.0002	0.0001	*	*
45	0.0061	0.0027	0.0013	0.0006	0.0003	0.0001	*	*	*
50	0.0035	0.0014	0.0006	0.0003	0.0001	*	*	*	*
55	0.0020	0.0007	0.0003	0.0001	*	*	*	*	*
60	0.0011	0.0004	0.0001	*	*	*	*	*	*

三、年金终值系数表

期数	1%	2%	3%	4%	5%	6%	7%	8%	9%	10%
1	1.0000	1.0000	1.0000	1.0000	1.0000	1.0000	1.0000	1.0000	1.0000	1.0000
2	2.0100	2.0200	2.0300	20.400	2.0500	2.0600	2.0700	2.0800	2.0800	2.1000
3	3.0301	3.0604	3.0909	3.1216	3.1525	3.1836	3.1249	3.2464	3.2781	3.3100
4	4.0604	4.1216	4.1836	4.2465	4.3101	4.3746	4.4399	4.5061	4.5731	4.6410
5	5.1010	5.2040	5.3091	5.4163	5.5256	5.6371	5.7507	5.8666	5.9847	6.1051
6	6.1520	6.3081	6.4684	6.6330	6.8019	6.9753	7.1533	7.3359	7.5233	7.7156
7	7.2135	7.4343	7.6625	7.8983	8.1420	8.3938	8.6540	8.9228	9.2004	9.4872
8	8.2857	8.5830	8.8923	9.2142	9.5491	9.8975	10.260	10.637	11.029	11.436
9	9.3685	9.7546	10.159	10.583	11.027	11.491	11.978	12.488	13.021	13.580
10	10.462	10.950	11.464	12.006	12.578	13.181	13.816	14.487	15.193	15.937
11	11.567	12.169	12.808	13.486	14.207	14.972	15.784	16.645	17.560	18.531
12	12.683	13.412	14.192	15.026	15.917	16.870	17.888	18.977	20.141	21.384
13	13.809	14.680	15.618	16.627	17.713	18.882	20.141	21.495	22.953	24.523
14	14.947	15.974	17.086	18.292	19.599	21.015	22.550	24.215	26.019	27.975
15	16.097	17.293	18.599	20.024	21.579	23.276	25.129	27.152	29.361	31.772
16	17.258	18.639	20.157	21.825	23.657	25.673	27.888	30.324	33.003	35.950
17	18.430	20.012	21.762	23.698	25.840	28.213	30.840	33.750	36.974	40.545
18	19.615	21.412	23.414	25.645	28.132	30.906	33.999	37.450	41.301	45.599
19	20.811	22.841	25.117	27.671	30.539	33.760	37.379	41.446	46.018	51.159
20	22.019	24.297	26.870	29.778	33.066	36.786	40.995	45.762	51.160	57.275
21	23.239	25.783	28.676	31.969	35.719	39.993	44.865	50.423	56.765	64.002
22	24.472	27.299	30.537	34.248	38.505	43.392	49.006	55.457	62.873	71.403
23	25.716	28.845	32.453	36.618	41.430	46.996	53.436	60.893	69.532	79.543
24	26.973	30.422	34.426	39.083	44.502	50.816	58.177	66.765	76.790	88.497
25	28.243	32.030	36.459	41.646	47.727	54.865	63.249	73.106	84.701	98.347
26	29.526	33.671	38.553	44.312	51.113	59.156	68.767	79.954	93.324	109.18
27	30.821	35.344	40.710	47.084	54.669	63.706	74.484	87.351	102.72	121.10
28	32.129	37.051	42.931	49.968	58.403	68.528	80.698	95.339	112.97	134.21
29	33.450	38.792	45.219	52.966	62.323	73.640	87.347	103.97	124.14	148.63
30	34.785	40.568	47.575	56.085	66.439	79.058	94.461	113.18	136.01	164.49
40	48.886	64.402	75.401	95.026	120.80	154.76	199.64	259.06	337.88	442.59
45	56.481	71.893	92.720	121.03	159.70	212.74	285.75	386.51	525.86	718.90
50	64.463	84.579	112.80	152.67	209.35	290.34	406.53	573.77	815.08	1 163.9
55	72.852	98.587	136.07	191.16	272.71	394.17	575.93	848.92	1 260.1	1 880.6
60	81.670	114.05	163.05	237.99	353.58	533.13	813.52	1 253.2	1 944.8	3 034.8

期数	12%	14%	16%	18%	20%	24%	28%	32%	36%
1	1.0000	1.0000	1.0000	1.0000	1.0000	1.0000	1.0000	1.0000	1.0000
2	2.1200	2.1400	2.1600	2.1800	2.2000	2.2400	2.2800	2.3200	2.3600
3	3.3744	3.4396	3.5056	3.5724	3.6400	3.7776	3.9184	4.0624	4.2096
4	4.7793	4.9211	5.0665	5.2154	5.3680	5.6842	6.0156	6.3624	6.7251
5	6.3528	6.6101	6.8771	7.1542	7.4416	8.0484	8.6999	9.3983	10.146
6	8.1152	8.5355	8.9775	9.4420	9.9299	10.980	12.136	13.406	14.799
7	10.089	10.731	11.414	12.142	12.916	14.615	16.534	18.696	21.126
8	12.299	13.233	14.240	15.327	16.499	19.123	22.163	25.678	29.732
9	14.776	16.085	17.519	19.086	20.799	24.713	29.369	34.895	41.435
10	17.549	19.337	21.321	23.521	25.959	31.643	38.593	47.062	57.352
11	20.655	23.045	25.733	28.755	32.150	40.238	50.398	63.122	78.998
12	24.133	27.271	30.850	34.931	39.581	50.895	65.510	84.320	108.44
13	28.029	32.089	36.786	42.219	48.497	64.110	84.853	112.30	148.47
14	32.393	37.581	43.672	50.818	59.196	80.496	109.61	149.24	202.93
15	37.280	43.842	51.660	60.965	72.035	100.82	141.30	198.00	276.98
16	42.753	50.980	60.925	72.939	87.442	126.01	181.87	262.36	377.69
17	48.884	59.118	71.673	87.068	105.93	157.25	233.79	347.31	514.66
18	55.750	68.394	84.141	103.74	128.12	195.99	300.25	459.45	700.94
19	63.440	78.969	98.603	123.41	154.74	244.03	385.32	607.47	954.28
20	72.052	91.025	115.38	146.63	186.69	303.60	494.21	802.86	1 298.8
21	81.699	104.77	134.84	174.02	225.03	377.46	633.59	1 060.8	1 767.1
22	92.503	120.44	157.41	206.34	271.03	469.06	812.00	1 401.2	2 404.7
23	104.60	138.30	183.60	244.49	326.24	582.63	1 040.4	1 850.6	3 271.3
24	118.16	158.66	213.98	289.49	392.48	723.46	1 332.7	2 443.8	4 450.0
25	133.33	181.87	249.21	342.60	471.98	898.09	1 706.8	3 226.8	6 053.0
26	150.33	208.33	290.09	405.27	567.38	1 114.6	2 185.7	4 260.4	8 233.1
27	169.37	238.50	337.50	479.22	681.85	1 383.1	2 798.7	5 624.8	11 198
28	190.70	272.89	392.50	566.48	819.22	1 716.1	3 583.3	7 425.7	15 230
29	214.58	312.09	456.30	669.45	984.07	2 129.0	4 587.7	9 802.9	20 714
30	241.33	356.79	530.31	790.95	1 181.9	2 640.9	5 873.2	12 941	28 172
40	767.09	1 342.0	2 360.8	4 163.2	7 343.9	22 729	69 377	*	*
45	1 358.2	2 590.6	4 965.3	9 531.6	18 281	66 640	*	*	*
50	2 400.0	4 994.5	10 436	21 813	45 497	*	*	*	*
55	4 236.0	9 623.1	21 925	49 910	*	*	*	*	*
60	7 471.6	18 535	46 058	*	*	*	*	*	*

四、年金现值系数表

期数	1%	2%	3%	4%	5%	6%	7%	8%	9%	10%
1	0.9901	0.9804	0.9709	0.9615	0.9524	0.9434	0.9346	0.9259	0.9174	0.9091
2	1.9704	1.9416	1.9135	1.8861	1.8594	1.8334	1.8080	1.7833	1.7591	1.7355
3	2.9410	2.8839	2.8286	2.7751	2.7232	2.6730	2.6243	2.5771	2.5313	2.4869
4	3.9020	3.8077	3.7171	3.6299	3.5460	3.4651	3.3872	3.3121	3.2397	3.1699
5	4.8534	4.7135	4.5797	4.4518	4.3295	4.2124	4.1002	3.9927	3.8897	3.7908
6	5.7955	5.6014	5.4172	5.2421	5.0757	4.9173	4.7665	4.6229	4.4859	4.3553
7	6.7282	6.4720	6.2303	6.0021	5.7864	5.5824	5.3893	5.2064	5.0330	4.8684
8	7.6517	7.3255	7.0197	6.7327	6.4632	6.2098	5.9713	5.7466	5.5348	5.3349
9	8.5660	8.1622	7.7861	7.4353	7.1078	6.8017	6.5152	6.2469	5.9952	5.7590
10	9.4713	8.9826	8.5302	8.1109	7.7217	7.3601	7.0236	6.7101	6.4177	6.1446
11	10.368	9.7868	9.2526	8.7605	8.3064	7.8869	7.4987	7.1390	6.8052	6.4951
12	11.255	10.575	9.9540	9.3850	8.8630	8.3838	7.9427	7.5361	7.1607	6.8137
13	12.134	11.348	10.635	9.9860	9.3940	8.8527	8.3577	7.9038	7.4869	7.1034
14	13.004	12.106	11.296	10.563	9.8990	9.2950	8.7455	8.2442	7.7862	7.3667
15	13.865	12.849	11.938	11.118	10.380	9.7122	9.1079	8.5595	8.0607	7.6061
16	14.718	13.578	12.561	11.652	10.838	10.106	9.4466	8.8514	8.3126	7.8237
17	15.562	14.292	13.166	12.166	11.274	10.477	9.7632	9.1216	8.5436	8.0216
18	16.398	14.992	13.754	12.659	11.690	10.828	10.059	9.3719	8.7556	8.2014
19	17.226	15.678	14.324	13.134	12.085	11.158	10.336	9.6036	8.9501	8.3649
20	18.046	16.351	14.877	13.590	12.462	11.470	10.594	9.8181	9.1285	8.5136
21	18.857	17.011	15.415	14.029	12.821	11.764	10.836	10.017	9.2922	8.6487
22	19.660	17.658	15.937	14.451	13.163	12.042	11.061	10.201	9.4424	8.7715
23	20.456	18.292	16.444	14.857	13.489	12.303	11.272	10.371	9.5802	8.8832
24	21.243	18.914	16.936	15.247	13.799	12.550	11.469	10.529	9.7066	8.9847
25	22.023	19.523	17.413	15.622	14.094	12.783	11.654	10.675	9.8226	9.0770
26	22.795	20.121	17.877	15.983	14.375	13.003	11.826	10.810	9.9290	9.1609
27	23.560	20.707	18.327	16.330	14.643	13.211	11.987	10.935	10.027	9.2372
28	24.316	21.281	18.764	16.663	14.898	13.406	12.137	11.051	10.116	9.3066
29	25.066	21.844	19.188	16.984	15.141	13.591	12.278	11.158	10.198	9.3696
30	25.808	22.396	19.600	17.292	15.372	13.765	12.409	11.258	10.274	9.4269
40	32.835	27.355	23.115	19.793	17.159	15.046	13.332	11.925	10.757	9.7791
45	36.095	29.490	24.519	20.720	17.774	15.456	13.606	12.108	10.881	9.8628
50	39.196	31.424	25.730	21.482	18.256	15.762	13.801	12.233	10.962	9.9148
55	42.147	33.175	26.774	22.109	18.633	15.991	13.940	12.319	11.014	9.9471
60	44.955	34.761	27.676	22.623	18.929	16.161	14.039	12.377	11.048	9.9672

续表

期数	12%	14%	16%	18%	20%	24%	28%	32%	36%
1	0.8929	0.8772	0.8621	0.8475	0.8333	0.8065	0.7813	0.7576	0.7353
2	1.6901	1.6467	1.6052	1.5656	1.5278	1.4568	1.3916	1.3315	1.2760
3	2.4018	2.3216	2.2459	2.1743	2.1065	1.9813	1.8684	1.7663	1.6735
4	3.0373	2.9137	2.7982	2.6901	2.5887	2.4043	2.2410	2.0957	1.9658
5	3.6048	3.4331	3.2743	3.1272	2.9906	2.7454	2.5320	2.3452	2.1807
6	4.1114	3.8887	3.6847	3.4976	3.3255	3.0205	2.7594	2.5342	2.3388
7	4.5638	4.2883	4.0386	3.8115	3.6046	3.2423	2.9370	2.6775	2.4550
8	4.9676	4.6389	4.3436	4.0776	3.8372	3.4212	3.0758	2.7860	2.5404
9	5.3282	4.9464	4.6065	4.3030	4.0310	3.5655	3.1842	2.8681	2.6033
10	5.6502	5.2161	4.8332	4.4941	4.1925	3.6819	3.2689	2.9304	2.6495
11	5.9377	5.4527	5.0286	4.6560	4.3271	3.7757	3.3351	2.9776	2.6834
12	6.1944	5.6603	5.1971	4.7932	4.4392	3.8514	3.3868	3.0133	2.7084
13	6.4235	5.8424	5.3423	4.9095	4.5327	3.9124	3.4272	3.0404	2.7268
14	6.6282	6.0021	5.4675	5.0081	4.6106	3.9616	3.4587	3.0609	2.7403
15	6.8109	6.1422	5.5755	5.0916	4.6755	4.0013	3.4834	3.0764	2.7502
16	6.9740	6.2651	5.6685	5.1624	4.7296	4.0333	3.5026	3.0882	2.7575
17	7.1196	6.3729	5.7487	5.2223	4.7746	4.0591	3.5177	3.0971	2.7629
18	7.2497	6.4674	5.8178	5.2732	4.8122	4.0799	3.5294	3.1039	2.7668
19	7.3658	6.5504	5.8775	5.3162	4.8435	4.0967	3.5386	3.1090	2.7697
20	7.4694	6.6231	5.9288	6.3527	4.8696	4.1103	3.5458	3.1129	2.7718
21	7.5620	6.6870	5.9731	5.3837	4.8913	4.1212	3.5514	3.1158	2.7734
22	7.6446	6.7429	6.0113	5.4099	4.9094	4.1300	3.5558	3.1180	2.7746
23	7.7184	6.7921	6.0442	5.4321	4.9245	4.1371	3.5592	3.1197	2.7754
24	7.7843	6.8351	6.0726	5.4509	4.9371	4.1428	3.5619	3.1210	2.7760
25	7.8431	6.8729	6.0971	5.4669	4.9476	4.1474	3.5640	3.1220	2.7765
26	7.8957	6.9061	6.1182	5.4804	4.9563	4.1511	3.5656	3.1227	2.7768
27	7.9426	6.9352	6.1364	5.4919	4.9636	4.1542	3.5669	3.1233	2.7771
28	7.9844	6.9607	6.1520	5.5016	4.9697	4.1566	3.5679	3.1237	2.7773
29	8.0218	6.9830	6.1656	5.5098	4.9747	4.1585	3.5687	3.1240	2.7774
30	8.0552	7.0027	6.1772	5.5168	4.9789	4.1601	3.5693	3.1242	2.7775
40	8.2438	7.1050	6.2335	5.5482	4.9966	4.1659	3.5712	3.1250	2.7778
45	8.2825	7.1232	6.2421	5.5523	4.9986	4.1664	3.5714	3.1250	2.7778
50	8.3045	7.1327	6.2463	5.5541	4.9995	4.1666	3.5714	3.1250	2.7778
55	8.3170	7.1376	6.2482	5.5549	4.9998	4.1666	3.5714	3.1250	2.7778
60	8.3240	7.1401	6.2492	5.5553	4.9999	4.1667	3.5714	3.1250	2.7778